教 育 部 社 科 基 金 一 般 项 目
“绘画美学视角下的中国古诗英译研究”
（19JYJA740077）的阶段性研究成果

译艺心语

文学翻译论说与实践

张保红——著

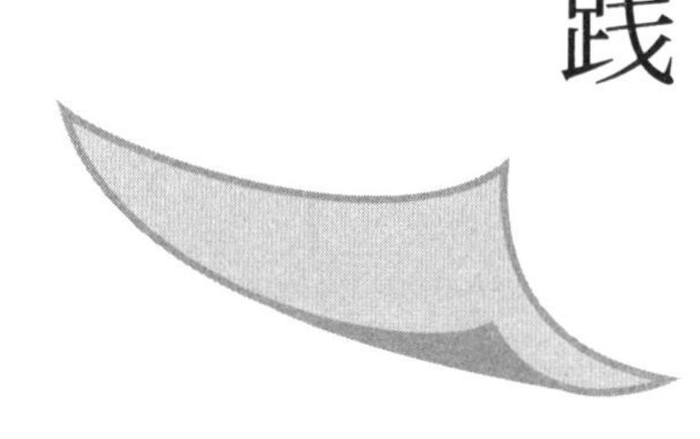

中国出版集团
中 译 出 版 社

图书在版编目(CIP)数据

译艺心语：文学翻译论说与实践：汉、英/张保红著．—北京：中译出版社，2022.3（2022.12重印）
（中译翻译文库）
ISBN 978-7-5001-6968-0

Ⅰ.①译… Ⅱ.①张… Ⅲ.①文学翻译—研究—汉、英 Ⅳ.①I046

中国版本图书馆CIP数据核字（2022）第017293号

出版发行／中译出版社
地　　址／北京市西城区新街口外大街28号普天德胜科技园主楼4层
电　　话／(010) 68359827，68359303（发行部）；68359725（编辑部）
邮　　编／100044
传　　真／(010) 68357870
电子邮箱／book@ctph.com.cn
网　　址／http://www.ctph.com.cn

出 版 人／乔卫兵
总 策 划／刘永淳
策划编辑／范祥镇　钱屹芝
责任编辑／钱屹芝　王诗同
营销编辑／吴雪峰　杨佳特
封面设计／潘　峰

排　　版／北京竹页文化传媒有限公司
印　　刷／北京玺诚印务有限公司
经　　销／新华书店

规　　格／710毫米×960毫米　1/16
印　　张／17.5
字　　数／295千字
版　　次／2022年3月第一版
印　　次／2022年12月第二次

ISBN 978-7-5001-6968-0　定价：68.00元

中译翻译文库

编　委　会

前 言

文学翻译与应用翻译是一个关系对。应用翻译注重事实或语义信息传递，事实或语义信息表达清楚了，翻译的任务也就结束了。文学翻译不仅注重事实或语义信息传递，还注重审美信息传递，也就是说，在清楚地表达出事实或语义信息之时，还注重传达音义、音形、形义以及音形义是否彼此相互协调，音形义与情韵境是否相统一以及其审美效果是否最为突出，同时是否实现了最大化，等等。简言之，应用翻译多注重是不是、对不对的问题，文学翻译在注重是不是与对不对问题的基础上，还进一步关注好不好与美不美的问题。在这一意义上，学好文学翻译对做好应用翻译的指导意义是直接而显在的。一如翻译名家何刚强教授所言："具备文学翻译训练背景的人再去从事应用翻译工作，其翻译的功底相对就会显得厚实，其译写的后劲就足。"① 然而翻译实践中，人们常常将译文"好不好与美不美"的问题笼统地归因于译者的主观能动性、独特个性乃至天赋异禀，觉得只可意会，难以言传，也难以学以致用，甚至有人发出这样的喟叹："优秀的译者是天生的，不是后天培养的。"（Effective translators are

① 何刚强．切实聚焦应用，务实培育译才——应用翻译与应用翻译教学刍议．上海翻译，2010（1）：38.

born, not made.）针对这些沿袭已久，且颇具影响的言说与认识，本书从文学语言的审美特性、文学文本的结构特点、文学体裁的构成要素以及文学与艺术相互借鉴和交融等方面，分思考与探索、教学与教法以及自译与自评三大板块，阐述了如何研究文学翻译、如何教授与学习文学翻译以及如何提高文学翻译质量的方法与策略。本书认为文学翻译中“好不好与美不美”的问题，讲授者可以条分缕析地进行定量分析，也可以从多角度进行定性统一归结，学习者可以亦步亦趋地进行模仿、借鉴与实践，尤其是可以在此基础上不断深化与拓展翻译研究的认识层次和维度，逐步提升翻译实践的质量和整体效果，从而对文学翻译中“好不好与美不美”的现象与问题做到既知其然，也知其所以然，进一步说，既能了然于心，也能豁然于口。

文学翻译不仅仅是不同语言符号之间转换的艺术，还是语言符号与非语言符号（比如绘画中的点、线、面、色、形、体等）彼此借鉴融合，发挥综合优势协同表达的艺术。前者更为人们所熟知，后者近年来逐渐引起人们越来越多的关注。从后者的视角来看，文学翻译是一种再创作，甚至是一种创作。来自绘画等非语言艺术的原理、方法与技巧等不仅可以作为方法论直接指导文学翻译实践中的选词造句与谋篇布局，而且可以作为认知手段类比阐释与深入解读现有翻译实践中存在的诸多难以解释的翻译现象，尤为重要的是，还可为我们更好地认识与研究文学翻译开启一片新视域、新领地。本书分别从绘画、音乐、相声、摄影、舞蹈等视角对文学翻译进行了研究、阐释与实践，虽然研究所涉的范围还比较有限，阐释的程度也深浅不一，翻译实践的文学体裁还不够丰富多样，但这些尝试大大强化了文学翻译研究与实践的直观体验性、表现生动性与艺术综合性。在一定程度上，深化了“文学翻译是一门艺术”的维度与内涵，也有效实践了“艺术与艺术之间是相通的”普适性论断。当前中国文化走出去已全然成为时代的主旋律，本书认为中国文化走出去不只是双语语言文字转换的艺术走出去，还是融合于语言文字媒介之中的中国绘画、音乐、电影等非语言艺术的走出去，中国文化的对外传播与交流是多维艺术协调共进或交融、立体综合的传播与交流。

“认识任何事物，最好的方式是比较。”[1] 有比较才有鉴别，有鉴别才会有发现，有发现才会去总结不同的认识与规律。比较不同译文或译者或作品之间的差异，可以让我们看到各自的优点和特色抑或不足，有助于我们领略一中见多的翻译艺术性；比较它们之间的相同之处，则会便于我们总结出典型的共同规律，让我们探得多中见一的翻译科学性。因此，贯穿本书的一个观念是，在比较中学习、借鉴，在比较中模仿、实践，在比较中拓展、提升，力求践行译研有所依，评赏有所据的实操、实用、实效原则。

本书所撰章节与自译译文有些已在《中国翻译》《广东外语外贸大学学报》《广州大学学报》《英语研究》《译丛》《英语世界》《翻译界》等学术期刊与平台上发表，在此谨向各学刊与平台的编审老师们付出的智慧与汗水表达衷心的感谢！也衷心感谢广东外语外贸大学高级翻译学院对本书出版提供的相关资助！也非常感谢一直以来不断给予我鼓励与支持的学院领导、同事、同行与学界的朋友们！

译艺无涯，试着言说心语若干，也许挂一漏万，不当之处，诚请广大读者、专家不吝赐教，指点迷津！

张保红
于广东外语外贸大学
2021 年 10 月 1 日

① 杨琪．中国美术鉴赏十六讲．北京：中华书局，2008:2.

目　录

上编　思考与探索

中编　教学与教法

下编　自译与自评

上编　思考与探索

第一章　文学语言审美性的翻译[①]

语言是信息的载体，是传情达意的工具，在这个意义上，语言的主要特性体现为指义性。文学是表情的艺术，是语言的艺术，其艺术性不仅体现在语言所具有的指义性中，更为重要的是还体现在其所具有的审美性上。文学语言的审美性与指义性是相互依存、相互结合的统一体：审美性以指义性为前提，指义性蕴涵着审美性。因此，文学翻译实践中，在传译作品语言的指义性之时，还要传译出语言的审美性，要充分转存作品语言审美性与指义性的有机结合体。传译作品语言的指义性是一切翻译的基本目的，一如美国翻译理论家奈达（E. A. Nida）所言："翻译即翻译意义。"[②]而传译作品语言的审美性则是文学翻译的根本目的，因为文学活动是以审美交流为目的的，突出语言的审美功能与效果是文学语言的主要特性。那么，什么是文学语言的审美性？其具体体现在哪些方面？翻译实践中应对之采取什么方法或策略呢？这是本章所要探寻的问题。

文学语言的审美性就是文学语言所具有的审美功能及其表现出的审美效果。联系到语言的指义性，文学语言的审美性可体现在以下三个方面：一是与语言的外部指涉性（即他指性）相对的自我指涉性，即自指性[③]；二

---

① 本章原载《广东外语外贸大学学报》2005 年第 1 期，原标题为"文学语言的审美性与翻译"，独立撰写，收入本书时有改动。

② E. A. Nida. *Translating Meaning*. Guangzhou: Guangzhou Foreign Language Institute, 1982:9.

③ 他指性，即外部指涉性，言说指向外物，信息交流完成，使命即告结束。自指性，指向音、形、义自身审美价值构成。赵宪章、王汶成．艺术与语言关系研究．北京：人民出版社，2013: 58-77.

是与语言的直接指涉性（即直指性）相对的间接指涉性，即曲指性[①]；三是与语言的真实指涉性（即真指性）相对的虚假指涉性，即虚指性[②]。下面从文学语言审美性的这三个方面来探析文学作品中语言审美性的具体翻译情形。

1.1 自指性的对等与强化

所谓文学语言的自指性是指文学家用语言说出话语是为了使这些话语突出和显示自身。其突出和显示自身的目的一是运用自我指涉的强化作用来增强语言的审美效果，使其更容易吸引、打动和感染读者，更容易激发起读者的审美感知和审美情感；二是更为有效地传达语言所要再现或表现的内容。为了自身目的的实现，文学语言的自指性往往是通过“突显”，亦即“前景化（foregrounding）”的方式表现出来的，也就是说使话语在一般背景中突显出来，占据前景的位置。这种“前景化”的做法，常常会打破语言常规，创造出新的语言表达方式，这也就是俄国形式主义一再强调的“反常化或陌生化（defamiliarize）”程序。这种“反常化或陌生化”程序在文学作品中是随处可见的，诚如俄国形式主义的首要代表人物什克洛夫斯基所说:“我个人认为，反常化几乎到处都存在，只要那儿有形象。”[③]具体到文学作品中，这种“反常化或陌生化”程序可体现在文学语言的语音、语法、语义、语体、书写等诸多方面。文学语言的这种特点要求我们在翻译实践中对其如实转存或创造性地予以传达，唯其如此，译文才可免于遮蔽原作者的文学创造性、消解原作所体现出的美的意蕴，从而

---

① 直指性，即直接指涉性，言说简洁明了，直达其意。曲指性，即为追求审美效果和艺术感染力，曲折迂回地达意与传情。赵宪章、王汶成．艺术与语言关系研究．北京：人民出版社，2013: 58-77.

② 真指性，即真实指涉性，说真话，真实陈述生活事实。虚指性，即虚假陈述或者是指涉虚构的、假想的情景，但其目的不是旨在用“假话”骗人，而是引人喜欢。赵宪章、王汶成．艺术与语言关系研究．北京：人民出版社，2013: 58-77.

③ 什克洛夫斯基．作为程序的艺术．载伍蠡甫、胡经之主编《西方文艺理论名著选编》（下卷），北京：北京大学出版社，1988: 384.

较为成功地传达出作者创作的艺术性与作品表情的艺术性与感染力。下面我们试举译例若干进行探讨。

从语音的角度来看，文学语言与日常说话有很大不同，日常语言最关心的是意思的表达，至于发音是否悦耳、动听，节奏是否抑扬顿挫等就顺其自然、比较随便了；而文学语言为了更有效地表情达意，更为有效地吸引读者、感染读者、打动读者，往往对语言的发音谐拗、节奏疾徐、韵律有无等颇为关注。因此，翻译实践中，在对文学作品语言的语义予以传达之时，对其语音功能与价值的转存或创造性传达也应加以重视，否则以日常语言替代了文学语言，文学语言表意的创造性与传情的独特个性也就被削弱了。例如：

原文：月光如流水一般，静静地泄在这一片叶子和花上。薄薄的青雾浮起在荷塘里。叶子和花仿佛在牛乳中洗过一样；又像笼着轻纱的梦。

——朱自清《荷塘月色》

译文 1: Moonlight cascaded like water over the lotus leaves and flowers, and a light blue mist floating up from the pool made them seem washed in milk or caught in a gauzy dream.

——选自《中国文学・现代散文卷》(汉英对照)

译文 2: The moonbeams spilled placidly onto this expanse of leaves and flowers like living water. A thin mist floated up from the lotus pond. The leaves and flowers seemed to be washed in milk, and at the same time trapped in a dream of flimsy gauze.

— tr. David E. Pollard

原文描绘了月色下荷塘的静谧，但荷塘的静谧并不是死寂的静谧，而是静中有动，但动又不是喧嚣的动，比如“静静地泄在”“浮起”“在牛乳中洗过”“笼着轻纱的梦”等，动静相谐相生，显得别有生气与情味。“景物无自生，唯情所化”（清吴乔语），此情此景映照着作者此刻境幽而独处的恬淡心境。因此，翻译中传达出原文的静谧的意义与意味就尤为重要。纵观两种译文，若从传递原文静谧的意义方面来看，它们之间的差别还不是太大；但若从语音烘托原文的静谧意味上来看，译文 2 显然胜过译文 1，一则译文 2 中以轻柔辅音或流边音开头的单词在行文中占绝对主导，且其数量远远多过译文 1，这大大强化了静谧意蕴氛围的渲染与营构；二则译文 2 中选词用字以及字词的编排组构从语音上语义上尤其是语音上来看更趋合理，又一次极大地加强了原文静谧意境的传达。比如译文 1 将“泄”“又像笼着轻纱的梦”等分别处理为“cascaded”“caught in a gauzy dream”，译文中语音上粗重的浊辅音 [k] [g] [d] 等与开口度大的响亮长元音接连出现不利于原文静境的渲染与营造，且前者如“cascaded”在语义上予人的联想则更是与原文的静境格格不入；而译文 2 的相应词语是“spilled”“trapped in a dream of flimsy gauze”，前者在语音上与原文静境相洽，又不失动中衬静的微妙感，在语义上也与下文“seemed to be washed in milk”相映照，后者字词的有效编排组构冲淡了其间粗重爆破音连缀的粗糙音响。译文 2 中诸多轻柔辅音（如 [s] [p] [l] [f] 与开口度小的短元音如 [i]）前后相继、回环萦绕所渲染出的静谧氛围与其语义上予人的静谧联想相得益彰，沁人心脾，极大地强化了译文传情达意的艺术性与感染力。

从语法的角度来看，文学语言并不会一味遵循日常语言的语法常规来传情达意，为了不同的表情需求与目的，文学语言往往会偏离日常语言的语法规范，诸如语序的调整、词性的有意变换等。文学翻译中，充分解读原语作品句法结构的价值与意义并予以创造性地转存，便于有效地传达原文的艺术性与感染力。反之，直接以日常语言的语法规范来处理，势必造成原作意味有所丧失，译文中会只见译者平板的代笔，而全无作者创造的匠心与意趣。例如：

原文：醉能同其乐，醒能述以文者，太守也。

—— 欧阳修《醉翁亭记》

译文 1：The governor is able to share his enjoyment with others when he is in his cups, and sober again can write an essay about it.

—— 选自《中国文学·古代散文卷》(汉英对照)

译文 2：Able to share their pleasures when drunk, able to write an account of them when sober, this describes the prefect.

—— tr. David E. Pollard

通读《醉翁亭记》，我们会发现文中句法颇为讲究，除了频频使用对句的形式外，文中还采用了众多的倒文形式，也就是作者把状写的部分常置于主语之前，以实现自己表情达意的意图，上例原文即为其中一例。上例行文摆脱了日常的叙述方式，使读者产生一种急于知道被描述主体的悬念与渴望，随着主体的悠然而出，悬念顿然冰释。全文中众多类似倒文的句式循环往复，使文章显得平中见山，意趣横生。不仅如此，这类句式还将作者欢快的心情、志得意满的神采折射出来了。译文 1 以日常语言的语法规范来处理原句，即“太守醉能同其乐，醒能述以文”，虽译出了原句的指义性，但流于平铺直叙，消解了原文的悬念、读者的渴望，遮蔽了作者的神采与怡然自得的情态，换句话说，译文未能译出原句的审美特性；译文 2 转存了原文的倒文形式，与原句“辞气相副”，充分再现了原句的指义性与审美性。

基于以上实例，判断句子是否偏离日常句法规范，通常而言我们可以以这几类句子结构作为背景参照，即主谓（SV），主谓宾（SVO），主谓宾宾（SVO_1O_2），主谓补（SVC），主谓宾补（SVOC），主谓状（SVA），主谓补状（SVCA），等等。也就是说，一般情况下，这几类句子的句法结构与人们日常语义思维颇为接近，表情达意时显得自然顺畅，而不同于这几类句法结构的句子可视为偏离日常句法规范或常规化、固定化秩序的句子，翻译时尤其需要注意句子结构的曲折变化带来的表情差异及其审美效果。例如，在《爱情是谬误》(Love Is a Fallacy) 这篇散文中，作者马克斯·舒尔曼（Max Shulman）写到其中的女主角波莉·艾丝芘（Polly Espy）时，多次用到了如下语法结构的句子：

1）Beautiful she was.

2）Gracious she was.

3）Intelligent she was not.

这三个句子的语法结构显然不同于上文所列举的供参照的常规句式——主谓补（SVC），看上去像倒装句，但又不是典型倒装句的句法结构，语言学上将这类句子描述为左移位句式（left-dislocation）。作者采用左移位句式其用意在于对女主角个性特点的突出强调与强烈的褒扬贬抑之情。翻译实践中，我们看到一些出版物中将以上句子翻译成了如下的样子：

1）她是漂亮的。

2）她是优雅的。

3）她不聪明。

英汉两文对比，不难看出，译者均按句子的日常语法结构进行了翻译，即翻译的都是“She was ×”之类结构的句义，而不是“× she was”的句义。在这一意义上，译者未能从句法的形式结构上悟解作者表情达意的真实意图，也未能传译出作者的褒扬贬抑之情。鉴于此，试将以上各句分别译为：

1）漂亮，她真漂亮。

2）优雅，她真优雅。

3）聪明，她可不聪明。

从上可见，辨别与再现原文语言的自指性特征，对转存原文的文学性与艺术性尤为重要。不仅如此，由于译者主观能动性的发挥，译者依据原文语境强化或再创原文语言的自指性特征以求高效地传情达意，这也是值得关注与研究的一个方面。《红楼梦》第十九回中讲到一群耗子精在山洞商议腊八节去人间偷取果品果腹的故事，故事部分内容如下：

原文：林子洞里原来有群耗子精。那一年腊月初七日老耗子升座议事，说："明儿是腊八儿了，世上的人都熬腊八粥，如今我们洞中果品短少，须得趁此打劫些个来才好。"乃拔令箭一枝，遣了个能干小耗子去打听。小耗子回报："各处都打听了，惟有山下庙里果米最多。"老耗子便问："米有几样？果有几品？"小耗子道："米豆成仓。果品却只有五样：一是红枣，二是栗子，三是落花生，四是菱角，五是香芋。"

老耗子听了大喜，即时拔了一枝令箭，问："谁去偷米？"一个耗子便接令去偷米。又拔令箭问："谁去偷豆？"又一个耗子接令去偷豆。然后一一的都各领令去了。只剩下香芋，因又拔令箭问："谁去偷香芋？"只见一个极小极弱的小耗子应道："我愿去偷香芋。"

译文：Now in the Cave of Lin there lived a tribe of magic mice, and one year, on the seventh day of the last month, the Oldest Mouse climbed up on to his throne and sat in council with the rest of the tribe.

"Tomorrow is Nibbansday," he said, "and everywhere in the world of men they will be cooking frumenty. Since our cave is at present short of dry provender, we should take this opportunity of replenishing *our* stores by raiding *theirs*." he took a ceremonial arrow from the receptacle in front of him handing it to an able younger mouse, instructed him to carry out a reconnaissance. In due course the Able Younger Mouse came back and reported that, though he had looked positively everywhere, there were nowhere more plentiful stores to be found than in the temple at the foot of the mountain.

"How many kinds of grain have they got there, and how many sorts of dried fruits?" the Oldest Mouse asked him.

"There is a whole granary full of rice and beans," replied the Able Younger Mouse, "but only five kinds of dried fruits:"

"the first, red dates
the second, chestnuts
the third, peanuts
the fourth, caltrops
the fifth, sweet potatoes."

The Oldest Mouse was highly delighted, and picking up another arrow, he said,

"Who will go to steal rice?"

A mouse at once took the arrow and went off to steal rice.

"Who will go to steal beans?" he asked, picking up another arrow.

Another mouse took the arrow and went off to steal beans.

One by one they departed on their missions until only the sweet potatoes had still to be arranged for.

The Oldest Mouse took up another arrow.

"Who will go to steal sweet potatoes?"

A little puny, weak mouse replied,

"I will!"

— tr. David Hawkes

这里要探讨的是上文中画线处句子的翻译（下划线为笔者所加）。译者根据情景语境与人物自身的特点，通过"独特的"文字空间排列与大小写的书写方式强化了原语形式上的自指性特征，也深化了情景语境下所要表现人物形象的特点。原文中小耗子的"精明能干"通过其下山打探后回来向老耗子汇报的译文语言形式编排得到了突出地彰显：从果品"菜单式地"逐条列举的句法形式，可以看出小耗子做事井井有条，方法得当，态度认真踏实，很有责任心，其精明能干之处可谓不证自明。原文中个小体弱的小耗子愿意去偷香芋，译者通过小字号字符的书写方式（I will!）充分表现了小耗子的外在情态与内在心理：字符偏小，暗示出小耗子个子不大、声音细弱，也暗示出心有胆怯和不大自信，还暗示出有点情非所愿，迫于当时情形又不得不主动站出来图图表现的复杂心理。如此等等，不一而足。

至此可见，文学语言的自指性特征不只是来自原文，也来自译者的主观强化或创造，这在翻译研究中是须予以等量齐观的。

1.2 曲指性的优选与调适

文学语言的曲指性是指文学作者经常采用一些曲折迂回的表达手法表达他的意思，使他所表达的意思若不费一番思索和揣测就很难被读者把握到。文学语言的曲指性一方面是作家表意时的自觉追求，另一方面是迫于外在环境而变化的结果，从其功用来看，它既有纯审美修辞的一面，也有政治修辞的一面。其具体原因是，从作者角度来讲，是作者的表意策略；从文学语言角度来讲，是文学语言通过形象所指涉的内容具有某种不可穷尽性特点的体现；从读者角度来讲，是其与读者的审美要求有关，读者可从中获得更多的想象与回味的余地。其结果往往是"言有尽而意无穷""言在此而意在彼""深文隐蔚，余味曲包""不着一字，尽得风流"。其目的旨在强化和深化文学语言的审美效果和艺术感染力。文学语言的曲指性体现在文学作品中各种修辞手段或含蓄手法上。翻译实践中，要传译出原作深长的文学意味，就要深刻领悟与转存文学作品语言的曲指性。不能深悟文学作品语言的曲指内涵，甚至直接化曲为直，势必极大消解作品语言表意的艺术性与传情的感染力。例如：

原文：我说："那么，人要做有用的人，不要做伟大、体面的人了。"（许地山《落花生》）

译文 1: "Do you mean," I asked, "we should learn to be useful but not seek to be great or attractive?"

— tr. Liu Shicong

译文 2: "Then you mean one should be useful rather than great and nice-looking," I said.

— tr. Zhang Peiji

例文取自许地山的散文《落花生》，是"我们"与"爹爹"边吃花生边谈论花生时，“我”心有所悟的一句话。这句话看似简单，却是全文的点题之句，其蕴意丰富，意味深远。“我”的话中“要做”与“不要做”是基于前文中“苹果、桃子、石榴”与“花生”的鲜明对照以及“爹爹”话语的启示而有感生发的，前后联系起来看，这句话中既有实的一面（“要做”“不要做”是实），也有虚的一面（如何“做”与“不做”是虚），而这虚的一面，又最能揭示“我”的生活态度与人生追求。译文 1 深得个中的道理，将“要做”（learn to be）与“不要做”（not seek to be）的深刻意味译出来了，而且显得深曲委婉，予人不尽的联想——谦虚好学，勤奋执着，但又不去处心积虑，刻意求成，可谓“言有尽而意无穷”。而译文 2 只是译出了原文指义性的一面，显得抽象平直，似乎略有说教、灌输的意味，且与前文缺乏动态的呼应。

文学语言的曲指性与作者的创作意图密切相关，体现在语言形式上有“隐在”的一面，也有“显在”的一面。翻译实践中，“隐在”的一面需要译者依据文本语境仔细体悟，深入发掘，创意表现；这“显在”的一面往往体现在各种修辞手段的运用上，需要译者基于文本语境与双语文化的差异进行艺术转换、调适与变通。且看下例：

原文：The charm of conversation is that it does not really start from anywhere, and no one has any idea where it will go as it meanders or leaps and sparkles or just glows.（Henry Fairlie: Pub Talk and the King's English）

译文 1：交谈的魅力在于它没有一个真正意义上的起点，也没有人知道它会走向何处，它或蜿蜒，或跳跃，时而光彩照人，时而鲜艳夺目。

译文 2：闲谈的魅力在于它没有一个事先定好的话题。它时而迂回流淌，时而奔腾跳跃，时而火花四射，时而热情消散，话题会扯到什么地方去谁也拿不准。

作者将闲谈的过程进行了多种情形的描绘，首先比喻为流动的河水，水流时而徐缓，时而湍急，随后比喻为燃烧的大火，火势时而汹涌，时而消退，这样的言说方式不是直截了当的，而是通过 meanders、leaps、sparkles、glows 等选词用字进行间接暗示的，间接的表达方式给人带来生动鲜明的感知体认，也带来了丰富的诗意联想与审美愉悦。译文 1 依据词语字面意义译出，语义上或多或少让人有点不明就里，“蜿蜒”“跳跃”等词语的出现较突兀，在上下文中缺乏语义关联和逻辑暗示，而且“光彩照人”“鲜艳夺目”意义几近相当，未能辨识与区别原文中 sparkles 与 glows 彼此形成对照的状态与情态。译文 2 依据原文词义之时，明示了原文的喻象，既再现了水流的不同形态，又再现了火势的不同状态，同时也与闲谈时人们情绪与兴趣的强弱疾徐谋得了内在吻合。

文学语言的曲指性既可体现在局部的词句上，也可弥散在整体篇章的不同角落。对于后者，我们往往须有篇章整体观，需将散落篇章各处的“珍珠”逐一串起来，亦即在文本篇章整体中寻觅出“修辞的链条”。通常而言，把握住这一链条便可成为我们做好曲指性翻译的基本前提。例如：

原文：

① When I saw her first there was a smoke of mist about her …

② Then the mist rolled away from her,

③ She was radiant, she was of an immortal beauty, that swaying, delicate clipper.

④ She was like a spirit, like an intellectual presence.

⑤ She was a lofty ship, and it was wonderful to watch her, blushing in the sun, swaying and curveting.

⑥ One thought that she would … or break out into a music which would express the sea and the great flower in the sky.

⑦ She came trembling down to us, rising up high and plunging; showing the red lead below her water-line; then diving down till …

⑧ She bowed and curveted;

译文：

① 我刚一看见她时，

② 然后大雾滚滚离开了她，

③ 她此时光辉灿烂，她是不朽的美人，那只微微摆动的、体态轻盈的快帆船！

④ 她活像一个魂灵，一个理智的神灵。

⑤ 她是一只崇高的快帆船，看着她在阳光里泛着红光，左右摆动着，上下颠簸着，令人心旷神怡。

⑥ 或演奏一首乐曲来抒发大海的豪情和太阳的辉煌。

⑦ 她时起时伏地朝我们驶来，忽而高高纵起，忽而往下坠落，一会儿露出吃水线下面的测深铅垂，然后猛扎下去，

⑧ 船头向前倾垂，然后船身向上穿越，

——选自《英汉·汉英美文翻译与鉴赏》

上例原文取自 John Masefield 的小品文“The Clipper”（快帆船）中的不同段落。该文描写的是快帆船（即文中的“她”）在晨曦中所呈现出的迷人景象，景象是美的，而快帆船则更美，其美表现在作者细腻入微的观察中，一往情深的描绘上。作者实处写的是快帆船，而虚处呈现的是一位轻盈灵巧的美女的形象（这从作者的典型比喻“like an opal turned to the sun, like a fiery jewel”中可见一斑），实乃曲笔传情，“言在此而意在彼”，且彼此之间又颇能和谐浸染、回环映照。鉴于此，翻译中我们在再现快帆船的物理美之时，还应译出“这位美女”阴柔的形象美与作者对她一见倾心的深情美。从译文来看，译者所译的快帆船多倾向于其物理美的再现（如译文③、④、⑧）与其阳刚美的重构（如译文②、⑤、⑥、⑦）在构建其形象的选词用字上相互间略有抵牾之处，如以上译文中的多处下划线处的字词暗示出快帆船是宏大的、高耸的、雄浑的、刚劲的，这与其“体态轻盈”在用词上似前后不太协调，也与原文整体上构建出的女性形象的阴柔美有所出入。此外，译文①突出的是时间的起点，未能暗示出我对她一见钟情的言外之意。下面以原文中潜在的女性形象的营构为中心，借鉴原译文，试做如下调适：

①我第一次看见她时，

②随后雾霭从她身上滑落，弥散开去，

③她此时光彩照人，她美若天仙，那是只款款而动，体态轻盈的快帆船！

④她活像一个精灵，一个智慧女神。

⑤她是一只亭亭而立的快帆船，看着她在阳光里泛着红晕，款款而动，丰姿绰约，令人心旷神怡。

⑥或演奏一首乐曲来抒发对大海的依恋和太阳的温情。

⑦她袅袅娜娜地朝我们驶来，时而涌立浪峰，时而飘向浪谷，一会儿露出吃水线下面的测深铅垂，然后顺势下潜，

⑧她向前微微低头，便倾身而去。

原文中描绘快帆船的选词用字在质量、形体与力度上具有“细小弱轻缓驰”的审美特点，呈现的是典型的优美风格，区别于选词用字倾向于“高大上广急强”所呈现的壮美风格。这便是试译文进行如上调适的内在理据。

1.3 虚指性的重构与创造

文学语言的虚指性是指文学语言所指涉的内容不是外部世界中已经存在的实事，而是一些虚构的假想的情景。文学语言的这种特性是由文学创作活动的想象和虚构的特点所决定的。因而对文学作品里的这种指涉着虚构情景的陈述，人们称为“虚假陈述”或“伪陈述”等。显而易见，文学语言的“虚假陈述”不是要告诉人们现实中如何发生的真人真事，但也不意味着“说谎”或有意的“弄虚作假”，而是为了以想象的真实、情感的真实制造出人们颇能接受，又能更有效地感染他们、打动他们的某种美学效果。其目的是通过虚构的情景激起读者的惊奇和喜怒哀乐的情感，使之获得审美的愉悦，并在审美愉悦中给他们以思想上和精神上的教益。诚如

贺拉斯所说："虚构的目的在引人喜欢。"[①] 文学语言的这种特性要求我们在翻译实践中对作者笔下虚构的情景要仔细甄别，如实转存，勿将生活真实与想象真实、情感真实混为一谈，从而曲解了作者的用心，减却了作品丰赡的美学蕴涵。例如：

原文：《归园田居》（其一）

陶渊明

[少无适俗韵，性本爱丘山。
误落尘网中，一去三十年。
羁鸟恋旧林，池鱼思故渊。
开荒南野际，守拙归园田。]
方宅十余亩，草屋八九间。
榆柳荫后檐，桃李罗堂前。
[暧暧远人村，依依墟里烟。
狗吠深巷中，鸡鸣桑树巅。
户庭无尘杂，虚室有余闲。
久在樊笼里，复得返自然。]

译文：The land I own amounts to a couple of acres,
The thatched-roof house has four or five rooms.
Elms and willows shade the eaves in back,
Peach and plum stretch out before the hall.

— tr. James R. Hightower

上文陶诗表现的是诗人弃官归隐、躬耕垄亩、宁静淡泊、怡然自得、徜徉田园、自由自在与天地自然同化的意境。诗人挣脱尘网的束缚回到了长久以来心向神往的田园，因而此时的田园对诗人意味着自由、喜悦、舒

① 贺拉斯．诗艺．罗念生，杨周翰译．北京：人民文学出版社，1962:155.

适……诗人这份独特的心境通过诗作中的诸多意象表现得尤为充分。比如从“方宅十余亩，草屋八九间”中，我们可以想见到诗人摆脱尘网的束缚后生活空间的无比广阔，也可预想到诗人生活在其间的无比自由、舒适与欢悦的情形。而这些联想或意味是诗句虚假陈述赋予读者的，且这种虚假陈述也充分表现出了作者自由欢悦的心情。而在上列译文中“十余亩”“八九间”被分别译为“a couple of acres”“four or five rooms”。译者在其译诗的注释中说:“诗句的平行结构未作转存，第9行中‘十余亩’我翻译为a couple of acres；第10行中‘八九间’我按现在居室的情形缩减为four or five rooms”[①]。很显然，译者在这里想当然地以现实生活中的真实情形代替了作者笔下的虚构情景，进一步说，以生活真实代替了艺术真实，因而不利于作者返归田园，在宽广阔大的空间生活得自由自在这份喜悦情感的充分表达与宣泄。以生活真实替代艺术真实很容易消解原文的艺术表现力，也容易遮蔽作者的艺术创构，将原文主体偏重表情的特色改写为偏于事实信息的纪实。

翻译实践中，类似上述这种现象并不少见。乐府诗《十五从军征》首联写道：“十五从军征，八十始得归。”针对此联，诗人、翻译家雷克思罗斯（K. Rexroth）将其译为“At fifteen I joined the army. / At twenty-five I came home at last.”[②] 在译者雷氏看来服兵役十年时间已经是很长了，这也比较接近生活现实情况，于是将原诗句中的“八十”改写为“二十五（twenty-five）”。很显然，如此一改写，就改掉了当时社会长期的动荡不安，人们长期生活在战乱之中，颠沛流离、民不聊生的社会现实，也弱化了诗篇情感表现与控诉的力量。

诗文中虚构的数字显然有别于日常生活中丁是丁、卯是卯的具体数字，其功用主要在于充分表达与尽情宣泄诗人特定情境下的真情实感，有时甚至关系到诗人风格的呈现。有关诗人风格再现这一点，需要我们在翻译研究与实践中从宏观整体出发进行审视与考量。例如：

---

① J. R. Hightower. *T'ao Ch'ien*. Oxford: Clarendon Press, 1970:51.

② K. Rexroth. *Love and the Turning Year: One Hundred More Poems from the Chinese.* New York: New Directions Publishing Corporation,1970.

原文：

① 白发三千丈，缘愁似个长。——李白《秋浦歌》

② 此地一为别，孤蓬万里征。——李白《送友人》

③ 桃花潭水深千尺，不及汪伦送我情。——李白《赠汪伦》

④ 长安一片月，万户捣衣声。——李白《子夜吴歌》

译文：

① Long, long is my whitening hair;
Long, long is it laden with care.

② Here is the place to say goodbye;
You'll drift like lonely thistledown.

③ However deep the Lake of Peach Blossoms may be,
It's not so deep, O Wang Lun! as your love for me.

④ Moonlight is spread all o'er the capital,
The sound of beating clothes far and near.

— tr. Xu Yuanchong

原文中画线处的数词数量巨大，“夸而有节”，表达的情感真挚、强烈、深沉，也表征了诗人李白豪迈的诗风。从译文中可见，对于这些数词的翻译，译者或浅化为抽象的解说，如译文①③中画线处的字词，或略而未译，如译文②④，很显然消解了原文数词虚指性所带来的表情力度与深度，不利于李白豪迈诗风的再现。因此，研究译文中虚指性的再现，微观切入与宏观审视两者不可偏废。

与前文自指性、曲指性一样，虚指性也是针对原文的创构来说的。一般来说，译者在翻译实践中辨明“这三性”的诗学功能与价值后需进行如实转存，倘若囿于双语间语言、文化与思维等的差异，就需进行相应的调适与变通，这自然是可以遵循的一条普适性原则。然而，若从译者主体的视角来审视文本中“这三性”的再现与表现，就会看到译者在“这三性”的范畴内发挥主观能动性与创造性所带来的审美个性倾向与表情达意的自我艺术特色。例如：

原文：**滁州西涧**

韦应物

独怜幽草涧边生，上有黄鹂深树鸣。

春潮带雨晚来急，野渡无人舟自横。

译文：Superseded

Tu Fu（韦应物之误）

Alas for the lonely plant that grows

beside the river bed,

While the mango-bird screams loud and long

from the tall tree overhead!

Full with the freshets of the spring,

the torrent rushes on;

The ferry-boat swings idly, for

the ferryman is gone.

— tr. H. A. Giles

这首诗作蕴含的深层之意，译者通过题名的“点睛”翻译予以了彰显，即“被取而代之或弃之不用”（Superseded），而为了表现原文中诗人这种不得其用的忧伤与孤独感触，译者重新虚构了一幅由一株草（the lonely plant）、一个黄鹂（the mango-bird）、一棵树（the tall tree）、一股激流（the torrent）、一叶舟（The ferry-boat）、一个摆渡人（the ferryman）共同组成的画境，画境内每一个物象都是特指的、唯一的、孤单的。如此创构与用意，与清代王士祯诗《题秋江独钓图》（“一蓑一笠一扁舟，一丈丝纶一寸钩。一曲高歌一樽酒，一人独钓一江秋。”）的创意可谓同出一辙。不仅如此，幽草与黄鹂鸟等不同物象之间空间上的高下对照、情态上的动静相衬与意态上的疾徐相对无不折射出诗人内心矛盾与煎熬的情愫。至此可见，翻译实践中文学语言的虚指性特征可依其功能与价值进行直接转存，也可从艺术再创造的角度进行再选择与重构。

1.4 结语

综上所述，文学语言的特性既有指义性，又有审美性。没有指义性，审美性就无从谈起。审美性以指义性为前提，并蕴涵于指义性中，但审美性之于作者、作品与读者 / 译者的意义尤为重大。缺乏审美性的文学作品或译作，只是事实信息的客观陈述，难以激发读者主观情感的参与，诗意想象的发挥，感性审美的愉悦以及认知理性的淬炼与提升。

指义性是相对显在的、直接的，可从文本的字面或表体获取；审美性则是相对潜在的、间接的，需从文本的字里行间或内里探得。两者相辅相成，相得益彰。文学语言的审美性体现在自指性、曲指性与虚指性三个方面，为了便于研习，上文我们结合翻译实践逐一进行了研讨，事实上，文学创作或翻译实践中这三个方面有时是互为交织，合而一体的。

翻译实践中，从这三个方面入手充分了解并成功传译文学语言的审美性是提高译作文学性与艺术感染力乃至整个作品质量的有效途径。在这个意义上，文学翻译不只是作品语言指义性的翻译，更为重要的是还是作品语言审美性的转存与再创。文学翻译研究与批评既要在其指义性下进行，更要在其审美性中予以观照。

第二章 文本层次论与翻译研究[1]

——以 The First Snow 的翻译为例

文学源于生活，又高于生活。源于生活，更多地表现出生活真实的一面；高于生活，更多地表现出艺术真实的一面。源于生活，更多地再现人生的经验与情感；高于生活，更多地展示艺术的想象与创造。文学中所体现出来的生活之真与艺术之美，最终通过语言文字的艺术表现形式得以凝定。因此，解读与研习文学作品首先是从作品的语言文字开始的，文字声音的高低、强弱、快慢，文句的长短、整散、急徐，篇章的组织、发展与创构，这些直接呈现在我们面前的“外在形状”，能引领我们去发掘作品内在层深的意蕴。这种内在层深的意蕴，黑格尔称之为“一种内在的生气、情感、灵魂、风骨和精神”。[2] 如何通过“外在形状”来发掘内在层深的意蕴？中外学者从文本的层次入手进行了诸多有益的探讨。这可为我们揭开文学翻译中理解与表达的“神秘面纱”提供方法与途径。

2.1 文本层次论简介

我国古代哲人提出了构成思想或文本的“言”“象”“意”三要素，这

① 本章原载《广州大学学报》2010 年第 5 期，原标题为“文本层次论指导下的翻译研究——以 The First Snow 的翻译为例”，独立撰写，收入本书时有改动。

② 童庆炳．文学理论教程（修订版）．北京：高等教育出版社，2000：177.

三者之间的关系，三国时的王弼在《周易略例》中阐发得颇为清晰："夫象者，出意者也。言者，明象者也。尽意莫若象，尽象莫若言。言出于象，故可寻言以观象；象先于意，故可寻象以观意。意以象尽，象以言著。"在王弼看来，"言""象""意"是构成表情达意逐层深入的层次结构。

在西方，现象学家英伽登（R. Ingarden）将文学作品的构成要素划分为五个层次：① 字音层，即字音、字形等的语义与审美意义；② 意义单位，即每一句法结构都有它的意义单元；③ 图式化方面，即每一所写客体都是由诸多方面构成的，在文学作品中出现时只能写出其某些方面；④ 被再现客体，即文学作品中所表达的人、物、情、事等；⑤ 形而上性质层，即揭示出的生命和存在更深的意义，如作品中所表现出的悲剧性、戏剧性、神圣性等。这五个层面逐层深入，彼此沟通，互为条件，成为一个有机的统一体。[①]

前人的研究积淀，为我们进一步理解与探索文本构成的丰富内涵打下了基础，提供了借鉴。今天国内不少学者结合中西相关研究，对文学作品的构成也做出了诸多探索性的划分。[②] 其中童庆炳的"三分法"因其简明扼要，层次分明，涵盖面广而颇具代表性，其基本要点可概括为：①文学话语层，即呈现于读者面前、供其阅读的具体话语系统。这一话语系统除具有形象性、生动性、凝炼性、音乐性外，还具有内指性（指向文本中的艺术世界）、心理蕴含性（蕴含了作家丰富的知觉、情感、想象等心理体验）、阻拒性（打破某些语言的常规引起人们的注意和兴趣，从而获得较强的审美效果）。②文学形象层，即读者经过想象和联想而在头脑中唤起的具体可感的动人的生活图景。③文学意蕴层，即文本所蕴含的思想、感情等各种内容。这一层面又分为历史内容层（包含一定的社会历史内容）、哲学意味层（对宇宙人生所作的形而上的思考）以及审美意蕴层。[③]

有关文学作品构成的种种划分，为解读与鉴赏具体的文学作品带来了

---

① 童庆炳．文学理论教程（修订版）．北京：高等教育出版社，2000：178.

② 童庆炳．文学理论教程（修订版）．北京：高等教育出版社，2000．王汶成．文学语言中介论．济南：山东大学出版社，2002．李荣启．文学语言学．北京：人民出版社，2005．胡家祥．文艺的心理阐释．武汉：武汉大学出版社，2005.

③ 童庆炳．文学理论教程（修订版）．北京：高等教育出版社，2000：178-184.

启示并提供了可以逐层深入的操作方法，这无疑大大丰富与细化了传统上“理解”的具体层次与内涵，为做好翻译与翻译研究奠定了基础。本章拟以童庆炳“三分法”为理论参照点，选取美国19世纪浪漫主义作家朗费罗（H. W. Longfellow，1807—1882）的经典名篇The First Snow为例进行解析鉴赏与翻译研究，以求对文学翻译实践与批评有所裨益。为了便于研析，兹录The First Snow全文如下：

> The first snow came. How beautiful it was, falling so silently all day long, all night long, on the mountains, on the meadows, on the roofs of the living, on the graves of the dead! All white save the river, that marked its course by a winding black line across the landscape; and the leafless trees, that against the leaden sky now revealed more fully the wonderful beauty and intricacies of their branches. What silence, too, came with the snow, and what seclusion! Every sound was muffled, every noise changed to something soft and musical. No more tramping hoofs, no more rattling wheels! Only the chiming of sleigh-bells, beating as swift and merrily as the hearts of children.

2.2 审美鉴赏

参照上文童氏“三分法”的基本要点与内涵，结合“The First Snow”自身音、形、意等语言审美构成特征，拟从以下九个方面对“The First Snow”进行分类别、分层次审美鉴赏分析：① 声音美 ② 节奏美 ③ 意象美 ④ 修辞美 ⑤ 错综美 ⑥ 感知美 ⑦ 绘画美 ⑧ 宁静美 ⑨ 境界美。大体而言，①至⑥可归为“文学话语层”，主要分析文本中听得见、看得到或直接感受得到的文字之“实”的部分，⑦至⑧可归为“文学形象层”，主要分析文本中个别话语以及不同话语共同构建出的部分，即“半实半虚”的部分；⑨可归为“文学意蕴层”，主要分析读者与整体文本多维度互动之“虚”的部分，即给文本确立主题倾向或进行定性。三大层次逐层推进，不断深入，又相互渗透、彼此关照，最后形成的理解综合体在审美效果上趋于定向统一，即前①—⑧彼此协作最终共同服务于⑨。下面逐一研习之。

2.1.1 声音美

语言符号由能指与所指构成，前者指向语言符号的音与形，后者指向语言符号的语义概念。在日常交际中作为媒介的语言符号传递了信息意义后，交际便已告完成，言说者并不特别关注所用语言符号是否悦耳动听，是否节律鲜明等。而文学语言在言语交际中既注重语言符号语义的传达，又注重语言符号传意时音与形等所具有的美学意味的选择，其目的旨在使语言的交际更生动、更形象、交际效果更突出，更具艺术感染力。细读以上例文，可以看到长元音、双元音与流辅音的运用特点鲜明。上列例文共计 118 个词，具有长元音或双元音的字词有 53 个，占到全文篇幅的 45%。见表 1：

表 1　含长元音或双元音的词语统计表

i:	The / trees / revealed / wheels / beating
ə:	first
ou	snow (2次) / so / meadows / no (2次) / only
ei	came (2次) / day / graves / save / landscape / against / changed /sleigh
au	how / mountains /now/ sound
o:	falling / all (3次) / course / more (3次)
ai	silently / night / white / by / winding / line / sky / silence / chiming
u:	roofs / too / seclusion / hoofs
a:	marked / branched / hearts
ju:	beautiful / beauty / musical

例文中诸多长元音或双元音一再出现，回环应和，读来音韵谐和，铿锵有声，更为重要的是这些词汇连缀使用大大舒缓了例文诗情表现的节奏，有助于渲染出片片雪花徐徐降落的情形。

就辅音或流辅音而言，占到全文篇幅的近一半。具体见表 2：

表 2　含辅音或流辅音的词语统计表

iŋ	falling / living / winding / tramping / rattling / chiming / beating
s	snow (2次) /silently / save / silence / seclusion / sound / sky / something / soft / sleigh / swift
l	all / long / living / silently / children / merrily / sleigh-bells / only / wheels / rattling / musical / muffled / seclusion / silence / wonderful / fully / revealed / leaden / landscape / line / leafless
w	was / white / winding / wheels / with / wonderful
f	first / beautiful / hoofs / swift

辅音或流辅音的一再出现也取得了类似长元音或双元音所具有的音韵谐和，舒缓节奏的美学功效，同时还启示出微风轻拂、雪花飘飞的意境。

综而观之，例文中词汇的形式与音响共同营构与彰显出作品轻柔、徐缓的情调。

2.2.2　节奏美

节奏是一切文学作品的共同要求，只不过有的文体（如诗歌）节奏更显直观、突出，更多一些“人为性”的特点。文学作品中节奏的呈现并不是随意而为的，它往往与作品中所表现对象的特性，与作者所表现的情感有密切的联系，即节奏已内化于所描绘对象的特性与作者的内心情感之中。例文中的节奏若以句子的长短为单位，以“-”代表每句中的一个词，整段行文可表示如下：

① ----。② ----, ------ ，---, ---, --- ，------, ------! ③ -----, -----------; ----, ----------------。④ --, - ,----, --- ！ ⑤ ----, --------。⑥ ----,---- ！ ⑦ -----, ----------。

从图示中可以较为直观地看到，全段可分为7大句，分别以句号、感叹号为标记。依据各句相对字数的多少将其简要地标示为：①短句—②长句—③长句—④长句—⑤长句—⑥短句—⑦长句，[①] 在这7大句中有6个句子又可分为若干小句，句子的长短相间、曲折变化，暗示着所写对象“雪花飘落”与作者内心情绪运演的强弱急徐的具体状貌。整体来看，例文中徐缓的节奏成为主导，除开前文所论及字词的声音的渲染因素之外，从图示中还可看到频频出现的逗号、感叹号等进一步强化了徐缓的文内节奏，这有助于揭示出作者平和与宁静的心绪。而文中3个惊叹号的使用则又生动地昭示出平静心绪中荡漾出的波澜。

2.2.3 意象美

原文具有散文诗的特征。好的散文，不是单一的对客观物象的直接摹写，也不是单一的对主观情感的直接抒发，而是通过包蕴着作者的主观精神的典型意象来实现的。因而，以意象为视角来审视例文中的字词，旨在更好地揭示出字词中所蕴含的作者主观情感的一面，更好地彰显作者对所写人情物事的知觉、情感、想象等心理体验以及基本态度。

比如 the first snow 除了指向时间上的“第一场雪”的意义之外，还蕴含着“美好的”“新鲜的”“难忘的”“重要的”等意味，如此这般的经验与情感意味，可从下列短语中得到经验的复现与情感的重温：① the first love；② the first kiss；③ the first lady。

又如 seclusion 既指白雪中幽寂与宁静的世界，也指置身其中远离尘嚣，消泯世间欲念与烦恼的精神境界。且参看该词变体的使用情形：①

① 参考 Rudolg Flesch 对英语句子长度与文体的关系统计，这里将低于11 words 的句子（含标点符号）视为短句，将高于14 words 的句子（含标点符号）视为长句。连淑能. 英汉对比研究（增订本）. 北京：高等教育出版社，2011:102.

seclude oneself from society；② a secluded life；③ a secluded spot。更有甚者，该词的特有意味可见之于西班牙旅游广告的宣传话语：Sea, sun, sand, seclusion — and Spain。

再如 the hearts of children 在传达出孩子心跳之时，将孩子对世间每一事物充满着新鲜、好奇、惊喜、激动、兴奋等独特的感受表现无遗，这也许是作者未曾选用 the hearts of men / women / youth 来做相应类比的原因之一。

这些意象语词分布在文本中，互相浸染，前呼后应，在揭示出作者知觉、情感与想象中积极、褒扬的倾向之时，对定位作品的情感基调无疑是有所裨益的。

2.2.4 修辞美

修辞手法的作用通常表现在使语言文字新鲜活泼、鲜明突出、生动形象、整齐匀称、音调铿锵、意蕴优美等方面，其目的旨在增强行文言说的表现力与感染力。例文中的选词用字与平行结构特色鲜明。就措辞而言，且看下例：

1) all white save the river — not “except”
2) across the landscape — not “scenery”
3) winding black line — not “twisting”
4) the chiming of sleigh-bells — not “ringing / jingling”

例句中画线的词汇，作者未曾选用右边的同义词，而选用了均含有长元音或双元音的词汇，一则表明作者所用之词读来有声音徐缓、前呼后应的美文功效，另一方面，文中各词还均含有“品质美好”的一面，如 landscape 中含有 attractive，chiming 中含有 harmonious 的意味等，这无疑有助于揭示作者抒写情景人事的情感立场与生活态度。

具有平行结构或对照的句子结构有：

5) all day long, all night long, on the mountains, on the meadows, on the roofs of the living, on the graves of the dead!

6) Every sound was muffled, every noise changed to something soft and musical.

7) No more tramping hoofs, no more rattling wheels!

平行或对照的结构，既表现出形式的对称美，又传递出语义的变化美，从而大大增强了语言的艺术性与感染力。且以 5) 为例，若根据雪落过程从高到低的客观事实，将其改写为 on the mountains, on the roofs of the living, on the graves of the dead, on the meadows! 显而易见，其美文功效定会大打折扣，作者的艺术用心也荡然无存。

2.2.5 错综美

文字的错综编排使表达的内容显得富于变化，摇曳多姿，既增强了行文的艺术性与感染力，又折射出作者艺术思维的运演轨迹。错综美可分为纵向的与横向的错综美。纵向的错综美表现为高与低或上与下的错综变化美。横向的错综美表现为近与远或大与小的错综变化美。例如：

> How beautiful it was, falling so silently all day long, all night long, on the mountains, on the meadows, on the roofs of the living, on the graves of the dead! All white save the river, that marked its course by a winding black line across the landscape; and the leafless trees, that against the leaden sky now revealed more fully the wonderful beauty and intricacies of their branches.

这段文字中存在的纵向错综美可表示为：上 / on the mountains— 下/ on the meadows— 上 / on the roofs of the living— 下 / on the graves of the dead。

这段文字中存在的横向错综美可表示为：近大 / the river— 远小 / marked its course by a winding black line— 近大 / the landscape；近低 / the leafless trees— 远高 / the leaden sky— 近低 / the wonderful beauty and intricacies of their branches。

不难看出，错综美使行文富于变化，摇曳多姿，突显与拓展了表情达意的艺术空间。

2.2.6 感知美

文学是情感的表达，是经验的传递，是个性化的情感与经验的再现。情感与经验的个性化体现在作者独到的或敏锐的感知外物与表现外物的语言里。语言是经验的现实。雪花飘飞，落在万物之上是我们司空见惯之事，而以语言描摹我们经验世界的郎费罗是这样写的：

1) How beautiful it was, …, on the mountains, on the meadows, on the roofs of the living, on the graves of the dead!

读着“on the mountains, on the meadows, on the roofs of the living, on the graves of the dead”，现实经验中雪花飘临万物同时并发的情形再现无疑。若将此表述改为“on the mountains, the meadows, the roofs of the living and the graves of the dead!”，一来失去了原文的音响与节奏的韵味，二来以偏于逻辑的表述隐匿了经验的感知，行文变为陈述事理，消解了原文的生动与意趣。又如：

2) All white save the river, …; and the leafless trees, …

前文有述，这里呈现的是一幅画境，我们只需跟随作者的“画笔”由近及远、由低到高去经历与体悟，便可较为充分地感知与体悟作者的情怀。

3) What silence, too, came with the snow, and what seclusion! … No more tramping hoofs, no more rattling wheels! …

宁静（silence）的到来并非瞬间产生的，它是在雪花不停地落下这个时间过程中形成的；安宁之境（seclusion）的产生也不是突如其来的，它是在雪中或雪后的宁静中孕育出来的。作者将这个感知的时间过程通过文句中逗号不断间隔的巧妙运用表现出来了。在随后的句子或不完全句（fragmented sentences）中，作者更是越来越直接将自己的感知呈现在读者面前，使读者在经验的感知中领略到诗意般的意境。

2.2.7 绘画美

人们常以“诗情画意”来赞誉作文之美。文本中的“画意”并不旨在向读者告知信息与事实，而是让读者走进“画境”之中去经历、去感知、去体味作者当下情绪的运演与感触，最终获取别样的诗意感兴与领悟。例如：

> All white save the river, that marked its course by a winding black line across the landscape; and the leafless trees, that against the leaden sky now revealed more fully the wonderful beauty and intricacies of their branches.

在这段文字里，作者由近及远、由低到高勾画出白茫茫的一片雪景之中唯有河流宛如一条墨线延伸向远方，银灰色的天幕下映衬着叶儿落净的树枝纵横交错的图景。置身这般画境之中，定会让人产生简洁、清新、疏朗、美好、质朴、自然之感。从文字到画面再到画境，在作者的引领下，我们一步一步走向那艺术的胜景，体悟着生活的真味。同样地，置身于天地一色的洁白而明净的世界中，置身于世俗尘嚣消退的雪景中，人立雪中的绘画美，人行雪中的变化美，折射出的蕴涵可谓尽在画外，引人思绪翩翩。

2.2.8 宁静美

苏轼诗云：“静故了群动，空故纳万境。”（《送参寥师》）既可看作是一种艺术创作的方法，也可看作是一种致思宇宙、人生的方式。诗文中表现宁静的艺术方式有种种，而最主要的有以动写静与以声写静。有道是“动中有静，寂处有音。”（清吴雷发语）例文作者一方面写下雪带来的宁静，另一方面通过以声衬静进一步渲染了宁静的深度。诚如钱锺书在《管锥编》中所言：“寂静之幽深者，每以得声音衬托而愈觉其深。”例如：

> Every sound was muffled, every noise changed to something soft and musical. No more tramping hoofs, no more rattling wheels! Only the chiming of sleigh-bells ...

雪落无声，渐渐地喧嚣的尘世也随之安静下来，整个世界可谓万籁俱寂，但世界的这种沉寂并非是死寂，并非了无生机，在这一片沉寂之中，能听到一路清脆的雪橇铃声悠悠传来，……。静寂世界里铃铛的响声，一方面反衬出这个世界更加宁静，另一方面又给这个世界带来了生机、活力与情趣。雪境的宁静带来心境的宁静，也带来了宁静中的沉思。

2.2.9 境界美

文章之美，美在整体。通过对前面文字表层与字里行间意味及其艺术表现手法的分析，我们似可窥探到作者热爱自然、赞美自然、积极乐观、奋发向上、热爱生活的情怀，同时也可看到雪中的大自然大大净化与提升着作者的心灵与精神境界。这是作者的收获，也是我们共同的收获。

2.3 翻译研究

基于从“文学话语层”到“文学形象层”到“文学意蕴层”的充分解析，下面引用一例译文进行具体的翻译研讨。

第一场雪

第一场雪飘落，多么美啊！昼夜不停地下着，落在山岗，落在草场，落在世人的房顶，落在死人的墓地。遍地皆白，只有河流像一条黑色的曲线穿过大地；叶子落光的大树映衬在铅灰色的天幕下，越发显得奇伟壮观，还有那错落有序的树枝。下雪是多么寂寥，多么幽静！所有的声音都变得沉浊了，所有的噪音都变得轻柔而富有乐感。没有得得的马蹄声，没有辚辚的车轮声，只能听到雪橇那欢快的铃声如童心在跳动。①

整体来看，译文译出了原文的信息意义与基本审美意义，也基本再现了原文舒缓的节奏与诗情，但在艺术地再现原文诗情画意的美好意蕴氛围上还有诸多可供斟酌之处。

2.3.1 基调的转存

从前文的审美鉴赏可知，原文的基调是徐缓而宁静的。然而，译文的头两句节奏却颇为急促，未能较好再现这一特征。试读：第一场雪｜飘落，多么美｜啊！｜｜昼夜｜不停地｜下着，落在｜山岗，落在｜草场，落在｜世人的｜房顶，落在｜死人的｜墓地。（“｜”表示语义停顿，“｜｜”表示句间停顿）从句子的标示来看，首句每“顿”中的词语前长后短，参差不齐，未能形成平稳的节奏。第二句中每“顿”词语的长度彼此相当，以二字词语为主导，而且相互对称，整齐划一，加快了行文的节奏。试与调整后的译文做一比较：

初雪｜飘然｜而至，真是｜美极了！｜｜它｜整日整夜｜静静地｜飘着，落在｜山岭上，落在｜草地上，落在｜生者的｜屋顶上，落在｜逝者的｜坟茔上。

① 选自周方珠．翻译多元论．北京：中国对外翻译出版公司，2005:290.

原文的最后三句表现的不仅仅是主体的听觉感知，还传递出以声衬静的意境氛围。译文“没有得得的马蹄声，没有辚辚的车轮声，只能听到雪橇那欢快的铃声如童心在跳动”偏于客观听觉的描述与说明，缺少主体由“声响”渐渐远去消失而至“宁静”过程的感知。试读重组的译文：

> 一切声响都趋于沉寂，一切喧嚣都化作了轻柔的乐曲。得得的马蹄声听不到了，辚辚的车轮声也消逝了，唯有雪橇的铃声在空中回荡，那明快的节奏犹如童心在欢跳。

2.3.2 词语的设色

译文中部分词句的传译偏于客观写实，与作者抒发的明净爽朗、开阔旷远的美好深情“辞气”不符。译文中词句偏于中性情感色彩与贬义的较多。如偏于中性色彩的有“第一场雪飘落”“不停地”“下着”“世人”“墓地”“遍地皆白”“下雪”“只有河流像一条黑色的曲线穿过大地”“叶子落光的大树”“没有得得的马蹄声”“没有辚辚的车轮声”“只能听到雪橇那欢快的铃声如童心在跳动”；表现贬义的有“死人”“沉浊”“噪音”等等。这些词句彼此影响、相互映照，使译文偏于信息意义的客观陈述影响了诗情画意、美好意蕴氛围的艺术呈示。鉴于此，需在译文中将这些字词句的色彩整体上朝着褒义方向进行修正。

2.3.3 语境的“同化”

译文中部分词句未能充分考虑到原文整体语境的“同化”功效，也因之未能较好地再现出原文鲜明、突出的主题倾向。将原文中的“the dead”“muffled”“every noise”等字词分别译为“死人”“沉浊”“噪音”等是未能将这些词语放在文本整体的语境氛围中来考量的结果。从原文全文来看，偏于褒义或积极含义的词句占绝对主导，从而决定了全文积极的主体情调，而事实上在这一大的基调下，原文中通常含有贬义或消极意味的词语的内涵也会因文本主体情调的影响而渐渐趋向淡化而向积极的方向转化，这便是“最初信息的决定性效果”（primary effect）所致。通俗而言，便是词义内涵的变化可谓“近朱者赤，近墨者黑”。因而，鉴于整体语境的“美化”功效，译文选词造句宜偏于积极、美好的特色。比如，我们可在译文中将“第一场雪”改译为“初雪”;“死人”改译为“逝者”;“墓地”改译为“坟茔”;“铅灰色”改译为“银灰色”;“叶子落光”改译为“叶儿落净”;“沉浊”改译为“趋于沉寂”;“噪音”改译为“喧嚣”，等等。

2.3.4 视点的选择

从语篇的视角来看，译文部分句子视点（point of view）运用可再斟酌。比如：

1）第一场雪飘落，多么美啊！画线的译句突出的是客观信息的传达，少了一份作者主体情感的表达或初雪飘落时徐缓过程与基调的暗示。

2）遍地皆白，只有河流像一条黑色的曲线穿过大地；叶子落光的大树映衬在铅灰色的天幕下，越发显得奇伟壮观，还有那错落有序的树枝。整个译句未能充分再现由近大推及远小的回环错综美，而且画线部分与前文显得语气不是一气呵成，大有句子语义叙述已完结，又再补一句的意味，给人拖泥带水之感。

3）下雪是多么寂寥，多么幽静！原句重在表达时空过程中雪落而后无声，而后安宁的过程感知与体悟，画线的译句只是强化了主观的一面，遮蔽了作者的经验直感与艺术用心。

4）没有得得的马蹄声，没有辚辚的车轮声，只能听到雪橇那欢快的铃声如童心在跳动。原句表现的是雪景中一切声响与喧嚣渐渐消退的情景，画线的译句起笔便说“没有……，没有……，”显得较为突兀，前后不够连贯。因此，可在译文中通过变客观写实为主观感知的视点调整来强化译文的基调、贯通译文的语气、彰显作者的文字艺术创构。

2.3.5 译文的重构

基于此前的译文分析，把握原作徐缓、宁静的基调，作者表现出的积极美好情感及其文字艺术创构，试将译文重构如下。

初　雪

初雪飘然而至，真是美极了！它整日整夜静静地飘着，落在山岭上，落在草地上，落在生者的屋顶上，落在逝者的坟茔上。天地皆白，唯有河流蜿蜒而去，在雪景上画出一道弯弯曲曲的墨线。叶儿落净的大树在银灰色天幕的映衬下，枝丫盘错，更加显得奇伟壮观。雪落、无声、幽寂、安宁！一切声响都趋于沉寂，一切喧嚣都化作了轻柔的乐曲。得得的马蹄声听不到了，辚辚的车轮声也消逝了，唯有雪橇的铃声在空中回荡，那明快的节奏犹如童心在欢跳。

2.4　结语

综上所述，文本层次论引导我们如何确立文本的研究范围与层次，如何认识文本层次层层相因，逐层深入的重要性、丰富性与深刻性。在这一方法论的指导下，译者结合自我的审美经验与素养，根据不同文本的体裁特点及其突出的语言审美性特征进行以翻译为目的的解析与鉴赏，其审美鉴赏所得，或直接转换到译文中去，或间接地参与译文字、句、段、篇的审美重建。

文本的不同层次在以翻译为目的的审美鉴赏中相互映照，彼此浸染，回环往复，逐层深入，一方面生动地揭示出翻译实践中译者具体的理解过程，另一方面有效地指导着译文的审美重建。这一方法对指导文学翻译批评与实践，提高译文质量具有直接的现实意义。

第三章　美的感悟、传译与创造[①]

——以刘士聪《落花生》英译文为例谈散文翻译

《落花生》是现代散文作家许地山（1893—1941）先生的经典名篇之一。说其经典，首先因其一再被选入我国现代散文的权威读本，更因其被选入我国小学语文课本，给一代又一代的小朋友以人生的启蒙与启迪。其次，因其被一再翻译成英文，或被编入汉英对照散文集，[②]或被编入各类翻译教材。[③]再次，还因有诸多学者曾撰文研究其英译文以此来探讨散文翻译问题。从目前有关《落花生》的翻译研究文献上来看，有的从语文学视角出发，通过“寻章摘句”来探讨译者在选词造句方面的翻译艺术特色；[④]有的从语言学视角出发，探讨语义内容与语法或信息结构等在翻译中的对应与转换问题；[⑤]还有的则从翻译美学视角出发，探讨原文审美风格及其再现，译者主体审美素养与选择等在散文翻译中的作用、功能与价值。[⑥]综

---

① 本章原载《广东外语外贸大学学报》2010年第3期，独立撰写，收入本书时有改动。

② 中国文学出版社编．中国文学·现代散文卷．北京：中国文学出版社，1998．张培基．英译中国现代散文选．上海：上海外语教育出版社，1999．乔萍等．散文佳作108篇．南京：译林出版社，2007．刘士聪．英汉·汉英美文翻译与鉴赏（新编版）．南京：译林出版社，2007．

③ 温秀颖．英语翻译教程．天津：南开大学出版社，2001．李明．翻译批评与赏析．武汉：武汉大学出版社，2006．魏志诚．汉英比较翻译教程．北京：清华大学出版社，2006．邵志洪．翻译理论、实践与评析．上海：华东理工大学出版社，2007．

④ 李明．张培基先生的英译文《落花生》赏析．中国翻译，1997．温秀颖．评析．载刘士聪．汉英·英汉美文翻译与鉴赏．南京：译林出版社，2002．

⑤ 魏志诚．汉英比较翻译教程．北京：清华大学出版社，2006．

⑥ 隋荣谊、李锋平．从翻译美学视角探析《落花生》的两个英译本．外国语言文学，2008．

观《落花生》的英译研究现状，我们在看到研究者多角度、多侧面的研究特色与成绩之时，也看到各自的不足：语文学视角的研究在文本分析的客观性与整体性方面有待加强；语言学视角的研究长于对局部文本语言客体的理性或逻辑分析，但缺少对其在“情感流动轨迹”整体观照下的调整与统一；翻译美学视角的研究偏于宏观、笼统，其文本分析针对性、可操作性与审美的整体性有待夯实与深化。见微知著，从《落花生》的翻译研究中，我们实际上可以大体窥见目前国内散文翻译，尤其是汉英散文翻译研究的基本面貌。

我们知道，散文是与诗歌、小说、戏剧经常相提并论的一种文学体裁，其在社会生活中具有的重要文化功能与文艺价值无须赘言。然而，与诗歌、小说、戏剧的翻译研究相比，散文翻译研究无论在广度上还是深度上可谓相差甚远，难以望其项背。鉴于此，本文仍拟以《落花生》为例，选取刘士聪先生的英译文为主要研究对象，围绕着散文表现自我的主观性、排斥虚假的真实性、运笔如风的自在性以及文情并茂的精美性等本质特征，[①]综合考量译者主体与文本审美构成的相互作用对翻译中选词造句、谋篇布局与传情达意的影响，从叙事口吻、情感流动的轨迹、文意贯通的艺术、译文精美性的再创造以及人物形象的塑造等层面来探讨散文翻译中美的感悟、传译与创造问题，一则旨在拓展目前散文翻译研究的视域，二则意在对现有的《落花生》翻译研究中存在的问题有所改进。

3.1 基调的确立：叙事口吻

文学中的口吻是指作者或言说者对其所谈论的主题，所言说的对象或者本人自己所表现出的态度。它是作品的情感色调，或情感意义，是构成作品整体意义尤为重要的一部分。日常生活中，口吻可通过言说者声调的抑扬顿挫表现出来，也就是说，其言说者对人对事是热情的还是冷淡的，是高兴的还是忧愁的，是愤怒的还是平静的等等态度，都可通过言说者声

① 方道．散文学综论．合肥：安徽教育出版社，2004.

调的变化凸现出来。常言道“听话听音”即是最好的说明。与日常生活中的会话相比，纸质文本的诗文之口吻就显得相对“隐秘”些，但细心的读者依然可从诗文文字的字面意义及其情感与色彩，字里行间所含蕴的意味，艺术手法的运用（如比喻、夸张、象征等），文句呈现出的整散与节律、行进的速度等方面辨识出来。由此看来，口吻既在微观上律定着字词句篇“外在形状”的呈现形态，也在宏观上表征着作者的创作意图及其作品的意蕴走向。因此，感悟与传译原作的口吻对于实现原作在译入语中的文学性之等效意义重大。

研读《落花生》全文，我们体会到，该文是作者怀着对父亲循循善诱、谆谆教导的感念，对母亲慈祥、勤劳的追忆，对敦厚和睦家庭氛围的回味的口吻写成的。全文叙述慢条斯理，娓娓道来，宛如涓涓细流，缓缓地流进读者的心田。为了再现原作的这一整体基调，刘士聪先生的英译文在把握作者的叙事角度与速度，重构句式以及选词用字等方面做出了富有成效的努力。

在叙事角度方面，原文是作者向读者叙述自己童年时的一个小小的生活片段，直接将生活场景与事件过程展现给读者，整个行文呈现出“纯客观叙事”的特色。为传译这一叙事特色，译者在译文中未做主观评价与分析，而是转存了生活场景与事件过程的“戏剧式演出”。比如将“我们几姊弟和几个小丫头都很喜欢——买种的买种，动土的动土，灌园的灌园；过不了几个月，居然收获了！”译为“At that my brother, sister and I were all delighted and so were the young housemaids. And then some went to buy seeds, some began to dig the ground and others watered it and, in a couple of months, we had a harvest!”既译出了“戏剧式演出”的特色，又点出了隐身于生活情景“画面”之外的叙述人“我”。又如，原文中多处提到“爹爹（说）”，译文均以颇为正式的“Father”译之（仅有一处将“也请你们爹爹来……”中的“爹爹”译为体现父亲与子女亲昵关系的“Dad”）；同样地，对几处提到的“母亲／妈妈”，译文也均以颇为正式的“Mother”译之，译者这般处理，既启示出原作回忆的特色，在译文整体上实现了行文叙事的一致性，又折射出作者对“爹爹”“母亲”的几多敬意与感念之情。

在叙事速度上，译文的开篇之句定下了全文的整体基调。唐代书法家孙过庭论及书法时所言："一点为一字之规，一字为终篇之准"，[①] 说的虽是写字局部的一点一画或一字，但针对的是字的整体以及由诸多字构成的书法作品整体。写字讲究开始的一点或一字的定调作用，翻译中的首句或首段也具有类似的定调作用，这一点在有着鲜明审美追求的译者笔下尤为明显。诵读译句 At the back of our house there was half a mu of unused land，其间相对重读的词语有 back、house、there、half、unused，全句念来，词语轻、重读彼此交错，语流均衡适中，语势徐缓，语气柔和，进入作品主题自然而然，符合原作娓娓道来的精神。相比之下，有人译成 Behind our house there lay half a mu of vacant land. 念起来调门就扯得高些，语气就显得滞重些，置于文章的开头就显得与原作闲适回忆的调子不符。有人从"顺译"的角度提出该句可处理为 Behind our house lay half a mu of vacant land，语言精练了些，但"there"的删除突出的是"物间关系"的客观呈现，屏蔽了主体叙事的直接参与，也因之抹掉了原文的叙述与回忆特色。译文的结尾之句也显得余音袅袅，舒缓悠长，别有韵味。读着译句 We stayed up late that night, eating all the peanuts Mother had cooked for us. But Father's words remained vivid in my memory till this day，其间诸多蕴含长元音或双元音的字词（如句子中的画线处）一方面舒缓了话语的速度，另一方面相互间回环映照共同启示出追忆与沉思的特点。整体来看，译文在叙事速度上前呼后应，深得原文娓娓而谈的神韵。此外，为了彰显这种叙事口吻，译者还在英文句式的形式构建上（比如句子的长短、整散等）进行了艺术的处理。例如：

原文 1：母亲说："让它荒芜着怪可惜，既然你们那么爱吃花生，就辟来做花生园罢。"
译文 1："It's a pity to let it lie idle like that," Mother said. "Since you all enjoy eating peanuts, let us open it up and make it a peanut garden."

原文 2：妈妈说："今晚我们可以做一个收获节，也请你们爹爹来尝尝我们的新花生，如何？"

① 沈鹏．书内书外．北京：北京大学出版社，2020：110.

译文2："Let us have a party tonight to celebrate," Mother suggested, "and ask Dad to join us for a taste of our fresh peanuts. What do you say?"

原文3：爹爹接下去说："所以你们要像花生，因为它是有用的，不是伟大、好看的东西。"
译文3："So you should try to be like the peanut," Father went on, "because it is useful, though not great or attractive."

汉英对照，译者将Mother said、Mother suggested、Father went on作为插入语，将原文中的一个句子在形式上一分为二，一方面使英文句子结构前后趋于均衡，口语节奏浓厚，应和着全文慢条斯理，娓娓道来的风格特色，另一方面使文意的传递富于变化，予人"峰回路转"的诗意感兴。

在叙事语言风格上，整篇译文的措辞均为日常生活用语（common words），其英文句子结构也以简单句（simple sentences）与复合句（compound sentences）为主导，体现出鲜明的谈话风格，全文读来质朴自然，简明凝练，这既与原文中描绘的生活情景相符，也与不慕名利，但求有益于社会的"落花生"之形象与主题相称。

3.2 整一中寓变化：情感的流动轨迹

"感人心者，莫先乎情。"（白居易语）文学翻译中只关注文字之间语义、语法上的正确转换，文本中语义信息的正确传递，而忽略了依情行文，文随情转的烛照，其译文的艺术感染力定会大打折扣。正是在这个意义上，中外的翻译家们将情感之于翻译的价值提到了尤为重要的高度。戏剧家玛丽安（Maryann）说，"译者必须置身于剧中，有如亲临其境，亲历其事，亲睹其人，亲道其语，亲尝其甘，亲领其苦，亲受其祸，亲享其福，亲得其乐，亲感其悲。"[①] 文学翻译家茅盾认为，"第一，要翻译一部作品，必须

① 黄龙．翻译艺术教程．南京：南京大学出版社，1988:89.

明了作者的思想；还不够，更须真能领会到原作艺术上的美妙；还不够，更须自己走入原作中，和书中人物一同哭，一同笑。”[①]这里译者需走入作品，亲历其情其景，需同作品中的人物同哭同笑，显在地说明了译者领悟原作情感的必要性，同时也昭示出译者须艺术地传译原作情感的至关重要性。因此，领悟并传译出原作的情感，尤其是情感的流动与变化轨迹，应是译者倾力追求的目标。前文有述，《落花生》的整体情感基调是徐缓而平稳的，但在整体的“平稳”中也蕴藏着“起伏的波澜”（比如“辟花生园”与“回答父亲提问”的欢快、急切的情景），这一“波澜”与作品中“我们”兴奋而热烈的情感表现紧密相连。刘士聪先生的译文整体上传译出原作徐缓、平稳的情感律动之时，在局部也成功地绘制出原作情感流播、运演的“波澜”，艺术地传译出原文情随意转、丰富多样的韵味。例如：

原文：我们几姊弟和几个小丫头都很喜欢——买种的买种，动土的动土，灌园的灌园；过不了几个月，居然收获了！

译文：At that my brother, sister and I were all delighted and so were the young housemaids. And then some went to buy seeds, some began to dig the ground and others watered it and, in a couple of months, we had a harvest!

上列译文中，译者未曾将“我们几姊弟”概括地译为“the children”之类，而是将其传译为一个个的人物个体“my brother, sister and I”，予人“听此消息，高兴之情‘席卷’每一个人身心”的联想，这既为紧接着的“分头劳动”（买种，动土，灌园），个个干劲十足埋下了伏笔，也为下文“我们”与父亲谈话时的，“姐姐说”“哥哥说”“我说”作了交代，显得文意前后贯通，自然而然。由此看来，有人批评“my brother, sister and I”显得拖泥带水，远不如“the children”概括简练，就有失“盲人摸象”的片面。此外，此情此景的传译方式，不禁让人联想起北朝民歌《木兰辞》中木兰从

① 陈福康. 中国译学理论史稿. 上海：上海外语教育出版社，1996: 248.

军征战结束返家，家人闻讯，“爷娘”“阿姊”“小弟”个个喜不自胜的情景。在译文的后半部分里，我们也找不到在逻辑与语义上与表示出乎意料之意“居然”颇为对等的“unexpectedly”或“surprisingly”。译者以近似平行结构（parallelism）的句式“some went to..., some began to... and others watered...”传译出紧张而轻快的劳动节奏之后，紧接着略一顿挫，逗引出时间短语“in a couple of months”，最后托出我们劳有所获的意外惊喜之情。“居然”未译，却意在言外。整体来看，译者感悟并抓住了原文这一情感流播的线索：先是在译文的前半部分艺术地转存、强化了欣喜的诗情，继而在随后的行文中进一步扩展着这一诗情，让文字跟着情感走，情到文到，一气呵成。译者向读者传递的是直感的人生经验与意绪，而不是逻辑的理性陈述，因而译文显得语势连贯，行云流水，感染力很强。又如：

原文：爹爹说：“你们爱吃花生么？”
我们都争着答应：“爱！”
“谁能把花生的好处说出来？”
姐姐说：“花生的气味很美。”
哥哥说：“花生可以制油。”
我说：“无论何等人都可以用贱价买它来吃；都喜欢吃它。这就是它的好处。”

译文：“Do you like peanuts?” Father asked.
“Yes!” We all answered eagerly.
“But who can tell me what the peanut is good for?”
“It is very delicious to eat,” my sister took the lead.
“It is good for making oil,” my brother followed.
“It is inexpensive,” I said. “Almost everyone can afford it and everyone enjoys eating it. I think this is what it is good for.”

原文是“爹爹”问，“我们”争着答。为再现“争答”的情状，译者均将我们的“答话”置于句首，巧妙地向读者暗示出“争答”的意味，予人身临其境之感。在表现艺术上，可谓“不着一字，尽得风流”。从认知的角度来看，译文的语言及其形式构建，艺术地复制了我们生活中经验世界的情形（又如，将“爱！”译为“Yes!”比译为“Yes, we do!”更生动传神，也更合乎客观实际“争答”的情态。），因而显得景真情切，意味深长。此外，译文将“姐姐说”“哥哥说”“我说”中的“说”，分别译为“my sister took the lead”“my brother followed”“I said”，一方面使译文显得变化多姿，句子长短均衡，节奏感好，但更为重要的是译文向读者描绘出这样的生活画面与经验世界：我们的答话虽有争先恐后之势，但并无你抢我夺之感，场景上依然井然有序、有条不紊——“姐姐”先说，“弟弟”接着说，“我”再说。译文给人“我们”彬彬有礼、家教良好的联想，这就是译文文字的韵味。

3.3 网络的建构：文意贯通的艺术

真醇的好文章读起来往往文从字顺、前呼后应、辞情畅达，如行云流水，给人以美的享受。翻译实践中要实现这般“美”的等效，离不开译者对文章之美多角度、多侧面、多层次的显意识的感悟与把握，更离不开译者为“美”的实现而在选词用字、造句谋篇上自觉的艺术追求、锤炼与创造。就文本的创作而言，局部的字词选择、句式构建需以整体意蕴的营构为依归，整体意蕴的形成则又需以局部的词句择用为依托，彼此依存，相互生发，和谐浸染，从而形成一个意境浑成的共同体。因而，要在译文中再现原作的意境美，译文的文意贯通是不可或缺的重要一环。我们知道，实现译文文意贯通的手段是多种多样的，而从语言的层面归纳起来则主要体现在语篇的衔接与连贯两大方面。语篇的衔接是有形网络，是通过语法手段（如照应、替代等）与词汇手段（如复现、同现等）来实现结构上的粘着性。连贯是语篇的无形网络，它存在于语篇的底层，通过逻辑推理来实现语义的连续。[①] 两者虽彼此有别，但又互为表里、共同服务于文本意

① 黄国文. 语篇分析概要. 长沙：湖南教育出版社，1988：10-17.

义与蕴涵的传达。但语言形式上“理性的”衔接与连贯需与作者的审美情感与情趣相贯通，这样方可在译文中取得更强的艺术效果。因此，对语篇衔接与连贯的审美把握与构建便成为译者创造优秀译文不可回避的根本问题。《落花生》英译文在这方面为我们提供了范例。试结合译者的审美状况来分述有形与无形网络的构建情形。

① 译文的有形网络构建

译文 1：Since you all enjoy eating peanuts, let us open it up and make it a peanut garden.

译文 2：At that my brother, sister and I were all delighted and so were the young housemaids.

译文 3：Let us have a party tonight to celebrate.

译文 4：Mother cooked the peanuts in a variety of styles.

译文 5：Unlike apples, peaches and pomegranates that display their fruits up in the air, attracting you with their beautiful colors, peanut buries its fruit in the earth.

以译文 1 为基点，与下文构成词语间隔重复关系的有：Since you all enjoy eating peanuts — “It is very delicious to eat,” — everyone enjoys eating it — eating all the peanuts Mother had cooked for us。“eat”的不断重复，既贯通了文意，也给人品尝花生甘味的冲动。值得一提的是，参照西谚“要知布丁味，先得尝一尝”（The proof of the pudding is in the eating），译者将“花生的气味很美”传译为“It is very delicious to eat”可谓别有诗味了。构成同义重复关系的有：let us open it up — some began to dig the ground and others watered it，画线部分先总起后分述，意义相近，层次有别，可谓前呼后应。间隔重复的还有：make it a peanut garden—the thatched pavilion in the garden，“garden”一词一方面使译文在文脉上前引后衬，自然而然，另一方面给人整饬、美好、温馨的想象，暗合原作意欲传递出的温馨、美好的主题。

译文 2 中“At that”的前指照应，使该词组的前后句之间衔接紧密，文意通畅，符合叙事情景下的审美心理。若将该译句改为 We children and the little maidservants were all delighted (with this idea)，比照之下，译文 2 中的“我们……”就显得反应快捷，情绪激动，而改写后的“我们……”就显得心平气和，反应姗姗来迟了。两种译文同样是实现了衔接或连贯，其艺术高下可谓不言自明。该译句中其他的衔接特征，前文有述，兹不赘。

译文 3 与 4 中的 celebrate、cooked the peanuts 分别与下文的 in the garden for the celebration，Mother had cooked for us 构成间隔重复关系，意义上也是前有铺垫，后有回应，妥帖自然。译文 5 中的 attracting 与下文的（though not great or ）attractive、（not seek to be great or）attractive 相呼应，使文意在不知不觉间得以顺利过渡与转换，尤为巧妙！多形式、多途径的衔接大大密切了行文的结构，强化了文意的贯通。

②译文的无形网络构建

译者将题目“落花生”译为“The Peanut”，在与全文多处构成显性衔接之时，还与人的精神世界相贯通。也就是说，The Peanut 既可指花生植株，也指可吃的花生或者是那个晚上我吃到的母亲所做的风味最为独特的花生，还可象喻一种精神品格。此外，The Peanut 还与译文中的（to buy）seeds、（peanut buries its）fruit（in the earth）相呼应，在读者想象中启示出花生、花生种子生长、开花结果的过程与意味，从而在文章的整体上进一步强化了文本的连贯。将花生的“果子 / 果实”译为“fruit / fruits”，而不是 nuts，虽似有违生活真实之嫌，但其取得的艺术真实之美，是令人回味无穷的。其次，将“让它荒芜着怪可惜”译为“It’s a pity to let it lie idle like that”，其中“like that”一方面浓厚了口语的色彩，使惋惜之情溢于言表，另一方面在构成与前文显性衔接之时，还在“母亲”与“我们”早已共有的认识（大家都知道那块地就那样荒芜着）之间形成隐性连贯，可谓一举多用。再次，将“我们都答应了”译为“We all agreed, of course”其中“of course”的增译，既表现出“我们同意”的积极情态，又启示出父母与子女间亲情有加，家庭温馨和睦的氛围，这是情感线上的连贯。

3.4 韵味的醇厚：英文美的创造

上文所述，事实上已从不同的层面关涉到韵味的传译与醇厚问题，但其探析中往往参照了从原文出发来审视原作之美在译文里的传译与创造。本节单独行文，旨在说明从译文文本整体出发来进一步审视译作艺术之美的感悟与创造过程。在这方面，刘士聪先生在其翻译实践中有着更为鲜明的审美艺术追求，他主张要“将译文作为独立文本来审视”，并具体指出“从词句入手，努力使译文词句与原文相符，这是非常重要的一个方面。同时还应注意译文的整体效果，包括内容和风格的。这也就是说，始自词句的翻译最终要考虑译文作为一个独立文本的效果，当两者有了矛盾，要变通前者，以适应后者。总之，将译文作为一个独立文本加以审视，审视其整体效果——看其内容是否与原文相符，看其叙事语气与行文风格是否与原文一致——是很重要的。”[①]刘先生是这么说的，他在《落花生》的译文里也是这么做的。例如：

原文 1：我们都说：“是的。”母亲也点点头。

译文 1：“That’s true,” we all said and Mother nodded her assent, too.

原文 2：爹爹说：“这是我对于你们的希望。”

译文 2：“Yes,” Father said. “This is what I expect of you.”

原文 3：我说：“那么，人要做有用的人，不要做伟大、体面的人了。”

译文 3：“Do you mean,” I asked, “we should learn to be useful but not

① 刘士聪. 英汉·汉英美文翻译与鉴赏（新编版）. 南京：译林出版社，2007:98.

seek to be great or attractive?"

原文 4：我们谈到夜阑才散，所有花生食品虽然没有了，然而父亲的话现在还印在我心版上。

译文 4： We stayed up late that night, eating all the peanuts Mother had cooked for us. But Father's words remained vivid in my memory till this day.

原文 1 中的"是的"，是对前文"爹爹"述说花生的用处及品质的回应，并非答问，因而译者从英文的视角出发将其传译为"That's true,"而不是对等的"yes"，显得文通理顺。类似地，出于应和英文整体行文的节奏或句式平衡的考虑，译者未曾将"母亲也点点头"处理为"Mother also nodded"而是将其译为"and Mother nodded her assent, too."译句徐缓的节奏应和着全文的叙事风格，而且映射出"郑重其事"的蕴涵。译文 2 中"Yes"的增加，是从英文问答模式出发，对前文问话的回应——先有父亲认真听取后的回应，后有自然带出的"期望"，译文因之前后贯通，十分自然。译文 3 中将"体面的"译为"attractive"，显然是紧承前面英文（attracting you with their beautiful colors）表达而来的转换与传译，前后贯通，形式上相互类比，意味上彼此渗透，别有情韵，是为巧妙！译文 4 中增加了"Mother had cooked for us"，是从英文出发对前文内容的回应，也在文章的绾节处再次凸现作者对"父母"感念的情深意长。而且将原文的一句话，分译为单独的两句话，既彰显出两句话之重要以及在作者心目中的同等分量与影响，也取得了行文至此，一锤定音的尾重功效。

3.5 虚实相生：人物形象的塑造

谈起作品中的人物形象，我们更倾向于将其与小说创作联系起来，但人物形象的刻画并非小说的专利。短小精练的散文虽在篇幅上难以做到对人物形象从外貌、性格、心理、社会地位、文化修养等方面进行浓墨重彩的描写，但通过作者行文中对人物（如果有的话）的简笔点染和勾勒，我们依然可以根据生活的经验，通过“由实及虚，虚实相生”的手法构建出一个个神情饱满的个性人物。比照之下，如果说小说中的人物形象呈现往往类似精雕细刻的工笔画，那么短小精练散文中的人物形象描绘就可算是简练概括的写意画。《落花生》一文中，作者不曾对父亲、母亲以及我们几姊弟和几个小丫头的外貌、性格等进行具体细致的描绘，但通过行文中父母与子女对话及其举止的“粗笔”点染，读者依然能对父母以及“我们”的个性与品格了然于心。细心品读文中父母与子女的对话以及他们的言谈举止，读者不难构建出爱劳动、爱思考、有教养、有礼貌的“我们”形象，同样地，也会营构出质朴善良、勤劳敦厚、和蔼可亲的双亲形象。正是基于再现“人物形象”，刘士聪先生的译文通过遣词造句于字里行间艺术地表征了这些形象的鲜明特性。例如：

原文 1：母亲说：“既然你们那么爱吃花生，就辟来做花生园罢。”
译文 1：Mother said. “Since you all enjoy eating peanuts, let us open it up and make it a peanut garden.”

原文 2：妈妈说：“今晚我们可以做一个收获节，也请你们爹爹来尝尝我们的新花生，如何？”
译文 2：“Let us have a party tonight to celebrate,” Mother suggested, “and ask Dad to join us for a taste of our fresh peanuts. What do you say?”

原文 3：母亲把花生做成好几样的食品，还吩咐这节期要在园里的茅亭举行。
译文 3：Mother cooked the peanuts in a variety of styles and told us to go to the thatched pavilion in the garden for the celebration.

原文中首先写到的是“母亲”，写“母亲”的内容主要集中在以上三句话上。从译文来看，译文 1 与 2 中的“let us do sth.”（而不是 Let’s do sth.）一方面映现出母亲让“我们”劳动唱主角的想法，另一方面也折射出母亲教子有方的家教。当然，母亲的教子口吻是商量式的，是相互平等的，并无说教或颐指气使之感，这从译文 2 中的“Mother suggested”“What do you say?”以及译文 3 中的“ told us to do sth.”可以看得较为清楚。再者，母亲也不是只说不做的“空谈家”，译文3中“Mother cooked the peanuts in a variety of styles”（母亲把花生做成多种花样）向读者揭示出母亲勤劳、耐心、用心待人做事的品格，字里行间无不昭示着母亲的真诚之意、高兴之情。宋代范晞文在谈诗文的创作时说：“不以虚为虚，而以实为虚，化景物为情思。”比照读来，这里对“母亲”品格的揭示，可谓是化“行动”（cooked the peanuts in a variety of styles）为“情思”了。最后，母亲的敦厚质朴也通过“have a party”“and ask Dad to join us”“told us to go to the thatched pavilion”等简明质朴的语汇表达自然而然地映现出来了。从“母亲”的话语中，不难进而推演出一个融洽和睦、其乐融融的家庭氛围。又如：

原文 4：那晚上的天色不太好，可是爹爹也到来，实在很难得！
译文 4：The weather was not very good that night but, to our great delight, Father came all the same.

原文 5：爹爹接下去说：“所以你们要像花生，因为它是有用的，不是伟大、好看的东西。”
译文 5：“So you should try to be like the peanut,” Father went on, “because it is useful, though not great or attractive.”

原文中写到“父亲”的地方要多于“母亲”，从“父亲”与“我们”议论花生的情景中，不难感知“父亲”与“我们”之间的关系是平等的交流、启发式的互动，从“父亲”阐明“花生的用处”中，也不难感知“父亲”谆谆教导、循循善诱的家教品格。限于篇幅，且看以上两处有关“父亲”的译例，从原文 4 的行文中，可推知“爹爹可能事务很多，怕万一脱不开身，难以参加花生会。但爹爹似已答应只要可能，他定会前来参加。”所以在原文 4 中，“爹爹”的到来给“我们”带来几多的感慨与欣喜。从该例译文中“all the same”（to introduce a statement which indicates that a situation or your opinion has not changed, in spite of what has happened or what has just been said）的遣用，读者可看到“爹爹”的诚信以及对“我们”的关爱之情；而从该译句修辞效果来看，译者采用圆周句（periodic sentence）将“我们”满怀期待、期待实现及喜出望外的心情表现得尤为充分。从译文 5 中“try to be like the peanut”里，读者又可看到“父亲”既是要求“我们”行动上要尽力而为，也是鼓励“我们”思想上要不言放弃，语势柔和，意思婉转，一位亲和温厚的“父亲”形象不禁跃然纸上。

3.6 结语

散文，常被称作美文。散文之美，从读者的阅读与接受来看，有广义的虚象美与狭义的具象美。前者可指作品表现出的心灵美、情感美、意蕴美、境界美等；后者则可包括作品语言的韵律美、辞章美、形式美等。广义之美源自狭义之美，是狭义之美的整体营构与升华；而狭义之美的具体呈现形态又受广义之美的引导与规范。在此意义上，读者对散文美的解读与把握既有较为“实”的一面，即文字声音的高低、强弱、快慢，文句的长短、整散、急徐，篇章的组织、发展与创构等；也有较为“虚”的一面，即字里行间之虚，意余言外之虚，境生象外之虚等。

鉴于此，散文翻译实践中只是注重原作字词句篇语法、语义的正确转换，忽略了文随情转的烛照，这在很大程度上会遮蔽、甚至是扭曲原作情感的流动轨迹，从而大大降低原文表情的艺术性与感染力。同样地，翻译中只关注原作字面意义的传递，而忽略了文字之外所营构“虚象”或“艺术形象”的返照，译作表现出的同向审美整体性与意蕴层深性就会大打折扣。翻译中只关注局部选词造句的凝练准确、衔接连贯，而缺乏从译文整体上的宏观再审视，译文整体的艺术性就会遭受消解。反之，只是注重译者主体循着文本广义的虚象进行再创造发挥，译文便会模糊作者在原作字词句篇上的致思方式与艺术风格，从而使译文沦为译者的个人改写或自由创作。

因此，进一步提高散文的翻译实践与研究水平应将其广义的虚象美与狭义的具象美有机地结合起来进行，通过由实到虚，由虚到实，虚实互照的方式，不断地感悟原作之美，通过英汉语言互译中形式与诗情上的统一与调整来艺术地传译与再创造原作之美。只有这样才有利于我们对散文翻译认识得越来越全面，愈来愈深入，其研究所得才更具实践指导意义与理论认识价值。

附中文原文及刘士聪英译全文：

落花生

许地山

我们屋后有半亩隙地。母亲说："让它荒芜着怪可惜，既然你们那么爱吃花生，就辟来做花生园罢。"我们几姊弟和几个小丫头都很喜欢——买种的买种，动土的动土，灌园的灌园；过不了几个月，居然收获了！

妈妈说："今晚我们可以做一个收获节，也请你们爹爹来尝尝我们的新花生，如何？"我们都答应了。母亲把花生做成好几样的食品，还吩咐这节期要在园里的茅亭举行。

那晚上的天色不太好，可是爹爹也到来，实在很难得！爹爹说："你们爱吃花生么？"

我们都争着答应："爱！"

"谁能把花生的好处说出来？"

姐姐说："花生的气味很美。"

哥哥说："花生可以制油。"

我说："无论何等人都可以用贱价买它来吃；都喜欢吃它。这就是它的好处。"

爹爹说："花生的用处固然很多；但有一样是很可贵的。这小小的豆不像那好看的苹果、桃子、石榴，把它们的果实悬在枝上，鲜红嫩绿的颜色，令人一望而发生羡慕的心。它只把果子埋在地底，等到成熟，才容人把它挖出来。你们偶然看见一棵花生瑟缩地长在地上，不能立刻辨出它有没有果实，非得等到你接触它才能知道。”

我们都说：“是的。”母亲也点点头。爹爹接下去说：“所以你们要像花生，因为它是有用的，不是伟大、好看的东西。”我说：“那么，人要做有用的人，不要做伟大、体面的人了。”爹爹说：“这是我对于你们的希望。”

我们谈到夜阑才散，所有花生食品虽然没有了，然而父亲的话现在还印在我心版上。

The Peanut

Xu Dishan

Translated by Liu Shicong

At the back of our house there was half a mu of unused land. “It’s a pity to let it lie idle like that,” Mother said. “Since you all enjoy eating peanuts, let us open it up and make it a peanut garden.” At that my brother, sister and I were all delighted and so were the young housemaids. And then some went to buy seeds, some began to dig the ground and others watered it and, in a couple of months, we had a harvest!

“Let us have a party tonight to celebrate,” Mother suggested, “and ask Dad to join us for a taste of our fresh peanuts. What do you say?” We all agreed, of course. Mother cooked the peanuts in a variety of styles and told us to go to the thatched pavilion in the garden for the celebration. The weather was not very good that night but, to our great delight, Father came all the same. “Do you like peanuts?” Father asked.

“Yes!” We all answered eagerly.

“But who can tell me what the peanut is good for?”

“It is very delicious to eat,” my sister took the lead.

“It is good for making oil,” my brother followed.

“It is inexpensive,” I said. “Almost everyone can afford it and everyone enjoys eating it. I think this is what it is good for.”

"Peanut is good for many things," Father said, "but there is one thing that is particularly good about it. Unlike apples, peaches and pomegranates that display their fruits up in the air, attracting you with their beautiful colors, peanut buries its fruit in the earth. It does not show itself until you dig it out when it is ripe and, unless you dig it out, you can't tell whether it bears fruit or not just by its frail stems quivering above ground."

"That's true," we all said and Mother nodded her assent, too. "So you should try to be like the peanut," Father went on, "because it is useful, though not great or attractive."

"Do you mean," I asked, "we should learn to be useful but not seek to be great or attractive?"

"Yes," Father said. "This is what I expect of you."

We stayed up late that night, eating all the peanuts Mother had cooked for us. But Father's words remained vivid in my memory till this day.

——选自《英汉·汉英美文翻译与鉴赏》(新编版)

第四章 经典学习与翻译实践[①]

近年来，“经典”“经典化”一直是翻译学界、文学界探讨的热门话题。人们对经典及经典化的内涵、定义、特质、内在的构成元素、外在的影响因素等方面进行了广泛探讨，也取得了丰富的成果。尤其是结合具体翻译作品在海内外传播的经典化之路的研究成果，不时可见诸国内各大学术期刊。[②]显而易见，这些研究成果对我们从中西文学文化交流的宏大语境下更好地了解与深入认识经典与经典化是大有裨益的，但同时也给我们带来一些思考：翻译实践中如何通过学习经典，利用经典来提高译文质量，提升译者翻译能力，培养译者翻译艺术整体观呢？这便是本章拟要探讨的问题。

4.1 源语经典学习与内在类比

从事翻译实践工作，离不开对双语语言、文学、文化、艺术等的广泛

---

① 本章部分内容原载《英语世界》2021 年第 11 期，收入本书时有改动。

② 朱徽．经典的解构与重建：英译汉诗经典化．中国比较文学，2007．区鉷、胡安江．文本旅行与经典建构——寒山诗在美国翻译文学中的经典化．中国翻译，2008．江帆．经典化过程对译者的筛选——从柳无忌《中国文学概论》对《红楼梦》英译本的选择谈起．中国比较文学，2011．厉平．中国文学在英语世界的经典化：构建、受制与应对．解放军外国语学院学报，2016．王燕华．经典的翻译与传播——《诗经》在英国的经典化路径探析．上海翻译，2016．许一飞．唐诗在西班牙语世界的经典化路径探析．中国翻译，2019．路斯琪、高方．儒莲法译《道德经》的经典生成路径及呈现．中国翻译，2020．

学习。那么，学习学什么？答曰：学经典。这话经常听到前辈先贤、同行同事说起。经典经过时间的淘洗、岁月的沉淀，经过机构、团体、专家、学者等的甄别与选择，经过读者或受众的广泛接受、认同与传承，已成为不同民族文化生活中最为重要的组成部分。因而，经典最具典型性、典范性，最具民族性、代表性，也最具传承性与开放性。时代在发展，社会在进步，经典永流传，承前启后，继往开来。

不同的学科领域，不同的知识体系，就有不同的代表性经典。戏曲有戏曲的经典唱段，电影有电影的经典对白，歌曲有歌曲的经典歌词，文学有文学的经典选段。如此等等，不一而足。这些经典无论是在文化主题的选择，创作技艺的运思，还是在语言艺术的营构，时代风格的铸造，文化情韵的濡染等方面，均具有历久弥新的价值与永恒深远的影响。那么，翻译实践如何向这些经典学习呢？广义来说，我们主张践行“从源语经典实践中来、到翻译实践中去”的学、思、用策略；狭义来看，我们主张践行“一中见多”的演绎法与“多中见一”的归纳法。所谓“一中见多”的演绎法，是指细读某一经典原文或片段，从中“读出”多种经典元素，然后据此与翻译实践相结合进行逐一演绎学习，力求在功用上做到举一反三，触类旁通，在效果上实现以少总多，以一当十。所谓“多中见一”的归纳法，是指广泛阅读同一或不同译者的经典译作与不同艺术门类的经典作品，从中“发现”突出的译者个性特色与不同艺术彼此相似的共同规律，然后将此应用于翻译实践，力求在功用上做到彼此借鉴，相得益彰，在效果上实现有传承，有发展与创新。以下且引经典案例若干进行申说，从中探析如何学习经典并总结学习经典之于翻译实践的方法启示与理性思考。例如：

> 深蓝的天空中挂着一轮金黄的圆月，下面是海边的沙地，都种着一望无际的碧绿的西瓜。其间有一个十一二岁的少年，项带银圈，手捏一柄钢叉，向一匹猹尽力地刺去，那猹却将身一扭，反从他的胯下逃走了。
>
> ——鲁迅《故乡》

这是我们很多人上初高中时都会读到的经典片段。说其经典，不仅语言简洁凝练，自然晓畅，而且画面清晰，色彩和谐，极具动态感与层次感。更为重要的是，还在很大程度上可对接我们生活中曾经经历过的相似情景，可唤起我们对故乡永恒的向往与眷恋之情。细按作者的运思，我们看到作者先写天上的圆月，后写地上的沙地，紧接着写延伸至远方一望无际的西瓜地，然后再回来写近处眼前的少年，再接着写逃向远处的猹。合并起来看，作者演绎的造句谋篇思路是：仰观俯察，远近往还。这种谋篇思路在汉文化中十分典型，也极具代表性，在很多作品中常可见到，借用到翻译实践中来对我们取得造句谋篇的通顺晓畅大有裨益。且看以下诸例：

Within an hour, a white tablecloth was spread upon the lawn. And as gray streaks of dawn unraveled along the black seam of the distant hills, father and daughter watched the new day ripple across the neighborhood.（Jonathan Nicolas：First Snow）

这段文字写的是一天清晨作者抱着襁褓中的女儿一起观看下雪的情景。翻译时按观者视线在空间中远近往还的原则组句——近处的草坪（the lawn）→远处的山峦（the distant hills）→远处的曙色、新的一天（gray streaks of dawn，the new day）→近处的邻里（the neighborhood），译文就会显得语句通顺、层次分明、自然晓畅。且看相应译文：

不到一小时，草坪上就像罩上了雪白的台布。远处幽暗的山峦也披上了一道道灰蒙蒙的曙色，父女俩看到新的一天缓缓地向四周蔓延开来。——张保红译

比照上文《故乡》的片段，译文除开远近往还的运思方式颇为相近外，局部的单句组构方式也同出一辙，即先说出我们知觉中的背景（Ground）信息（如草坪上、幽暗的山峦），后说焦点（Figure）信息（如台布、曙色）。再如：

原文：All white save the river, that marked its course by a winding black line across the landscape; and the leafless trees, that against the leaden sky now revealed more fully the wonderful beauty and intricacies of their branches.（H. W. Longfellow：The First Snow）

译文：天地皆白，唯有河流蜿蜒而去，在雪景上画出一道弯弯曲曲的墨线。叶儿落净的大树在银灰色天幕的映衬下，枝丫盘错，更加显得奇伟壮观。——张保红译

原文写的是雪后的景象。译文按仰观俯察，远近往还的原则来造句谋篇，甚至是选择字词，显得妥帖自然，动感十足，颇富意趣。具体来说，为了便于行文谋篇，译文中显化了仰观俯察的特点，将“All white（save the river）”具体化、明晰化地译为“天地皆白”；为了明示远近往还，近大远小的特点，将“（the leafless）trees”译为了“（叶儿落尽的）大树”。又如：

原文：The river curved here. On the opposite bank the down ended abruptly in a wooded cliff, giving a great depth and a hint of surrounding forest to the river color.（V. S. Naipaul: Ivy）

译文：河流在这里开始拐弯。河对岸，山崖耸立，树木丛生，崖下是一片开阔的高地，河水流经这里，水中林木婆娑，倒影深深。

——张保红译

鉴于文中描绘空间中的物象层次关系，译文可遵循仰观俯察的原则来造句谋篇，即仰观山崖（cliff）之上，俯察山崖之下，这便是行文中增加了“崖下”一词的原因。从这一例可以看到“俯察”时观者视线的进一步向下延伸：崖下的高地（the down）→高地下的河水（the river color）→河水中的林木、倒影（a great depth and a hint of surrounding forest）。这一点也启示我们在按视线俯仰往还的移动造句谋篇之时，还

可聚焦视线移动方式中的某一个环节来造句谋篇，比如仰观或俯察的移动视线。事实上，在绘画艺术中，人们将这种向某一方向延伸的视线称为构图形式线，这种形式线对观者的视觉起着方向、方式、顺序和构图的引导作用，可以使观者视觉所及的人或物之间的层次关系既清晰又明确。[①] 按此思路，可以试译如下例文。

原文：At one end of the big barn, on a sort of raised platform, Major was already ensconced on his bed of straw, under a lantern which hung from a beam.（G. Orwell: *Animal Farm*）

译文 1：大谷仓一头有一个隆起的台子，少校已经安坐在那铺了干草的一个垫子上了，从房梁上悬挂而下的一盏马灯就在他头顶上方。

——隗静秋译

译文 2：大谷仓的一角，有个搭建的高台，少校安坐在草铺中，头顶的横梁上挂着一盏灯。——张保红译

译文 1、2 均为出版物译文，传达的意思基本差不多，但译文 1 读到第三个小句时（即从房梁上悬挂而下……），因仰观的视线或形式引导线被中断或改变，译文显得不大自然、通畅。而译文 2 按仰观的视线顺序组织译文就显得自然通畅了许多，即观者视线先聚焦大谷仓的一角（one end of the big barn），后高台（raised platform）→再高台草铺上的少校（Major）→最后少校头顶上挂着的灯。

观察或移动的视线因功能、目的不同，其表现方式会多种多样，显然不会仅限于以上论述所及的种种方式。这方面的知识我们可以从相关理论书籍中习得，也可从经典作品中学习。相比之下，通过经典作品学习，可能对于初学者来说更为直接具体，更为生动直观，也更便于模仿借鉴。模仿借鉴经典不一定是全部照搬，借鉴其中的某些元素为翻译所用则是译者笔下比较常见的现象。经典元素借用得恰到好处，往往能给译文增添一抹亮色，一顶光环，甚至带来别样的韵味，更为重要的是能

① 蒋跃．绘画形式语言与创作研究．合肥：安徽美术出版社，2018: 89.

拉近与读者的距离感，赢得读者。这对文学翻译或是非文学翻译实践来说都是如此。例如：

原文：The many colors of a rainbow range from red on the outside to violet on the inside.
译文 1：彩虹的颜色很多，从外面的红色到里面的紫色。
译文 2：彩虹有多种颜色，外圈红，内圈紫。

以上两种译文，若要选择哪一个译得好一些，相信绝大多数读者都会选择译文 2。因为译文 1 虽然语义也可懂得，但语言结构上给人有点话说一半，尚未完结之感，缺乏行文对称的均衡美，DeepL 翻译的对应“直译”之机械由此可见一斑。译文 2 语言形式简洁，语义对比鲜明，文意通畅完整，读来给人以美的享受。细究起来，因为其行文句式含蕴着某些鲜明的汉语经典元素——小句的字数及其结构的对仗或对称。比如，芦花白／ 芦花美／ 花絮满天飞／ 千丝万缕意绵绵／ 路上彩云追；望夫处，江悠悠。化为石，不回头。山头日日风复雨，……。对比阅读，想必读者不难明白译文 2 借用汉语之长的经典元素之所在。

说到句子的字数，我们回到前文再读鲁迅《故乡》的经典片段，就会注意到鲁迅笔下的句子字数最少的 4 个字，最多的 15 个字。《英汉对比研究》（增订本）第 93 页上说：“汉语常用散句、松句、紧缩句、省略句、流水句、并列句或并列形式的复句，以中短句居多，最佳词组或句子的长度一般为 4 至 12 字。书面语虽也用长句，字数较多，结构较复杂，但常用标点或虚词把句子切开……。”以此为据，单从句子字数多少角度来看，《故乡》中的以上片段也堪称“最佳”。这也启示我们向经典学习时可有意学习经营小句的长短与字数的多少。例如：

原文：In the doorway lay at least 12 umbrellas of various colors and sizes.
译文 1：门口放着一堆雨伞，少说也有十二把，五颜六色，大小不一。
译文 2：门口放着至少有十二把五颜六色、大小不一的雨伞。

以上两个译文均可接受，如果没有特别的语用目的，一般来说译文 1 应更为人们所推崇，原因是译文中的小句多而短，且各小句长度彼此相当，在充分表达出原文句义之时，也建立起了朗朗上口的节奏，读起来给人轻松闲适、怡情惬意之感。进一步说，句子的长短与节奏的建立，情感的表达或审美情感的传递，以及作者意图与风格联系密切，这些方面在翻译实践中更应引起我们的重视。

从细读经典中来，到翻译实践中去。翻译实践中模仿借鉴经典可以是语言形式结构的元素，也可以是非语言形式结构的元素。仍然回看前文《故乡》的片段，其中首句“深蓝色的天空中挂着一轮金黄的圆月”，通过色彩“深蓝色”表达了遥远的空间距离，也就是说，不同的色彩可用于表达空间上不同的远近距离。因此，当我们看到“日暮苍山远，[天寒白屋贫。]（刘长卿）”被翻译为“Sunset. Blue peaks vanish in dusk.”（tr. K. Rexroth）时，无须匆忙做出结论说译者漏译了“苍”“远”二字，属于“胡翻乱译”。相反，若从绘画的视角看，译者以“画法”为“译法”的创新表达值得肯定。限于篇幅，这里不再展开细说。

4.2 源语经典学习与外在借用

从上一节可以看到，翻译实践向经典学习，模仿借鉴经典里的元素是多方面的，比如运思方式、节奏特点、句子长短、对仗修辞以及跨艺术借用，等等。这些元素均带有典型的汉语语言文化特征，是人们所称的“汉语之美”的东西。[①] 也是潜流在我们文化血脉里大家共同熟知与共同拥有的东西。从译例实践中，我们可以看到表达的内容可以千变万化，但这些“内在的”经典元素却可以恒定如一，反复为译者所传承应用。不过，综合以上译例来看，这些模仿借鉴偏于“内在”形式结构的模仿借鉴，更多是类比性的，向经典学习我们还可以从“内在”模仿借鉴走向“外在”模仿借鉴。这方面前辈译家的言说与实践给我们指明了方向。

① 毛荣贵. 翻译美学. 上海：上海交通大学出版社，2005. 刘宓庆. 翻译美学教程. 北京：中译出版社，2016.

许渊冲说:“在译诗的时候，要充分利用外国诗人的名句和词汇，使之‘洋为中用’。”比如，他翻译毛泽东诗句“天兵怒气冲霄汉”时，借鉴莎士比亚名剧《麦克白》中的句子“New sorrows strike heaven on the face”将其译为“The wrath of godlike warriors strikes the sky overhead”。[①]不难看出，许先生的译文有显在的借鉴，也有改创。他借用了“strike”，但将“heaven”改成了“the sky”，究其目的，一是为了押头韵（alliteration），二是为了谐元韵（assonance），三是为了协调译句的抑扬步格，从而实现译文音美的最大化。翁显良在谈起英诗汉译借用旧诗词曲的语汇和表达方式时说，借用避免不了会引起汉文化的种种联想，“如果引起的联想与原诗意象很调和，多了点什么适足以加强艺术效果，那有什么不好？”[②] 那么，无论是“洋为中用”，还是“中为西用”，如何才能做到较好地模仿借鉴经典的“外在”表达形式呢？毋庸赘言，其首要前提是需对经典作品烂熟于心直至化为己有，不仅如此，还要善于将所译对象中的情景或经验结构与熟知的经典中的相似情景或经验结构进行灵活对接。比如，“枫桥夜泊”（张继）、“宿建德江”（孟浩然）与“Stopping by Woods on a Snowy Evening”（R. Frost）的情景或经验结构很相近，都是指诗人在某个夜晚或黄昏停留在大自然的某个地方，于是汉译英时仿照 R. Frost 的句子，许渊冲将“枫桥夜泊”“宿建德江”分别译为“Mooring by Maple Bridge at Night”“Mooring on the River at Jiande”（许渊冲译）这样做既可为我们如何翻译提供具体方法指引，也增强了语言表达的地道性与文学韵味。反过来，英译汉时，基于“Stopping by Woods on a Snowy Evening”中所描绘的诗人雪夜驻足林边的自然情景或经验结构，将之与汉文化中“过故人庄”（孟浩然）、“过香积寺”（王维）、“雪夜过西湖南屏山”（丰坊）等所描绘的情景或经验结构相对接，于是这个英文诗名便可翻译为“雪夜过深林”。[③] 余光中谈诗歌创作时提出“白（白话文）以为常，文（文言文）以应变”的观点，[④] 这一观点用于翻译实践也是适切的。以此观点回

---

① 许渊冲．毛泽东诗词选（汉英对照）．北京：中国对外翻译出版公司，1993: 6.

② 翁显良．意态由来画不成？——文学翻译丛谈．北京：中国对外翻译出版公司，1983:136.

③ 许渊冲．文学与翻译．北京：北京大学出版社，2019: 110.

④ 郭虹．拥有四度空间的学者：余光中访谈录．文艺研究，2010 (2): 52.

看许渊冲的翻译，文言词“过（拜访之意）”字一着，可谓画龙点睛，境界全出。基于共同经验结构的英汉互译，我们仿照意象派大诗人庞德（E. Pound）提出的“人类感情的方程式”[①]的论述，不妨说译者寻找的是“人类经验结构的方程式”。从以上译例以及目前的相关研究来看，外在模仿借鉴经典的情形多集中在单一的词汇或句子层面，那么从语音、词汇、句子、段落、篇章等层面进行多维综合模仿借鉴是否可能呢？进一步说，是否可能从多维综合模仿的角度来统一构建译文整体篇章，又不失其整体艺术效果呢？兹引译例演绎说明之。

Oread

Hilda Doolittle

Whirl up, sea—
whirl your pointed pines,
splash your great pines
on our rocks,
hurl your green over us,
cover us with your pools of fir.

这首诗的诗名“Oread”是希腊神话中掌管山林的女神，诗作写的是山林女神——山林——大海三种意象之间的彼此叠加与推演流转，作者将山林女神的婉约柔美，自由飘逸融入山林 / 大海的雄浑、豪迈与刚劲之中，刚柔相济，彼此借力，相互生发，显得张力十足，意蕴非凡。诗中掌管山林的女神 Oread，我们难以亲眼所见，但我们日常生活中可见到中西诸多画作中轻盈、飘逸、飞舞的女神形象，比如西方绘画中飞舞的爱神，中国绘画中飞天的女神、飘逸的洛神等。借鉴中西女神飞舞的形象，于是将原诗中的“Whirl up”“whirl your pointed pines”相应地译为与“舞蹈”相关联的语汇“旋舞”“旋起你尖尖的松浪”。而为了传达出诗中大海 / 山林“splash”“hurl”的力量与气势或再现山林女神柔中带刚的形象，选用了“飞

① G. Singh. *Ezra Pound as Critic*. London: The Macmillan Press Ltd., 1994: 16.

卷”“拍击”“掷向”等动词，而这些动词借鉴自如下经典诗词：乱石穿空，惊涛拍岸，卷起千堆雪。（苏轼）；金沙水拍云崖暖，大渡桥横铁索寒。（毛泽东）；山桃红花满上头，蜀江春水拍山流。（刘禹锡）；把波澜掷给大海，把无限还诸苍穹。（袁可嘉），等等。且看译文：

山林女神奥丽特

希尔达· 杜利特尔

旋舞吧，大海——
旋起你尖尖的松浪，
飞卷你的巨松
拍击我们的山岩，
将你的绿色掷向我们，
用你的杉之潭将我们覆盖。

——张保红译

模仿借鉴经典的途径是多种多样的，翻译实践中英译汉时，汉语译文多模仿借鉴汉语经典；汉译英时，英语译文多模仿借鉴英语经典。所需说明的是，这里所说的经典，不只是限于语言作品的经典，还可包括非语言作品的经典，比如绘画、雕塑、舞蹈、电影等经典作品。

从上可见，翻译中“外在”模仿借鉴经典的词汇或句子需要考虑的是如何融入译文整体篇章的问题；而多维综合模仿借鉴则还要考虑如何统一构建译文整体篇章的问题。前者需着重关注的是整体中的局部的问题，后者需着重关注的是局部中的整体的问题。无论是前者，还是后者，需要译者在翻译实践中有着鲜明的整体观意识。以上演绎的译例向我们昭示了局部中的整体，整体中的局部的翻译原则，对我们做好翻译实践具有直接指导意义。

4.3 译语经典学习与传承创新

翻译实践模仿借鉴经典作品，可以是不同文学体裁的经典作品，可以是非文学体裁的经典作品，也可以是各类非语言文字的经典艺术品。尽管所涉的范围已够广泛，但这里还要特别一提的是，从事翻译实践，不可忽略对经典译文的模仿借鉴。经典译文与翻译实践距离最近，关联最直接，也最容易让我们感受与认知其间的语言转换技巧、艺术表现方式、再创造匠心以及文化交融特色。有译者曾说道，他做翻译之前，总会先读一读傅雷的译文，以便从中找找翻译的感觉，找找文字表达艺术的方式，找找运笔行文的口吻、力量与气势，等等。译前这么做有点像我们生活中所熟知的热身练习（warming up exercises），热身的目的是更早、更好地进入工作或比赛状态。许钧论及翻译语言的问题时说道，作家王小波认为他的“语言的学习与创造，得益于翻译家王道乾、查良铮的翻译语言，是两位翻译家的翻译作品中的语言表达给了他滋养。持同样观点的还有叶兆言，他对傅雷的翻译有一份独有的尊敬，因为在他看来，傅雷翻译的巴尔扎克让他看到了汉语表达的奥妙。”[①] 赵毅衡谈及庞德所译的《神州集》时说：“庞德那首从翟理斯的直译文改译的名诗《刘彻》中的形象也为许多诗人所模仿。”尤其是其中最后一句译文“A wet leaf that clings to the threshold”，后来一再为英美诗人与译者所模仿借鉴。比如意象派诗人威廉斯（W. C. Williams）将李煜的词句“剪不断，理还乱，是离愁。别是一般滋味在心头。”翻译为“Involute, / Entangled, / The feeling of departure / Clings like a wet leaf to my heart.”[②] 译者模仿借鉴时有所改创，但化原文抽象为具象，恰到好处，既简练含蓄，也别有情韵。美国诗人、翻译家雷克思罗斯在其译本《中国诗一百首》中介绍说：“他翻译的杜诗则主要参照了：哈佛燕京杜甫索引本，洪业的翻译，佛罗伦斯•埃斯考（Florence Ayscough）的译本，厄文•冯•扎赫（Erwin von Zach）的德文译本。……他选译的宋代诗词主要参考的是苏利耶•德莫朗（Soulié de Morant）和马古礼（G.

① 许钧．关于文学翻译的语言问题．外国语，2021 (1): 92.

② 赵毅衡．诗神远游：中国如何改变了美国现代诗．2003: 169-170.

Margouliès）的法文译本。”[1] 以上论及的这些名家大腕，不管是出于创作的目的，还是翻译的目的，都有过学习借鉴经典译本的做法，但他们具体是怎么模仿借鉴的呢？很多时候我们看到的只是结果或一笔带过的言说。有关如何模仿借鉴的细节，我们往往不得而知，有点予人知其然不知其所以然的疑惑。下面以自己模仿借鉴雷克思罗斯的经典译本《中国诗一百首》的某些元素用于翻译实践的心得体会，演绎具体的模仿借鉴过程，求教于各位方家学人。

雷克思罗斯的译诗特别注重选择与感官体验密切相关的话语来传情达意，在他看来，只有通过人际之间感官体验的彼此融合（communion），才可以实现彼此间的交流与沟通（communication），才可以最后达致大家的普遍接受与认同（community）。[2] 例如，他将“啅雀争枝坠，［飞虫满院游］”（杜甫）译为“Sparrows hop and tumble in / The branches.”；将“［玉绳回断绝，］铁凤森翱翔”（杜甫）译为“Where an iron phoenix soars and twists in the air”；将“［庭前有白露，］暗满菊花团”译为“The chrysanthemums/ Clot and freeze in the night”以上译文中画线的词语生动形象，细腻逼真，所描绘的一幕幕情景我们日常生活中均可亲眼所见，亲身所感。模仿借鉴这样的表述方式与方法，我进行了相应的翻译实践，试看下例。

原文：**净慈寺**

王思任

净寺何年出，西湖长翠微。

佛雄香较细，云饱绿交肥。

岩竹支僧阁，泉花蹴客衣。

酒家莲叶上，鸥鹭往来飞。

译文：**Temple of Pure Mercy**

Wang Siren

When did the Temple of Pure Mercy come forth?

① 郑燕虹．肯尼斯•雷克思罗斯与中国文化．北京：外语教学与研究出版社，2012: 25.

② M. Gibson. *Kenneth Rexroth*. New York: Twayne Publishers, Inc., 1972: 130.

The West Lake always looks fresh and green.
The incense smoke of Buddhist hall coils and tapers off,
The verdure of trees grows and swells with thick mist.
The rock bamboos rise and support the monks' pavilion,
The flying fountain splashes its spray on the tourists' clothes.
Wine shops float up from the world of lotus leaves,
White egrets fly and wheel in great broken rings.

这首诗描写了西湖净慈寺及其周边优美的环境，宛如天上人间，令人神往。译文中我将“香较细”处理为动态化、过程化的“coils and tapers off”（香雾缭绕升腾，渐渐消散），一则生动形象，情景逼真，让人既看到了香雾缭绕升腾的空间形态，也感受到了香雾升腾消散的时间过程，再则让人联想起佛堂、大佛的雄伟与高耸，可谓一举多得！将“绿交肥”译为动态化、过程化的“grows and swells with thick mist”，形成绿树与云雾的相互映衬与互动拓展，同时也反衬出树木的枝繁叶茂，粗壮高大，耸入云天，给人“绿肥雾浓”，宛如仙境般的联想。将“往来飞”也译为动态化、过程化的“fly and wheel”，再现了白鹭往来飞舞的现实情景，也表现了其情意绵绵，不忍遽去的情态，进一步渲染了净慈寺环境的优美与天然吸引力，让人心向神往，欲罢不能。由此看来，如此模仿借鉴既是语言形式的模仿实践，也是诗学观的模仿实践。可强调一说的是，模仿借鉴翻译经典肯定不只是限于这一个层面或这一个元素，它是多维多层的，实践方式也是多种多样的，但取决于译者的主体认知与翻译目的的需求。

4.4 结语

综上所述，模仿借鉴的方式可以是间接参照、类比指涉，也可以是直接借用、改进翻新；模仿借鉴的语言层级可以是局部的字词句，也可以是整体的段章篇；模仿借鉴的层次除了语言（词句、结构与风格）层次，还可以是艺术技巧层次与诗学思想层次；模仿借鉴的来源可以是汉语文化，可以是英语文化，也可以是世界文化。模仿借鉴的对象可以是文学文本，可以是应用文本，也可以是艺术文本；模仿借鉴的目的可以是沿袭传统、别求新声，也可以是融合共生、发展创新，其宗旨是为目的语带去语言、思维与文化的养分。

翻译中模仿借鉴经典作品的元素，从语言本体来看，可以提升译文语言的内在品质，强化译文语言表情达意的能量，拓展译文审美想象空间与文学文化韵味，进而增强译文的艺术性与感染力；从传播功效来看，有利于原作主题意蕴的传达，有利于目的语读者文化与审美的认同与接受；从翻译实操来看，可以给译者选词造句，谋篇布局方法上的指引与启示，也可培养译者翻译的艺术整体观与艺术融合观。

经典作品经过时间的淘洗与沉淀，有时不免给人有点过时的错觉，但经典作品中的诸多经典元素流淌在各民族文化记忆的最深处，不会过时，也不会褪色。做好翻译实践，从熟读双语经典，模仿借鉴双语经典开始，在继承中发展，在发展中创新，不失为一条有效的途径。

第五章　翻译的动态节奏观[①]

任何好的作品，都会有一个好的节奏。创作如此，翻译亦然。所谓好的节奏，往往是指作品表情达意时，有一个主导的或统一的节奏，进一步说，有一个主导或统一且兼有变化的节奏。好的节奏有利于思想的表达有条不紊，循序渐进，有利于情感的表现跌宕起伏有致，强弱疾徐得当，有利于引导读者一步步走进作品的主题蕴涵与意境氛围。日本现代著名小说家、翻译家村上春树说："创作也好翻译也好，大凡文章，最重要的都是节奏……文章这东西，必须把人推向前去，让人弓着身子一路奔走。而这靠的就是节奏，和音乐是同一回事。"[②]节奏之于创作、翻译以及作品传播与接受的重要作用，村上春树的说法具体可感，形象生动，切中肯綮。

翻译研究中，人们一直十分重视对节奏翻译的探讨。检视目前节奏翻译的研究成果，我们看到研究者多从体裁、情感、风格、个性、文化等方面来探讨英汉节奏表现形态的异同及其翻译方法与策略，并极力主张翻译实践中译者应该努力再现原文的节奏。[③]毫无疑问，这些研究的实践意义

---

① 本章原载《英语研究》2022年第14辑，原标题为"文学作品中的节奏翻译"，独立撰写。

② 林少华. 翻译家村上：爱与节奏. 书城，2016（6）：122.

③ 王宝童. 论英汉诗歌的节奏及其翻译. 外国语，1993. 夏力力. 文学翻译与节奏美学. 中国翻译，1996. 曹丹红. 西方诗学视野中的节奏与翻译. 中国翻译，2010. 张春柏. 文学翻译中的节奏与旋律. 外语教学理论与实践，2012. 余东、刘士聪. 论散文翻译中的节奏. 中国翻译，2014. 王东风. 以平仄代抑扬　找回遗落的音美：英诗汉译声律对策研究. 外国语，2019. 王东风. 诗歌翻译研究的理论创新：从"以顿代步"到"以平仄代抑扬". 外语教学与研究，2020.

与认知价值是显在的，但与此同时也给我们带来一些思考：与情感、风格、个性等因素相联系的节奏及其翻译，在依托感性经验进行判断与传译之时，如何进一步具体化，使节奏翻译的分析更具学理性与可操作性？在注重原文节奏的再现之时，如何认识节奏翻译的继承、发展与创新？这便是本章拟要探讨的问题。

5.1 节奏及其功用

人们关于节奏的探讨由来已久，中西皆然，时至今日，积累了相当丰富的论述。翻阅与节奏相关的资料，我们看到关于节奏的描述，往往离不开文本语言的声音、形式与意义这三大方面的特征。人们往往从声音赋予人的听觉、形式赋予人的视觉以及意义赋予人的意觉三大方面来描述与界定节奏。从语言声音在时间中的听觉表现来看，节奏可表征为平仄、轻重或抑扬、音节数、重音数等的交替与重复；从语言外在形式在空间中的视觉呈现来看，节奏可表征为音组、顿歇、词句的长短整散、篇章的对称均衡与整齐参差等的交替与重复；从语言表达的意义与含蕴的情感在意觉中的感知来看，节奏可表征为喜怒哀乐、协拗顺逆等的交替与重复。这些节奏表征形式既可从作品局部来认识，也可从作品整体来审视。因此，无论是通过外在有形的语言视觉、有声的语言听觉表征，还是通过内在无形无声的语言意义与情感的意觉表征，节奏均体现出一定时间与空间范围内语言某些特征有规律性交替重复的动态流动特点。

正是基于节奏这样的基本特性，人们在进行文学研究的过程中，自然便将节奏与意义、情感、思想以及美等概念联系起来，进行更趋明确的论述。意象派大诗人庞德（E. Pound）说："节奏必须要有意义"，[①] 诗论家吉尔（R. Gill）说："节奏要表达诗作的思想与情感"，[②] 美国小说家爱伦 • 坡（E. A. Poe）说："诗歌是节奏创造出的美。" [③] 而基于节奏是有规律的动态

① 侯维瑞．英语语体．上海：上海外语教育出版社，1996: 212.
② R. Gill. *Mastering English Literature*. London: Macmillan Education Ltd., 1985: 35.
③ 秦秀白．英语语体和文体要略．上海：上海外语教育出版社，2002: 360.

流动呈现，我国文论学者童庆炳指出："节奏是文学的生命。文学的气氛来源于节奏，文学的律动来源于节奏，文学的情调来源于节奏，文学的韵味来源于节奏，文学的色泽来源于节奏。气氛、律动、情调、韵味和色泽都是文学的根本。"[①] 节奏之于文学的功用与价值如此重大，其在翻译中的重要性自然也就不可小觑，值得深入探讨。

5.2 节奏的翻译

"没有节奏，实际上也就没有文学。"[②] 据此我们可以说，没有节奏，就没有好的文学翻译，就没有达如其分，切合原文风格或颇具审美个性特色的文学翻译。文学翻译过程中作品的节奏是如何处理的呢？下面从节奏的再现、重构与多样化三个方面对其进行研习。

5.2.1 节奏的再现——同频共振

再现原文的节奏，便是把握住了原文律动的脉搏，把握住了原文具有"音乐性的思想"。节奏的再现是基于英汉双语表意时予人共同的生理反应与相似的情感基础。喜怒哀乐惧是人类共有的情感形态，体现在语言形式上中西具有共性的一面。通常而言，表现激烈、紧张、欢快的情绪时，字词发音短促、快速，语句短小、明快，句子形式多为简单句、复合句、片段句等；表现平和、松弛、悲伤的情绪时，字词发音悠长、轻缓，语句变长，句子形式多为复杂句（complex sentence）、强调句、倒装句等。在这一意义上，翻译中节奏的再现可以以原文语言外在形式为依据，努力追求译文与原文节奏上的同频共振，共感共鸣，从而达到忠实于原文，实现与原文的等值等效。

英国哲学家罗素（B. Russell）的名篇"How to Grow Old"是人们一再翻译的经典篇章，不少教科书常引来作为学习的范文与翻译讲解的例

① 童庆炳．节奏的力量．文学自由谈，2003 (2): 137.
② 童庆炳．节奏的力量．文学自由谈，2003 (2): 133.

文，其中有一段文字作者运用河流意象来对比演绎人生少年、青年、老年三个阶段的不同境况，生动新颖，予人深刻印象。就这段文字的翻译研究，学界多有探讨。[①]（夏力力，1996；陈新，1999）但通常偏于定性的经验描述较多，而定量的语言分析还颇显不足，予人知其然难知其所以然的感受。兹将该例及其译文引述如下，做一跟进研析。

原文：An individual human existence should be like a river——small at first, narrowly contained within its banks, and rushing passionately past boulders and over waterfalls. Gradually the river grows wider, the banks recede, the waters flow more quietly, and in the end, without any visible break, they become merged in the sea, and painlessly lose their individual being.（B. Russell: How to Grow Old）

读罢原文，从其句式来看，行文简单句占绝对主导，简单句的表情达意方式与人们日常语义思维相对应，读起来给人简洁、明快之感。从选用字词的语音来看，下划虚线的句子中词汇含短元音（i / ʌ / æ）与爆破辅音（p / b / t / d / k / g）的数量占据主导，"短元音和爆破辅音多会使节奏加快"，[②] 因此诵读时形成较为快速的节奏，这与句子的语义内涵相一致，也对应着人生青壮年时期精力充沛，行动迅捷的实际情形。下划实线的句子中含长元音、双元音的词汇数量上占据绝对主导，比如 grows wider、recede、the waters flow more quietly、merged in the sea 等。"长元音和流辅音（l / r / m / n）多会使节奏放慢。" [③] 因此诵读时形成较为徐缓的节奏，在与句子的语义内涵谋得一致之时，也呼应着人生步入老年行动相对徐缓的真实境况。很显然，若要较好地再现原文这一流动变化的节奏，自然是原文快捷处译文宜快捷，原文徐缓处译文宜徐缓。且看如下译文：

---

① 夏力力．文学翻译与节奏美学．中国翻译，1996．陈新．英汉文体翻译教程．北京：北京大学出版社，1999.

② 王佐良、丁往道．英语文体学引论．北京：外语教学与研究出版社，1993: 475.

③ 王佐良、丁往道．英语文体学引论．北京：外语教学与研究出版社，1993: 475.

> 人生好比一条河，开始是峡谷细流，接着是急流涌进，冲过巨石，飞下悬岩。后来河面渐宽，水流也愈趋平缓，最后流入大海，与海水浑然一体，自然而然地结束其单独存在的那一段历程。——选自《文学翻译与节奏美学》

这段译文较为成功地再现了原文统一而变化的节奏与整体审美效果。为再现原文快捷的节奏，译者使用了至少三个可以表征“快捷”的元素：一是选用了表征快而有力的动词、形容词等，如急、冲、飞等；二是在各小句结尾处使用了开口度小、发音短促的单韵母字词，如流、进、石等；三是使用了多个四字格词语，如峡谷细流、激流勇进、冲过巨石、飞下悬岩等，四字格词语语义形式上二二切分形成的均齐节奏，强化了快速的意味。比读《诗经·关雎》篇，试唱《祝愿歌》，我们对四字格表征快速、轻快的节奏会有更为深刻的体验。而为了再现原文徐缓的节奏，译者一方面打破了之前四字格的句子结构，也避开了选择表征力度大、速度快的词汇，以便建立新的、徐缓的节奏，另一方面在各小句末尾选用了含复韵母的词汇，如宽（kuān）、缓（huǎn）、海（hǎi）、程（chéng）等。复韵母词汇的选用及其声调较好地表现了原文从快速过渡到徐缓的节奏与情感。

所需强调说明的是，再现原文的节奏，可从文章局部来看（如选自原作其中一小段的上例），还需从整体来考量，须遵循局部审视与整体观照，局部整体相统一的原则。从文章整体来观照节奏，可看到节奏开始、发展与流动变化的全过程，这对我们定位局部节奏的呈现形态并服务于整体节奏从而做好节奏的翻译尤显重要。否则，只见局部，不看整体，译文与原文在节奏与情感上的错位便会时有发生。局部节奏的错位便会影响，甚至破坏整体节奏的艺术表现力与审美效果，从而导致翻译中出现“义存而情不存”（朱光潜语）的现象。例如：

> 原文：[It begins when a feeling of stillness creeps into my consciousness.] Everything has suddenly gone quiet. Birds do not chirp. Leaves do not rustle. Insects do not sing.（N. Peterson: Glories of the Storm）

这段文字是散文“Glories of the Storm”的开篇第一段，写的是暴风雨来临前的宁静之境。为了表现这种宁静氛围，作者选用的动词动作小，力度轻，且发音绵长悠缓，如 creep、chirp、rustle 等；选择的物象小巧玲珑，如 birds、leaves、insects 等；选择的句式多为简单句，句与句之间均有句号停顿，而且句中重读单音节词占据主导等。从这几个方面综合来看，原文体现的是徐缓、轻柔的节奏，这也与其语义、情景相一致。从整个作品的节奏曲线图来看——雨前宁静徐缓，雨中喧嚣快捷与雨后宁静徐缓，我们便能清晰地定位第一段开篇节奏徐缓的文学价值与意义。关于这段文字我们读到如下两种译文：

译文 1：[刹那间，万物都突然沉寂无声。] 鸟儿不再啁啾，树叶不再沙沙作响，昆虫也停止了欢唱。 ——选自《散文佳作 108 篇》（英汉双语）

译文 2：刹那间，万物俱寂。鸟儿不语，树叶无声，百虫不鸣。

——选自《译文观止》

课堂教学中问起同学们更喜欢哪一种译文？大多数同学表示喜欢译文 2，原因是译文 2 不仅语义忠实准确，语言简洁凝练，读起来朗朗上口，而且文学色彩更为浓郁。单独来看，确系如此。但从原文声音节奏与形式结构来看，译文 2 中四字格的连缀以及各小句末尾多用发音短促的单韵母词（如寂、语、鸣等），大大加快了行文的节奏，这与原文开篇徐缓的节奏有较大出入。若将其放在整篇文章节奏曲线图中来观照，显然就取消了原文开篇徐缓节奏的艺术带入感，消解了原文全文予人疾徐有致的生理反应与情感演绎过程。比照之下，译文 1 避开了使用四字格，所用句式相对较长，各小句末尾多用发音悠长的双韵母词（如啾、响、唱等），整体来看呈现出的节奏与原文节奏及其语义、情景更趋一致。

文学翻译中节奏的再现需考虑的因素较多，比如文本的语言、情景、章法、文化等，其中文本语言是最为直接、显在的载体因素，其他为参照因素，但后者在具体情形下可引导我们对作品语言及其节奏做出定位分析，其作用与价值也不容小视。

5.2.2 节奏的重构——和谐共生

英汉两种语言有共性，更有差异。其差异体现在语言表现形式上，“英语……，常用包孕许多修饰成分或从句的复合句或长句，……。汉语表达同样意思时，……，常用短句、分句、散句、松句、紧缩句、省略句、流水句、并列句或并列形式的复句，按照一定的时间和事理顺序，有先有后，有主有次，逐层叙述。”[①] 很显然，针对“环扣镶嵌，盘根错节，句中有句”的英语句子，翻译时一味依据其语言结构外在形式亦步亦趋，不做灵活变通，势必会导致节奏失衡，或难以建立起统一的叙述节奏，从而使译文读起来梗阻不畅，抑或使人上气不接下气。面对英译汉中这样的情形，“往往要先分析英语句子的结构、形式，才能确定汉语句子的功能、意义。”[②] 进一步说，要先依托英语原文的语义与结构进行意群切分，然后运用汉语常见的流水句、散句等句式进行表达与节奏重构，以求节奏上实现与原文的和谐共生。且看下例：

原文：① At last the great day came. ② The ceremony commenced at four o'clock on a June morning. ③ The mother of ｜ three sons who had been shot by the Nazis ｜ for an act of sabotage they did not commit ｜ set fire to the fuse ｜ while choir sang a solemn hymn of gratitude.（H. W. Van Loon: Hate）

译文：这个盛大的日子终于来临了。6 月的一天，清晨 4 时整，葬仪开始。有一位母亲，她的 3 个儿子都叫纳粹杀害了，说是犯有莫须有的破坏行为，如今引线就由她来点燃，这时唱诗班唱起了一首庄严的感恩赞美诗。——晓然译

---

① 连淑能．英汉对比研究（增订本）．北京：高等教育出版社，2011: 35.

② 连淑能．英汉对比研究（增订本）．北京：高等教育出版社，2011: 81.

从原文可见，第③句较长，句中既有状语从句“while choir sang...”，又有定语从句“who had been shot by...”，定语从句中还含有定语从句“for an act of sabotage they did not commit”。若按原文句法结构径直翻译出来，译句恐怕难以形成统一的节奏而变得不忍卒读。这里提供的译文译者依据原文的结构与意群进行了切分，然后按照时间——事件——人物——行为的顺序进行了句式的再编排。译文各句句子不长，“以中短句居多，……句子的长度一般为 4 至 12 字。”[①] 形式上趋于均衡，建立起了统一的叙述节奏。比如，第②句译者没有处理成“六月的一个早晨四点钟葬仪开始了”，而是化整为零地译为了三个小句：“6 月的一天，清晨 4 时整，葬仪开始”，由此建立起了鲜明的叙述节奏，紧承这一叙述节奏模式，第③句按照意群原则（见文中划竖线处）进行语义切分后逐一组句表达。合而观之，译文短句、流水句占据主导，语义准确，节奏鲜明统一，逻辑贯通，体现出娓娓道来的叙述特点。

面对英语长句，英译汉时可以化整为零，以汉语多短句、松散句等为节奏构建单位，建立起统一的叙述节奏。相反地，面对结构流散的汉语语段，汉译英时可以合零为整，以英语重形合，多长句等为造句导向，以意群为节奏构建单位。其基本运思过程是“汉译英时，往往要先分析汉语句子的功能、意义，才能确定英语句子的结构、形式。”[②] 进一步说，首先通过汉语原文找寻出句子的逻辑—语法关系，然后运用英语常见的主谓结构、主从结构等进行语义逻辑造句与节奏重构。例如：

原文：因为距离远，又缺乏交通工具，农村社会是与外界隔绝的。这种隔绝状态，由于通信工具不足，就变得更加严重了。

译文：The isolation of the rural world ｜ because of distance and the lack of transport facilities ｜ is compounded by ｜ the scarcity of information from the mass media. ——选自《英汉对比研究》

① 连淑能．英汉对比研究（增订本）．北京：高等教育出版社，2011: 93.

② 连淑能．英汉对比研究（增订本）．北京：高等教育出版社，2011: 81.

原文6个小句，句式上较为均衡，建立了较好的叙述节奏。从句子成分来看，其主谓结构是“农村社会是与外界隔绝的 / 这种隔绝状态”“就变得更加严重了”，其他各小句均为原因状语。译文按这一句法关系将原文6个小句整合为一个长句，句子结构清晰，语义层次分明，从译文中的划竖线处可见重构的意群节奏。

至此可见，节奏的翻译在语言形式层面上可遵循以原文取向的同频共振与以译语取向的和谐共生两种方式，这两种处理方式是基于英汉双语之间的同与异形成的，具有一定的普适性意义。然而，这两种处理方式应用于同一原文的翻译时，其审美效果如何则需回到作品的语境中来具体问题具体分析。且看下例：

原文：月光如流水一般，静静地泄在这一片叶子和花上。薄薄的青雾浮起在荷塘里。叶子和花仿佛在牛乳中洗过一样；又像笼着轻纱的梦。——朱自清《荷塘月色》

译文1：The moon sheds her liquid light silently over the leaves and flowers, which, in the floating transparency of a bluish haze from the pond, look as if they had just been bathed in milk, or like a dream wrapped in a gauzy hood.

——朱纯深译

译文2：① The moonbeams spilled placidly onto this expanse of leaves and flowers like living water. ② A thin mist floated up from the lotus pond. ③ The leaves and flowers seemed to be washed in milk, ④ and at the same time trapped in a dream of flimsy gauze.

— tr. David E. Pollard

原文选自我们耳熟能详的朱自清散文《荷塘月色》，文中将荷塘的月夜写得那么轻，那么静，那么美，如梦似幻，宛然如画。很显然，译文1句式上是译语取向的，即将原文5个小句合并为1个长句（主句 + 文中画线处 which 引导的定语从句），主次分明，环环相扣，逻辑思维色彩明显。

译文2句式上是原文取向的，即基本上逐一复现了原文5个小句，而且多为简单句。从整体审美效果看，译文1偏于静态的信息告知（telling），告知读者月夜荷塘的景象，有点予人置身局外之感；译文2偏于动态的演出呈现（showing），呈现的一幅幅画面从读者眼前掠过，予人参与其中、亲历其境之感，这种表现方式与作者“沿着日日走过的荷塘”亲眼所见的感性经验或空间认知顺序颇为一致。

英语重形合，长句多；汉语重意合，短句多。英汉互译时遵循彼此的句子结构方式来建构行文的节奏具有普适指导价值，但这种普适指导性不应绝对凌驾于文本特有的节奏及其表情达意之上，需以文本节奏的独特审美功效为前提做出具体适应、变通与选择。否则，一味地以英汉语言基本特征为彼此转换的标尺，便会使语言节奏表情达意的形式变得机械单一，缺乏自身独特的个性以及生动性与多样性。

文学体裁的不同，节奏的表现方式也多有不同。与散文、小说等的节奏表现形式相比，诗歌的节奏表现形式更多一些“人为规定性”、艺术创作个性以及时代诗学特性。因此，诗歌翻译中节奏的重构往往体现出英汉两种诗学节奏形式的交融，不同节奏形式在不同语言层面上的相值相取，形成了诗歌译文节奏重构的和谐共生。且引一例以窥一斑。

原文：**客中行**

李　白

兰陵美酒郁金香，玉碗盛来琥珀光。

但使主人能醉客，不知何处是他乡。

译文：**In Exile**

LI PO

I drink deep draughts of Lan-ling wine

　　fragrant with borage made,

The liquid amber mantling up

　　in cups of costly jade.

My host insists on making me

as drunk as any sot,
Until I'm quite oblivious
of the exile's wretched lot.
—tr. H. A. Giles

汉诗是七言诗，其顿歇节奏模式为四三式，即“兰陵美酒 | 郁金香，/玉碗盛来 | 琥珀光”。译者按此节奏模式将原诗各句均译为两行，奇数行为八音节四音步，偶数行为六音节三音步，韵式为偶行韵（如 made—jade—sot—lot），体现出英诗中较为常见的歌谣体节奏。很显然，翟理斯将汉诗的顿歇节奏与英诗的歌谣体节奏形式合二而一，实现了二者和谐共生。

总之，就散文翻译而言，节奏重构在局部涉及句子结构的长短整散，逻辑—语义结构的清晰与贯通，句间营构的气势与力量，在整体上涉及前呼后应，跌宕起伏，和谐成篇。就诗歌翻译而言，节奏重构的方式在很大程度上表征为已有定型的中西诗学节奏形式系统的相值相取后的交汇与融合。

5.2.3 节奏翻译的多样化——和而不同

从源语视角看，翻译中局部改变了原作的节奏呈现方式就会影响、甚至改变原作的情感流动路径，会导致前文所说的“义存而情不存”的现象。然而，由于译者主体的参与以及共时或历时诗学节奏形式的影响，原文的整体节奏形式在译文中呈现出不同或多样的表现形式不可避免。换句话说，时代在更替，诗学在演进，节奏在继承、发展、创新，节奏翻译的多样化也势在必行，这是我们应该正视的现实。已故学者裘克安说：“一首名作可以有多种译文，好像一支名曲可以有多种指挥和演奏法一样。”[①] 这里的“多种演奏法”实际上可理解为节奏的多样化表现方式。从译入语的视角看，经过“多种演奏法”演绎出的译文，其节奏的多样化带来的是“义

① 翁显良．古诗英译．北京：北京出版社，1985: 107.

存而情多维”的情形，体现的是“作者用一致之思，读者各以其情而自得”（王夫之语）的和而不同的旨趣，亦即翻译审美个性化。[①]

相较之下，节奏的多样化在不同文学体裁的翻译中尤其是在诗歌翻译中体现得最为鲜明、突出。就汉诗英译而言，韦利（A. Waley）以每行含有四个、五个、七个重读音节的句子来表征译出汉语四言、五言、七言古诗，实践着“弹跳节奏”（sprung rhythm），雷洛斯（K. Rexroth）以每行含有 7–9 个音节的句子来表征译出四言、五言、七言古诗，实践着“音节节奏”，还有庞德（E. Pound）实践的“短语节奏”，威廉斯（W. C. Williams）实践的“可变音步”（the variable foot）等等。这些多样化的节奏形式均已应用于汉诗或同一首汉诗的英译实践，也结出过丰硕而辉煌的翻译成果。就英诗汉译而言，节奏的翻译方法也多种多样。比如，以一种格律体诗恒定如一的节奏（简称恒奏）翻译另一种格律体诗的节奏；以自由体诗“变化”的节奏（简称变奏）翻译格律体诗的恒奏；字数对应的格律化；以顿代步的格律化；以顿代步、控制字数、兼顾韵式的格律化；以平仄代抑扬的格律化等等。这些翻译方法从较为宏观的恒奏到变奏，到较为微观的顿、步及字数或音节再到平仄或抑扬，其对应程度越来越细化，越来越精准化，均成为节奏翻译多元化的表现形式。翻译实践中，同一原文多种译文并存的现象比比皆是，而且还出现多种译文相得益彰的情形。若从节奏视角来审视，不同的译文有着不同的节奏表征，表达着不同的诗情与审美个性化。且看下例：

原文：**The Red Wheelbarrow**

W. C. Williams

so much depends
upon

a red wheel
barrow

① 刘宓庆．翻译美学导论（修订本）．北京：中国对外翻译出版公司，2005: 178.

glazed with rain
water

beside the white
chickens.

译文 1：**红手车**

雨洗红手车，油油焕光彩。
车旁走白鸡，此境有诗在。

——张悦光译

译文 2：**七古　红色手推车**

一辆红色手推车，着雨白色鸡群边。
直信此中有真意，只是欲辨已忘言。

——白晓东译

译文 3：**红色手推车**

有那么多要
依靠

一辆红色手
推车

被雨水淋得
晶亮

在一群白鸡
近旁

——江枫译

译文 4：**红色手推车**

这么多东西依
靠

一个红轮
手推车

晶莹闪亮着雨
水

旁边是白色的
小鸡

——张保红译

原诗中的词语横排连缀起来实为这样一句话：so much depends upon a red wheelbarrow glazed with rainwater beside the white chickens，现切分为 8 行 4 个诗节。该诗打破了浪漫主义英语诗歌一成不变的抑扬格五音步格律传统，践行了“凡理皆寓于物”（no ideas but in things）的诗学理念，摒弃了十九世纪末期浪漫主义文学远离现实，充满道德说教与无病呻吟的主题。诗人威廉斯（W. C. Williams）因该诗享誉英美诗坛，也获得“红轮手推车诗人”的雅号，由此可见该诗的重大价值与影响力。以上所列四种译文呈现出的节奏相互之间有差异，予人的感兴意味也颇不一样。译文 1 呈现的是汉语五言古诗的节奏特色，予人简明轻快之感；译文 2 呈现的是汉语七言古诗的节奏特色，传达出简明咏叹的意味；译文 3 呈现的是汉语现代格律诗的节奏特色，通过上下行“5+2”构成的诗节模式不断反复，强化了整齐的视觉节奏，也模拟了原诗在时空上的外在节奏；译文 4 兼顾了原诗的外在视觉节奏，并以摄影艺术中的推拉摇移手法为构建流动变化节奏的基础，内在地表现了原诗的流动节奏与跨艺术感兴。[①]

同一文本不同译文所表现出来的节奏多样化，既多角度地发掘了原文可能含蕴的多种节奏元素及其表征的情感维度，又赋予了原文以新的面貌，甚至新生，让原文经典总能带着时代的乐音在历史发展的长河中前行。

5.3 结语

节奏与生俱来，深深植根于我们的内心。没有节奏或者好的节奏的译文，断然难以引起我们阅读的持续兴趣，也难以引导、激发我们的情感共鸣，活跃我们的思维与想象，更难以走进我们的心灵。翻译中节奏的传承与创新，也意味着译文的传承与创新，也很大程度上折射着不同文学文化之间彼此交流的融合与创新。

节奏的翻译关涉到篇章的组构，句子的平衡，词语的声调，关涉到作品的情感表现，基调确立，气势营构，视听效果，风格特色。等等。因此，对节奏的翻译怎么重视都不为过。翻译实践中，节奏的再现是要忠实于原作的节奏，与原作同呼吸、共浮沉，最终实现同频共振。节奏的重构是要尊重双语差异，以译入语节奏形式为导向，互通有无，相值相取，和谐共生。节奏翻译的多样化是要看到节奏继承、发展与创新的时代性，要看到多种节奏形式并存，和而不同的重要一面。翻译实践或研究过程中只强调忠于原文节奏或只考虑译入语的节奏观是不够的，这是静止的节奏观，我们主张以变化、发展的眼光来看待节奏的翻译，亦即翻译中的动态节奏观。

① 张保红．文学翻译．北京：外语教学与研究出版社，2011: 17.

第六章　翻译中的绘画因子①

“诗画一律说”是中西文学中共有的认识。在我国，北宋郭熙在《林泉高致·画意》中说：“诗是无形画，画是有形诗。”后来苏轼在王维画作《蓝田烟雨图》上的题跋写道：“味摩诘之诗，诗中有画。观摩诘之画，画中有诗。”清代叶燮则称：“画与诗初无二道也。……故画者，天地无声之诗；诗者，天地无色之画。”及至现当代，国画大师傅抱石也说：“诗与画原则上不过是表达形式的不同，除了某程度的局限以外，其中是息息相通的。”② 在西方，希腊诗人西摩尼得斯（Simonides）云：“诗为有声之画，画为无声之诗。”意大利画家达·芬奇（Leonardo Da Vinci）则说：“绘画是不说话的诗歌，诗歌是看不见的绘画。”中外学者的论述表明，诗歌与绘画既有表现形式上彼此有别的一面，又有两者相互渗透与融合而形成合二而一的另一面，也就是说，诗歌中有绘画的蕴含，绘画中有诗歌的意境，诗歌与绘画两种艺术之间具有可转换性的特点。

文学翻译研究中，人们常以绘画来类比阐释文学翻译的理解过程、表达方法与译文评赏。在我国，直接以绘画类比文学翻译的译者首推茅盾，他在《译文学书方法的讨论》一文中说：“此因单字与句调之为一篇文章的要素犹之线点位置与色彩之为一幅画的要素；不同的色彩配合与点线位置既能使画儿表出种种不同的神韵，当然单字与句调的变化也能转移一篇文

---

① 本章原载《中国翻译》2012 年第 2 期，与刘士聪合写，原标题为“文学翻译中绘画因子的借用”，收入本书时有改动。

② 任明华．丹青氤氲——国画艺术时空．武汉：武汉大学出版社，2009: 279.

章的神韵。”[①] 其后提出类似论述的学者还有郑振铎、郭沫若、闻一多、曾朴、曾虚白、陈西滢、朱生豪、傅雷、许渊冲、翁显良，等等。其中翻译家傅雷在《高老头・重译本序》中的言说可谓最为人们所熟知：“以效果而论，翻译应当像临画一样，所求的不在形似而在神似。以实际工作论，翻译比临画更难。”[②] 在西方，直接以绘画来类比文学翻译的也代不乏人。早在 17 世纪英国翻译家德莱顿（J. Dryden）就指出：“翻译好比绘画艺术，存在着两种相似，一是美的相似，另一是丑的相似；”[③] 德氏之后则有 18 世纪的泰特勒（A. F. Tytler），20 世纪上半叶的托尔曼（H. C. Tolman），20 世纪下半叶的萨瓦里（T. H. Savory），等等。[④] 他们分别从绘画中线条、颜色与笔法的选择以及作画前的整体轮廓构思等角度类比论述了文学翻译中选词用字、造句谋篇以及文体风格等再现的问题。

综观中西学者的翻译绘画类比论述，我们看到的往往是比附性的分析与阐释，这对我们认识文学翻译无疑是大有裨益的。然而，至于文学翻译中是否可能或如何利用到绘画艺术的相关因子，我们则知之不多。鉴于此，本章拟以“翻译中的绘画因子”为题，从符际翻译的启示、“图画”的创造以及绘画技法的借用三大维度对这一问题进行探讨。

6.1 符际翻译的启示

符际翻译（intersemiotic translation），是布拉格学派最有影响的翻译理论家雅各布森（R. Jakobson）最初提出的，意指“通过非语言的符号系统解释语言符号，或用语言符号解释非语言符号，比如把旗语、手势变成言语表达。”[⑤] 雅氏提出的这一翻译类别大大拓展了传统翻译视域及其所关注对象的范围。文学史上，这方面的经典例子要数英国诗人济

① 罗新璋、陈应年．翻译论集（修订本）．北京：商务印书馆，2009: 409.
② 罗新璋、陈应年．翻译论集（修订本）．北京：商务印书馆，2009: 263.
③ 谭载喜．西方翻译简史（增订版）．北京：商务印书馆，2004: 120-121.
④ 廖七一．当代英国翻译理论．武汉：湖北教育出版社，2001. 刘重德．西方译论研究．北京：中国对外翻译出版公司，2003．谭载喜．西方翻译简史（增订版）．北京：商务印书馆，2004.
⑤ 谭载喜．西方翻译简史（增订版）．北京：商务印书馆，2004: 199.

慈（J. Keats）的诗作“希腊古瓮颂（Ode on a Grecian Urn）”，诗人从一个古瓮上彩绘的画面出发，以诗的语言与形式探索了诗歌与智慧的关系以及艺术的不朽。意象派主将罗厄尔（A. Lowell）的诗作“余晖（Afterglow）”与“日本木刻（Japanese Wood-Carving）”则分别“翻译了”中国瓷器上与日本木刻上的精美图案，表达了自己对异域文化的惊叹与想象。① 在我国，依诗作画，画中题诗的例子更是不胜枚举，而且在艺坛上屡屡传为佳话，这也俨然成为汉民族文化传统的表征。“符际翻译”的实例表明，用语言符号直接解释非语言符号作品所形成的篇章也在读者中间广为流传，甚至成为不朽的经典。“符际翻译”的方法与所取得的成果也给人们通常所说的严格意义上的翻译——语际翻译（interlingual translation，即用一种语言的符号去解释另一种语言的符号）带来种种启示。

6.1.1 按画取句

“按画取句”是指译者根据自己生活中曾见过的绘画作品里的某些细节来传译诗作中句子的方法。“按画取句”往往会使译句生动形象，富于画意，有时甚至传递出鲜明的民族文化特色。庞德将李白诗《长干行》的开篇之句“妾发初覆额”译为“While my hair was still cut straight across my forehead”，译文中“妾”之发式典型而独特，据此读者心目中不难想象出“妾”之长相、年龄、服饰以及所生活的时代，等等。读此一句，译入语读者便可一步跨入汉文化语境。庞德缘何这样翻译？叶维廉先生进行研究后的结论是，“可能庞德在大英博物馆细看过中国画”② 也就是说，曾看过有剪着齐额短发小姑娘的中国画。比读其时不懂汉语的庞德所依赖的费诺罗萨（E. Fellonosa）笔记中的译文“Chinese lady's I or my beginning/ My hair was at first covering my brows (Chinese method of wearing hair)”（见 http//www.english.illinois.edu/ maps/.../othertranslations.htm）采信叶氏的论说应是有道理的。这类翻译并非孤例，庞德还将“挥手自兹去”（李白）译为“（Sunset like the parting of old aquaintances）/ Who bow over their

① 朱徽．中美诗缘．成都：四川大学出版社，2001: 498-502.

② 赵毅衡．诗神远游——中国如何改变了美国现代诗．上海：上海译文出版社，2003: 136.

clasped hands at a distance.”显而易见，将“挥手（作别）”译为“作揖鞠躬告别”，这是从原诗句字面上难以找到的，这样翻译的理据也许只有可能是庞德见过这样情景的中国画或其他类似的图像资料。庞德的译文表达了原文“惜别”的意味，也显得很“中国”，取得了“超越了行文的意义，重现了文化意义”的双重效果。①

“按画取句”的译法在其他译者的笔下也能见到。诗人罗厄尔也有类似的创译。她将李白诗句“对酒还自倾”译为“The wine is still here, I will throw back my head and drink.”显然是乞灵于中国绘画中的“饮者”形象——仰首而饮，一饮而尽，才译得这样生动传神，这样“中国”的。用这样的译文来再现诗仙李白“斗酒诗百篇”的豪放性情可谓再贴切不过了。她还将李白诗句“青山横北郭，白水绕东城。”译为“Clear green hills at a right angle to the North wall, / White water winding to the East of the city.”就此译文，有人从语言学视角评论说，“hills”未能译出原文“青山”的巍峨。② 有人从信实的角度说，“她将‘横北郭’译作‘at a right angle to’就极成问题，不仅仅与这个词的字面意思不符，也与它的许多引申用法（如横行、横生、横流、横陈等）全不沾边。”③ 如果只局限于从文本到文本字比句次式的研习，也许永远懂不了罗厄尔的用心。跳出文字媒介的束缚，若从按画取句的视角来看，或许能较好理解罗译笔下“青山 /Clear green hills”“白水 / White water”及其纤细小巧的相互关系。罗厄尔对中国尤感兴趣，也有收藏中国字画并从中获得突然“发现”的爱好与习惯。这里的译文也许正是她从所见绘画作品中获得“启示”的结果，也就是说，画幅外巍峨、雄伟的高山、大川，经过画者透视法的处理在画幅中看上去都会显得纤细小巧。宋代画家宗炳的论说“竖划三寸，当千仞之高；横墨数尺，体百里之迥。”可作为这一实践经验的有力支撑。鉴于此，罗氏按照自己从绘画中看到的样子来“符际翻译”，写出这样的译文也就顺理成章了。这也呼应着庞德所提出的诗学观念：“1）按照我所见的事物来描绘。2）美。……”④

---

① 郭建中．当代美国翻译理论．武汉：湖北教育出版社，2000: 306-307.

② 孙昂．《送友人》一诗英译的关联理论评析．四川外语学院学报，2004 (6): 126.

③ 姜治文、文军．翻译批评论．重庆：重庆大学出版社，1999: 474.

④ 彼得 • 琼斯．意象派诗选．裘小龙译．桂林：漓江出版社，1992: 7.

“按画取句”所取得的诗学效果独特而鲜明，其作为一种特别的传译方法，无疑值得研习与借鉴。笔者在翻译意象派诗人杜利特尔（H. Doolittle）的名篇“Oread”（山林女神奥丽特）中的诗句“Whirl up, sea—/ whirl your pointed pines,”时也尝试过这一译法，将其译为“旋舞吧，大海——/ 旋起你尖尖的松浪，”[①] 诗题“Oread”是希腊神话中的山林女神，全诗表现的是女神、山林与大海三位一体，彼此叠加，互为推演转化、变化莫测的诗美与诗趣。借鉴中西绘画中女神往往呈现为飞舞、飘逸的丰姿，遂将该诗头两句做出如上处理，以求取得三者三位一体神秘而浪漫、质实厚重而又空灵飘逸的遐想效果。同此诗句，有人译为：“大海，卷起你那汹涌的巨浪— / 卷起你那尖尖的松树般的巨浪，”（谭天健等译）；“卷起波涛吧，大海— / 卷起你的针叶松林，”（顾子欣译）；“翻腾吧，大海— / 翻腾起你尖尖的松针，”（裘小龙译）。

合而观之，“按画取句”沟通了符际翻译与语际翻译，在翻译思路、方法与批评上为我们提供了思考与借鉴，也使译作平添了几分绘画艺术的新质。

6.1.2 按生活情景取句

翻译有如绘画已为中西学者所认同与接受。翻译家许渊冲在此基础上进一步指出：“译作和原作都可以比作绘画，所以译作不能只临摹原作，还要临摹原作所临摹的模特。”[②] 换用许先生的话说，就是“翻译不能只以原作为模特，而要以原作所写的现实为模特。”[③] 许氏的论断拓展了译者进行再创造的范围与途径，也高扬了译者主体创造性。从研究文献上看，以传达美感经验为目的的“作家型译者”往往会“以现实为模特”，会“按生活情景取句”来进行翻译，他们的译文不一定与原文字比句次，但在原文的“指引”下，其所传译出的生活经验、情趣与画面则与原文息息相通，其译文所产生的效果甚至也会因之更具画意、更趋生动、也更加感人。罗

① 张保红．山林女神奥丽特译析．英语世界，2010 (5): 15.

② 许渊冲．文学与翻译．北京：北京大学出版社，2003: 107.

③ 许钧等．文学翻译的理论与实践——翻译对话录．南京：译林出版社，2001: 48.

厄尔将杜甫诗句“江间波浪兼天涌，塞上风云接地阴”译为“The ripples of the river increase into waves and blur with the rapidly flowing sky. / The wind-clouds at the horizon become confused with the Earth. Darkness.”从译文中可以看到江水由微波演变为浪涛再演变为浪涛奔流的情景，而为了表现浪涛奔流的情态，译者以“快速流逝的天空”（the rapidly flowing sky）来反衬，可谓画意天成，曲尽其妙。第二句的翻译也生动地再现了生活情景中天空由明亮突变为昏暗的经验直感过程。不难看出，没有生活情景与直感的经验作参照，是难以写出这样的译文的。

按生活情景取句，不只限于译文局部的点缀，还可延展至整个篇章的创造与构建。当代美国诗人、诗歌翻译家雷克斯洛斯将杜甫诗《漫成一首》“江月去人只数尺，风灯照夜欲三更。沙头宿鹭联拳静，船尾跳鱼拨剌鸣。”译为：

Brimming Water
Under my feet the moon
Glides along the river.
Near midnight, a gusty lantern
Shines in the heart of night.
Along the sandbars flocks
Of white egrets roost,
Each one clenched like a fist.
In the wake of my barge
The fish leap, cut the water,
And dive and splash.

译诗中多处是按生活情景取句来完成的，既传达出了杜诗的蕴含，也融会了译者的直感经验与创造。比如，将“江月去人只数尺”译为“Under my feet the moon / Glides along the river.”既传达了原文的意义，又表现了“月亮走，我也走”的生活情景与直感经验。将“风灯照夜欲三更”译为“Near midnight, a gusty lantern / Shines in the heart of night.”画意与经验直感的特点尤为鲜明。比读其诗作“Another Spring”中所借用的白居易诗句“The white moon enters the heart of the river”(惟见江心秋月白)，则有“三更夜心风灯明”，译文在表达出原诗句语义之时，营造出三更夜格外幽暗与宁静的意蕴氛围，而且还给人“a gusty lantern”是“the heart of night”咚咚搏动时血液律动收放（亦即灯光摇曳，忽明忽暗）的联想。也因之取得了静中有动，动静合一的诗美效果。将“沙头宿鹭联拳静”译为“Along the sandbars flocks / Of white egrets roost, / Each one clenched like a fist.”昭示出沙洲沿岸白鹭群集，排成一线，连成一片的生活经验感。将末句“船尾跳鱼拨剌鸣”译为“In the wake of my barge / The fish leap, cut the water, / And dive and splash.”则生活情景逼真，历历在目，令人叹为观止。

翻译中按生活情景取句，一方面彰显着译者的创作才能，另一方面实践、延伸着译者的诗学观，同时呼应着其时的时代诗学。罗厄尔提出意象派“六原则”，其中主张:“写诗要用意象，要写得具体、确切，而不抽象、一般。要写得明确、清楚，不模糊、含混。”[①] 上文例析表明她身体力行实践着自己的这一诗学原则。雷克斯洛斯的译文不仅实践着其“诗人即译者”的翻译观，[②] 而且采用短行分行法，用词浅白自然而典雅，文法简洁而单纯，呼应着 20 世纪美国现代诗歌中一种清新自然的诗语。[③]

6.2 “图画”的创造

人们谈论“诗中有画”“诗画合一”时，常常偏于从内容上来认识画的意趣，通过想象来再现画的境界，而往往忽略从形式上来考量，从视觉外形上来迳直体悟。事实上，中外文学中从形式或外形上来看“诗画合一”的例子也颇为常见。比如扇形诗、宝塔诗等等。在西方，人们将这类诗起称为“形体诗”（shaped poetry），公元四世纪左右称为“图案诗”（pattern

① 李平．西方人眼中的东方文学艺术．上海：上海教育出版社，2004: 183.

② 杨成虎．肯尼斯•雷克斯洛斯的诗歌翻译观．宁波大学学报（人文社科版），2010 (5): 36.

③ 钟玲．美国诗与中国梦——美国现代诗里的中国文化模式．桂林：广西师范大学出版社，2003: 52.

poetry)，文艺复兴时期称为“祭坛诗”（altar poetry)，十九世纪末、二十世纪初又称为“立体诗”（cubist verse)，而后又称为“图解诗”（graphic verse)，到了二十世纪六十年代，随着西方文艺中的“先锋派”的出现，又称为“具体诗”（concrete poetry)。① 不同的名称各有特色与内涵侧重，也鲜明地带着不同时代的印记。综合起来看，它们从不同的角度、侧面与层次揭示并充实着“诗画合一”这一命题的蕴涵。文学翻译实践中，将诗情的传达与图像的构筑合二而一的再创造也时有所见。译者通过创造的图像使诗情的传达变得更为直观而显著，图像的蕴涵则又因诗情的托举而显得更加深邃与繁富。这可表现在以下两个方面。

6.2.1 外物图像的构筑

翻译过程中，译者从原作中所论及的物象出发，按其外在形状进行译文词句的长短编排，以取得形义合一、图文并茂的诗美效果。也就是说，“在诗的视觉形式上强调诗的图式与诗的意义的和谐统一，追求诗的语言形体也能表达诗的内在意义的诗如画效果。”② 文学研究中，有学者从“语相学（即对语言的外相描写）”角度对这一现象进行分析研究，并指出“诗歌中的形状、形式之美——语相之美这片风景常常被人忽略。”③ 文学翻译中，“译文为图”并非翻译的“常规”，但其“实验性”的重要价值是在增强译文的可视与直感特色之时，还从超语言媒介的角度进一步突出、彰显、甚至是拓展原作的语义与蕴涵。在这方面，许渊冲创译的毛泽东诗词《十六字令三首》颇为典型。其原文及译文如下：

原文：**其一**

山，
快马加鞭未下鞍。
惊回首，

① 何功杰．漫话形体诗——英语诗苑探胜拾贝．名作欣赏，2004 (10): 21.
② 王珂．百年新诗诗体建设研究．上海：上海三联书店，2004: 171.
③ 李志岭．语相学与诗歌解读．福建外语，2002 (2): 57.

离天三尺三。

其二

山，

倒海翻江卷巨澜。

奔腾急，

万马战犹酣。

其三

山，

刺破青天锷未残。

天欲堕，

赖以拄其间。

译文：**Three Poems of Sixteen Words**

I

Peaks!

Whipping the steed without dismounting, I

Look back surprised

To be three-foot-three off the sky.

II

Peaks,

Turbulent sea with monstrous breakers white,

Or galloping steeds

In the heat of the fight.

III

Peaks

Piercing the blue without blunting the blade,

The sky would fall

But for this colonnade.

按下译诗再现原作的音美、意美不谈，仅从形美来看，三首译诗的结构编排象形地描绘出三座山的外在形状。在这意义上形式表现了原诗的内容，也模仿了原诗的内容。尤其是将各诗中首行“山”译为“Peaks”，又置于译文语篇或“图画”的顶端，可谓妙笔！而从其整个语篇外在“画形”的表意效果上看，三山向上垂直堆叠，予人山外有山，高耸云天之感；三山并置迭出，予人峰断云连，蜿蜒而去，绵延千里万里之势；三山鱼贯而列，则又予人崇山峻岭，重峦叠嶂之趣；等等。因此，从译者创造的“山”之图像中，读者既可领略三首原诗分别传递的抽象语义——山之高、山之众、山之坚，又可直接体味与感知其超语义的蕴涵。从创译效果来看，其结果是取得了“有一种诗，读来仿佛是一张画或一件雕塑正欲发言为诗。”（庞德语）[①]

6.2.2　情景画面的模拟

情景画面的模拟是指译者在翻译实践中通过文字的有意编排模拟出原作中所表现的情景画面，但并未形成某一具体的图像。与构筑的具体图像相比，模拟的情景画面直观性较为间接，但读者仍然可通过视觉与想象在文字的外形上看到生动的情景画面。从译者的创译目的来看，模拟的情景画面可强化诗作某一方面的蕴涵，增强诗作诵读的节奏感与表情达意的力度感，也可富于创造性地使译作呈现出独特的诗形或诗体特征。例如：

原文：**春望**

杜甫

国破山河在，城春草木深。

感时花溅泪，恨别鸟惊心。

烽火连三月，家书抵万金。

白头搔更短，浑欲不胜簪。

---

① 叶维廉．中国诗学．北京：生活 • 读书 • 新知三联书店，1994: 163.

译文: **Spring Scene**

Du Fu

My country in ruins

Hills

Remain

Rivers

Spring

Coming to the city

The grass

grow tall

These sad days

Even the flowers

wet

with dewy tears

When I grieve

at our separation

even a bird

can startle me

Fighting

goes on and on

these first three months

A letter from home

worth

ten thousand pieces of gold

The more I scratch my white hair

The shorter it gets

— almost too short

to hold a hair pin!

— tr. C. C. Kwock and Vincent McHugh

原文中由于战乱频仍，国家支离破碎，满目疮痍，遍地荒芜。译文通过语句的断裂、跨行以及“散乱”铺排，象形地再现了原文中“国破”的情景及“杂乱荒芜”的蕴含。原文6行，译文26行，译文铺散开来的空间远远超过了原文，其产生的象形意味是战乱的疯狂肆虐，广袤的国土夷为断垣残壁，由此不难推想哀鸿遍野，国破家亡的人间惨景。译文文字的“支离破碎”则又予人诵读时欲言又止的压抑感与悲恸至极、泣不成声的经验直感。毫无疑问，译文中“图画”的构筑深化并拓展了原诗中的某些蕴涵。模拟的情景画面所产生的审美意味往往是启示性的，它依托原作向读者传达主题意义。因此，诗作主题意义与语境变了，译者所模拟的相关情景画面的审美意味也会随之改变。例如：

原文：**六言诗·给彭德怀同志**

毛泽东

山高路远坑深，大军纵横驰奔。

谁敢横刀立马，唯我彭大将军。

译文：**General Peng Dehuai**

Mao Zedong

From east to west

by bounds and leaps

our army sweeps.

All the way

over mountains steep

and trenches deep.

Who is there

wielding his sword

and rearing his horse?

It is none

but General Peng

of our mighty force.

——许渊冲译

译诗通过诗句的语法切断与空间切断形成的独特外形以及简练有力、整齐而快速的节奏，象形地模拟出“山高路远坑深，大军纵横驰奔。”的现实图景；一波三折，鼓点般的节奏还将一支不畏艰险、充满战斗力、纪律严明的军队展现在读者眼前。此外，译诗的外形还呼应着英语文学中三行合一式或楼梯式诗体（the triadic or stepped line）的文学规范。从诗歌发展史的角度来审视，译诗对诗的图式的重视或者说对诗的形体排列的“自由”的重视，正是对诗坛诞生的“自由诗”的呼应与实践。[①]

6.3 绘画技法的借用

“画适宜描绘在空间上并列的静止的物体，诗适宜描写在时间中承续的动作。”[②] 这是从诗画有别而又各擅其胜的角度来说的。诗歌创作中，为了丰富诗歌自身的艺术表现力，诗人常会突破诗画的界限，巧妙地借鉴绘画艺术为己所用。具体来说，诗人会运用画家的感觉方式与思维方式，多方面地将绘画技法融入诗中，从而使诗作呈现出新奇、活泼的绘画意趣。汉文化中唐代诗人王维的诸多诗作即是显例。类似地，文学翻译实践中，为了更好地再现原作的意境、神韵，译者也会借鉴绘画艺术的种种技法为己所用。绘画技法的借用可渗透到翻译实践的方方面面，兹择取几个侧面分析说明之。

6.3.1 透视法与选词造句

透视法是指画家作画时把客观物象在平面上正确地表现出来，使它们具有立体感和远近空间感。因为透视现象表现为近大远小的特点，所以也称为“远近法”。透视法可分为视点自由移动的散点透视与视点固定不动的焦点透视。中国绘画长于散点透视，西方绘画长于焦点透视。两种透视法虽彼此有别，但它们在近大远小，近清晰远模糊等方面的基本

① 王珂．百年新诗诗体建设研究．上海：上海三联书店，2004: 109.

② 凌继尧．美学十五讲．北京：北京大学出版社，2009: 104.

原理是相通的。文学翻译中译者借用透视法来选词造句，在“前景化”（foregrounding）译文的绘画艺术因子之时，往往会使译文显得简洁凝练、奇警新颖。庞德将李白诗句“孤帆远影碧空尽，惟见长江天际流。”译为“His lone sail blots the far sky. / And now I see only the river, / The long Kiang, reaching heaven.”谢明在其研究中指出，“‘blot’一词有些让人意想不到，因为在中文‘孤帆远影碧空尽’与费诺罗萨（E. Fenollosa）的笔记中都没有这个词。它在明净的天空留下印记；它是个墨点，因潮湿的江雾（烟花）变得模糊不清——这是对中国山水画技法的巧妙借用。”① 具体地说，是对近大远小透视法的巧妙运用：船帆远到天边时变小为模糊的一点。比照汉文化中现成的文学经验：“峡中惟远帆，点点天地间。（柳永）；远帆点点横川过，垂柳依依群蝶来。（地名兰州的谜面诗）”庞德之译文既表达了原文的意义，又传递出原文的画意与神韵！此外，他还将“天际流”译为“reaching heaven”则是对化低为高透视法的应用——在我们视线以下流动的长江，离我们愈远则愈显其高，最后高至与天际相接。

译者借用透视法的角度是多种多样的，除了近大远小、化低为高等透视外，还有化高为低、化远为近等透视。许渊冲将杜甫诗句“窗含西岭千秋雪，门泊东吴万里船。”译为“My window frames the snow-crowned western mountain scene; / My door oft says to eastward-going ships ‘Goodbye!’”译文中“frames”一词映射着绘画中化远为近的透视法，具体地说，去掉“窗”与“西岭千秋雪”之间的空间距离，两者叠加一起，就有了“西岭千秋雪”在“窗框”中的新奇画境了。这也是园林艺术中所称的“框景”。但囿于与前译文协韵，译句里“门”中“泊下的万里航船”之透视效果未做传译。

6.3.2 绘画思维下的意象并置

诗人运用山水画家的感觉方式与思维方式，融绘画技法于诗中，从而使自己的创作呈现出新奇、活泼的绘画意趣。文学创作与文学翻译中出现

① Xie, Ming. *Pound as Translator*. In Nadel, Ira B. (ed.), *The Cambridge Companion to Ezra Pound*. Shanghai: Shanghai Foreign Language Education Press, 2001: 211.

的意象并置现象，可以说是画家绘画认知与思维的直接体现。庞德《七湖诗章》(又称《第 49 诗章》,Canto XLIX)的第一段将《潇湘八景图》中《潇湘夜雨》的画面通过意象并置直接展现在读者眼前，如此行文的灵感应是来源于画家“经营位置”的艺术匠心，即画家“描绘在空间上并列的静止的物体”。也就是说，庞德依画行文，逐一写下绘画中的情景物象：Rain; empty; a voyage, / Fire from frozen cloud, / heavy rain in the twilight / Under the cabin roof was one lantern. / The reeds are heavy; bent; / and the bamboos speak as if weeping.《潇湘夜雨》中的孤独、凄清、悲愁的蕴涵在庞德的笔下通过情感色调趋同的“片断句”，即不同意象片断的系列呈示，得到了艺术的再现。

文学翻译中，这种绘画思维下的意象并置已渐渐演变成为一种艺术表现手段，为人们广泛使用。颇为典型的是宾纳（W. Bynner）将柳宗元诗《江雪》“千山鸟飞绝，万径人踪灭。孤舟蓑笠翁，独钓寒江雪。”译为：

A hundred mountains and no birds,
A thousand paths without a footprint;
A little boat, a bamboo cloak,
An old man fishing in the cold river snow.

从意象及其呈现方式来看，宾纳译文的篇章结构类似于传统山水画幅中的景物布局——画幅的上端是崇山峻岭，中部是亭台楼阁、道路村舍，底部是河湖舟楫。由此可见，通过意象并置与系列呈现所构建出的诗的织体（texture）并非诸多语言碎片的大杂烩，而是绘画思维与画法的语言现实。因此，对意象并置意味的获取便可依据绘画中情景物象的相互对比或彼此反衬或情趣的定向统一来完成。

6.3.3 点染法与篇章组构

“点染法”是传统绘画中的一种重要技法，是指“画的主体用点笔或清晰的线条勾出，背景用染笔出之，点缀景物与着色晕染。”[①] 从研究资料来看，“点染法”先形成于绘画领域，用以指导绘画艺术创作，后被借用于分析宋词、评说新旧诗歌的创作艺术，时至今日它还被借用于古诗英译的再创造。“点染法”在诗词中的表现形式多种多样。若以“点染法”使用时出现的先后顺序来看，则主要有：①先点后染；②先染后点；③反复点染等等。兹引一例，以窥一斑。

原文：**鸟鸣涧**

王　维

人闲桂花落，夜静春山空。

月出惊山鸟，时鸣春涧中。

译文：**Stillness Audible**

Wang Wei

Free and at peace. Let the sweet osmanthus shed its bloom. Night falls and the very mountains dissolve into the void. When the moon rises and the birds are roused, their desultory chirping only accents the deep hush of the dales.

——翁显良译

原诗四句四景，四种情景的诗学功能与地位彼此相当，相互并置共同营构出“闲静”“清空”的意境。译文通过先点后染法对原文进行了重塑：首句以短语句“Free and at peace”点明诗作题旨，语义集中而突显，统摄全篇，其后各句从不同角度以形象的景来渲染与烘托首句中的“free”和“at peace”并演绎着它们流动与发展的情势。从译文中动态意象所包含的力的指向和强度来看，[②]“shed”“falls”“dissolve”这三个词语力的指向是向下的，力的强度徐缓而微弱，共同营构出悠缓、沉静的过程与氛围。后三个词语“rises”“roused”“chirping”力的指向是向上的，力的强度徐缓而

① 陶文鹏．点染结合　情景相生．古典文学知识，2003 (6): 112.

② 耿建华．诗歌的意象艺术与批评．济南：山东大学出版社，2010: 68.

轻微，共同营构出勃发、升腾的过程与氛围。词语的意象力先下后上，又复向下（the deep hush of the dales），沉静、安宁的氛围最终锁定。合而观之，整首译诗经“篇首点”的统摄与驱动，结构上“先总起后分述”，表现方式上“理寓于境”，浑然一体。由此不难看出“点染法”发挥着艺术地组构篇章的功能。

从上可见，文学翻译对绘画的借鉴昭示出从经验表层走向学理深层的发展路径，这种跨学科的深度融合增加了译作的艺术质素，也丰富了表情达意的手段与方法，体现出“继往开来，推陈出新”的现代人文理念。

6.4 结语

综上所述，文学翻译中译者对绘画艺术的借用演绎出这样一条路线图：先是类比阐述（中外学者的论述），后是间接借鉴（符际翻译的启示），再是直接试用（“图画”的创造），最后是深度融合（绘画技法的借用）。在这过程中，翻译的内涵因绘画类比而变得生动直观、简明易懂、蕴含丰赡；传统的翻译视域从注重文本、作者拓展到关注生活中客观的与既成的艺术现实；符际翻译的经验借用到语际翻译，充实并创新了现有的翻译方法与手段以及翻译批评；译作因绘画元素的介入，增添了艺术的新质与表现方式，增强了感人的维度，同时又呼应着或者创新着中西文学中现有的诗学规范。

第七章　翻译中的色彩语言[①]

每一种艺术都有自己特殊的语言，每一种艺术语言都有自己特定的使用单位及其表现方式。比如，日常语言的使用单位有语素、词、短语、分句等，绘画语言的使用单位有点、线、面、色、形、体等。无论是日常语言、还是绘画语言，虽然表达的媒介与方式各有不同，但它们都可运用各自的使用单位及其组合规则进行颇为有效的表情达意。不仅如此，不同的表达媒介还可以在表现技巧、方法与原理上互相借鉴，取长补短，从而创新表现形式，实现“最大量的表现力”，进而推动着文学艺术向前发展。一如有的学者所指出的：“文学与艺术的融通，语言艺术与造型艺术、表演艺术不同创作经验的交流和融合，形成文学、艺术取得双赢的局面，有力地促进文学艺术的蓬勃发展。”[②]语言艺术与其他艺术的融通，这一现象在文学创作中较为多见，在文学研究上也取得了颇为丰硕的成果。但在翻译实践与研究中，这一现象引起人们的关注并不多，其之于翻译学的方法论价值与认识论意义的探讨也不多。

翻译实践中，通常情况下人们多从日常语言角度考虑选词造句、谋篇布局，而较少从绘画语言等其他艺术角度考虑字、词、句、篇上的创造性选择与重构，较少关注译文中融汇绘画语言等其他艺术元素的“超媒体”特质及其独特审美品格与译学价值。因此，有必要对这一话题进行一番探

---

① 本章原载《中国翻译》2022年第1期，原标题为“绘画语言在文学翻译中的创用探析”，独立撰写，收入本书时有改动。

② 吴企明．诗画融通论．北京：中华书局，2018: 17.

讨。本章拟以绘画语言单位中的色彩为例，从以下三大方面进行描写研究，揭示绘画语言之于文学翻译的实践价值与理论启示意义。

7.1 色彩与空间距离的表现

我们日常使用的语言，通常具有较为确定的或对应的语义，这往往成为我们翻译时重要的参考依据。比如，汉语的“远”字，汉英词典上一般译为“far”“distant”，于是“日暮苍山远，[天寒白屋贫。]（刘长卿《逢雪宿芙蓉山主人》）”被翻译为“At sunset hillside village still seems far. (tr. Xu Yuanchong)”或“Dark hills distant in the setting sun,（tr. D. R. Hales）”而同此诗句雷克思罗斯（K. Rexroth，以下简称雷氏）这么翻译：“Sunset. Blue peaks vanish in dusk.”初读这样的译文，也许会顿生迷惑：译文里见不到原文中的“远”字，这样的译文似乎难以传达原文的语义与蕴涵。显而易见，从日常语义对应的角度进行分析难以求解。但从前文的简要论述中可知，色彩是绘画语言的基本使用单位之一，在绘画艺术中，表现空间距离的远近，可使用不同的色彩来表征。“树木繁茂之山，如在近处，则为深绿；若在远处，则为浅蓝或淡紫；若山更远，则其轮廓模糊，其色至淡若无。”[1] 据此可知，日常语言中的“远”字/far、distant，可用绘画语言中的色彩“蓝色 /blue”来表征，也就是说，色彩及其浓淡变化可用来表征人们生活中感知空间距离的远近。因此雷氏的译文虽未译出“(苍山)远”字，可“远”字之义已含蕴在其创造性选择的“blue（peaks)”一词之中了，而且整句译文表现的正是原文中的“观者”或日常生活中人们在日落时分所亲眼看到的“暮失苍山”的渐变过程。从单句局部来看，这样的处理不失为一种创新性方法，从译文构建的语篇整体来看，则强化或显化了原文时间艺术的空间化特色。这种时间空间化特色在具有跨艺术意识的译者笔下显得十分突出，一方面彰显着跨艺术思维带来的表情达意方法的独特性，另一方面引领着文学翻译向着新的表现空间拓展、新的视域范

① Zhaoming Qian. *Orientalism and Modernism: The Legacy of China in Pound and Williams.* Durham and London: Duke University Press, 1995: 67.

围迸发与新的美学层次提升。仍以雷氏翻译中绘画色彩元素的创用为例，来看看其表现空间距离的灵活性、丰富性与艺术性。比如，“寒山转苍翠，[秋水日潺湲。]（王维《辋川闲居赠裴秀才迪》）”，他译为“It has turned cold. / The mountains grow more vast and more blue. / [The Autumn waterfalls are louder.]”原文中的色彩词“苍翠”是青绿、深绿的意思，但雷氏未将其选译为“dark green”或“deep green”之类的表达法，而是译为“blue”。之所以如此翻译，一方面“blue”表征出观者或人们眼中较远的空间距离，也与其间广阔的空间范围（vast）相适应，另一方面“blue”与前一行中的“cold”一同使用，从视觉与肤觉的双重角度强化了原文中的“寒意”，还启示出一片宁静的氛围，因为“蓝色……，它宁静、遥远，给人以‘冷’感”[①] 由此可见，译者对色彩词的“重新选择与书写”依据的是人们共通的生活经验与感知，这样的创意翻译从多角度最大化地再现了原作的整体意蕴与氛围。正是基于绘画表现出的共通性经验认知，雷氏翻译中对色彩的运用情有独钟，常常能从色彩的色相、明度等属性及相互关系表征空间距离远近出发，对原作进行更多层次与更大范围的创造性“改写与重构”，以便更为直接生动地再现原作的诗情画意。又如，“江碧鸟逾白，山青花欲燃。（杜甫《绝句》）”他译为“White birds over the grey river. / Scarlet flowers on the green hills.”不难看出，译文中“（鸟）白 / white”与“（山）青 / green”进行了如实转存，但通常是绿色含义的“碧”字译成了“grey/ 灰色的”，“花”之前增加了“scarlet / 深红的、鲜红色的”，而不是通常的“red / 红色”。为何如此翻译？从绘画构图视角看，“江（碧）”延展到远处，看上去灰蒙蒙的（grey），表现的是远景，体现的是物象由于空气密度的作用，“越远，色则越灰、越冷”[②] 的原理；“（鸟愈）白”译为“white”，表现的是近景，“white”与“grey”通过色彩明度对比，使“（鸟）白 / white”变得更白，再现了原句的语义与韵味；“山（青）”近在眼前，所以是绿色的（green），表现的是近景，“花”之前增加了高明度的“进色”词“scarlet”，表现的也是近景，给人“前进或突出的印象”。[③] 此外，“scarlet”

① 王福阳．绘画色彩学基础教程．北京：人民美术出版社，2009: 40.

② 蒋跃．绘画形式语言与创作研究．合肥：安徽美术出版社，2018: 53-54.

③ 王福阳．绘画色彩学基础教程．北京：人民美术出版社，2009: 41.

与"green"形成的补色对比，"具有最强的动感，表现出鲜明的效果"。[①]合而观之，通过色彩明度的对比、补色的对比等手段，译文再现了原文的空间远近层次感与动态画面感，可谓译"活"了原文的画境与意境。至此可见，在雷氏的笔下，原文语言形式上没有色彩修饰的空间物象，可以借用不同的色彩进行表现，而具有不同色彩的空间物象，还可在此基础上依据绘画构图需要进行重组与创造性改写。很显然，这样的"重组与创造性改写"并未背离原文的意义与蕴涵，所不同的是表现的视角发生了变化。那么这样的译法是否具有实践的普遍性与表现的多样性？下面以庞德（E. Pound）的翻译为例，以原文中同一色彩词"青"字的翻译为个案进行探讨。为了便于分析，将原文与译文一并罗列如下。

1）原文：青青河畔草，[郁郁园中柳。]——《古诗十九首之二》
译文：Blue, blue is the grass about the river
[And the willows have overfilled the close garden.]

2）原文：青山横北郭，[白水绕东城。]——李白《送友人》
译文：Blue mountains to the north of the walls,
[White river winding about them;]

3）原文：青山欲衔半边日，[银箭玉壶漏水多。]——李白《乌栖曲》
译文：The Blue Mountain bathes in the sun
Pale rays still strike the gold urn
and fall slowly into the water.

4）原文：[渭城朝雨浥轻尘，]客舍青青柳色新。——王维《送元二使安西》
译文：[Light rain is on the light dust.]
The willow of the inn-yard
Will be going greener and greener.

5）原文：三山半落青天外，[二水中分白鹭洲。]——李白《登金陵凤凰台》

① 王福阳．绘画色彩学基础教程．北京：人民美术出版社，2009: 41.

译文：The Three Mountains fall through the far heaven.
[The isle of White Heron
splits the two streams apart.]

以上五例原文均含有同一色彩词“青”，庞德并未依据原词语义采取千篇一律的译法，而是依据色彩表征的“远近法”以及绘画构图需要分别译成了 blue、green 及“far”。就例 1）译文中色彩词“青”字的翻译，有人这样评论道：“将‘青’译为‘blue’虽不算错，但‘blue grass’则未免令人匪夷所思，然庞德当时不谙中文，……按理说谁都清楚，草是绿色的，庞德为什么就没怀疑费诺罗萨注释错了呢？”① 查证庞德其时所参考的费诺罗萨（E. Fellonosa）的注释，该诗句的两个“青”字下面都先后注释着 blue/[green]。② 很显然，费氏的注释没问题，庞德只是做出了自己的选择。那么庞德为何选择了“blue”，又是否错了呢？按照前文已有的讨论，例 1）中的译文之所以选译为“blue”，表征的是观者或人们眼中的远景，其在文本中的作用是充当背景（backgrounding）衬托，为下文“（盈盈）楼上女”的前景化（foregrounding）做铺垫。例 2）3）译文的译法与例 1）译文的思路同出一辙，彼此可以互为佐证，说明如此转换以表征较远的空间距离具有一定的普遍性，同时将译文中的“青山 /blue mountains”定位为作品中人物活动的背景这一做法也具有共通性。例 4）译文中将“青”译为“greener”，表征的是近景，显得绿意十足，逼人眼球，为叙述聚焦下文的“更尽一杯酒”特写埋下伏笔。例 5）译文将色彩词“青（天）”转换为表征空间距离的“far（heavens）”，恰与上文说到的雷氏所译的“日暮苍山远”中的“远”字译法构成反向互动，比照庞德翻译时所参考的费诺罗萨的注释：The triangle mt. is half disappearing beyond the blue sky。③ 不难看出，庞德并未拘泥于费氏的释译，而是直接“舍弃了”其中的色彩词“blue”，通过聚焦天高地远（the far heaven/ 青天）的绘画构图框架，转存了原文的语义、画境及其审美效果。这般转换彰显出译者在“远山近水”绘画构图意识影

① 覃学岚. 当代译学批判. 北京：清华大学出版社，2019: 225.

② Wei-lim Yip. *Ezra Pound's Cathay*. Princeton: Princeton University Press, 1969: 131.

③ 吴伏生. 汉诗英译研究：理雅各、翟理斯、韦利、庞德. 北京：学苑出版社，2012: 346.

响下的创意选择，也体现出不同绘画元素并存时局部服从整体的“竞位上档式的”翻译考量。这样的处理方式在庞德的译笔下并不是孤例。又如：

原文：孤帆远影碧空尽，［唯见长江天际流。］——李白《黄鹤楼送孟浩然之广陵》

译文：His lone sail blots the far sky.
[And now I see only the river,
The long Kiang, reaching heaven.]

原文中的“碧空”是碧蓝的天空之意，庞德翻译时也是“舍弃了”这个色彩词，同样以“far/ 遥远的”代之，整句译文回译过来的大意是：他的孤帆在遥远的天空打上了一个墨点（blot）。从句子语义对应角度看，译文显然与原文“格格不入”。难怪有人这样评说道：“庞德不懂汉语，他根据费诺罗萨的笔记翻译，……，但‘blots the far sky’却破坏了诗的意境，难以让读者感受到象外之意。”[1] 但从绘画近大远小的透视角度看，庞德的翻译不是“破坏了”而是艺术地再现了原作的意境。比读文学创作中的诗句“峡中惟远帆，点点天地间”“远帆离别后，天际星点点”，不能不说庞德的译文呈示出颇为独到的表现技艺，深得汉文化绘画技法的神髓。一如庞德研究专家谢明所述：“它（指孤帆，笔者按）在明净的天空留下印记；它是个墨点，因潮湿的江雾（烟花）变得模糊不清——这是对中国山水画技法的巧妙借用。”[2] 至此可以看到，翻译实践中色彩词与空间距离可以相互表征，彼此转换，但何时可转换，又如何转换呢？一般来看，需要审“景”度“意”，需要根据绘画构图的内在要求综合考量。具体来说，局部字词层面的色彩变化与取舍须服从于句子层面的绘画情景表现技法，句子层面的绘画情景表现技法则需服务于篇章整体层面绘画构图的自洽与和谐。

---

① 陈大亮．文学翻译的境界：译意•译味•译境．北京：商务印书馆，2017: 132.

② Xie, Ming. *Pound as Translator*. In Nadel, Ira B. (ed.), *The Cambridge Companion to Ezra Pound*. Shanghai: Shanghai Foreign Language Education Press, 2001: 211.

7.2 色彩与情感的表现

实验心理学告诉我们，不同的色彩会给人带来不同的生理反应与心理感受，也因之含有不同的情感意味。[①]“红色会引起人们兴奋、热烈的感觉”“紫色给人矜贵、优雅的感觉……。而灰暗的紫色……，容易造成心理上的抑郁、痛苦与不安。”[②]基于色彩的表情特性，有人把色彩分为积极的和消极的色彩，前者包括黄、红黄、橙、红等色彩，可表达一种“积极的、有生命力的和努力进取的态度”；后者包括蓝、红蓝等色彩，“适合表现那种不安的，温柔的和向往的情绪”。[③]色彩表征或暗示抽象的情感与态度，在文学作品中可以用来强化作者表情的倾向，凸显作品的主题，渲染作品的意蕴氛围等。[④]色彩具有色相、明度与纯度三种属性，在表现情感上往往具有启示、含滋蓄味的特色。翻译中借用含有不同色彩属性的词语，能使原文抽象的语言变得具体、可感，平实的语言变得生动、新奇，潜在的情感与韵味变得便于玩味、把握，从而成就译文最为高效的表现力与艺术感染力。比如：

1）原文：[花影压重门，疏帘铺淡月，] 好黄昏。——李清照《小重山》

译文：[Flower shadows lie heavy
On the garden gate.]
In the orange twilight
Pale moonlight spreads
On the translucent curtain.

2）原文：[寒食梨花断月夜，] 黄昏杨柳旧风光。——朱淑真《伤别》

① 杨恩寰．审美心理学．北京：东方出版社，1997: 70.
② 王福阳．绘画色彩学基础教程．北京：人民美术出版社，2009: 39-40.
③ 李荣启．文学语言学．北京：人民出版社，2005: 241.
④ 尹成君．色彩与中国现代文学．北京：北京语言大学出版社，2014: 223.

译文：Huge willows in the golden
Twilight wave their long shadows
[In the clear bright winds of Spring.]

3）原文：东篱把酒黄昏后，[有暗香盈袖。
莫道不消魂，帘卷西风，人比黄花瘦。]
——李清照《醉花阴·薄雾浓云愁永昼》

译文：Now in the yellow twilight
I drink by the Eastern wall,
[And a mysterious perfume fills my sleeves,
And carries away my soul.
The West Wind blows the curtains
And I am frailer than the yellow chrysanthemums.]

以上三例原文均含有“黄昏”一词，译者雷克思罗斯均以“twilight”进行了翻译，但“twilight”之前均添加了各不相同的色彩修饰词。从语义对等的角度看，这些添加的色彩词似有画蛇添足之嫌。然而从绘画视角看，各色彩词表征出的情感因境而异，可圈可点。例 1）原文出自李清照的《小重山》，原词抒写的是词人当春怀人，盼望远行夫君归来的情愫，所引词句表现了夫妻即将别后重逢的温馨与浪漫。“黄昏”如何“好”？这里译者未将表达情感态度的“好”译为显性的“good”或“fine”之类的词，而是选用了“orange（橙色）”一词来表征。一般说来，抽象形容词“好”与具象色彩词“orange”语义关联不大，难以互相替换。但从绘画视角看，“orange（橙色）”属于暖色词，往往给人温暖、活泼、愉快的感受。[①] 因此可以表征或暗示出“好”的意味，也很契合女词人当时满怀期待的心境和词中所要表现的温馨与浪漫。此词一着，可谓寓情感的波澜于平静的色彩，既直观可感，又韵味无穷。例 2）原文出自朱淑真的《伤

① 王福阳．绘画色彩学基础教程．北京：人民美术出版社，2009:39.

别》，写的是恋人间别离后的伤感与落寞，但他们从前相聚时经历的温馨美好刻骨铭心，令人难以忘怀。这种美好的经历与怀旧感觉如何传达呢？译者选用“golden（twilight）”一词来表征，“golden”属于暖色，予人柔和、轻松、亲近、依偎的感觉，这样的感觉符合其时作者内心秘而不宣的深情，融情入色，是为巧妙！例 3）抒发的是词人重阳佳节思念远在他乡丈夫的心情，字里行间透露着相思别离之忧伤。此情此景中的“黄昏”烘染着凄苦、冷清的氛围，为了表现这一氛围，译者在“twilight”之前加上了色彩词“yellow”。“yellow/ 黄色”一词在语境中“意味着黑暗将临，意味没落。”① 与下文“黄花 / the yellow chrysanthemums”中的“yellow”相互烘染，色相趋同，没有明度间隔变化，显得单一、单调，缺乏活力。不仅如此，与色彩词“orange”“golden”的明度与纯度相比，它在内涵上也少了些许“美好的质地”（如含蕴 bright、rich 等品质）。因此，无论是异质同构地表征情绪的低落，还是内在缺乏“美好的质地”启示着没有美好或失去美好，两者均成功地表现了原作的情感与意蕴。综合来看，上述三例中“黄昏”是一样的，但表达的情感各不相同，为了表征这三样不同的情感，译者借用了三种不同的色彩进行表现，或以具象色彩词代替抽象形容词，或通过添加的色彩词来暗示诗情，收到了曲达其意，含而不露的审美艺术效果。

从绘画视角出发，色彩表征情感与态度的方式是多种多样的，可顺向显示（色彩与情感合一），可逆向显示（色彩反衬情感），可对比显示（色彩对比彰显情感对立），可变形显示（色彩对情感的变形显示）。② 色彩在翻译中的应用范围与层次也是广阔的，不仅仅体现在以上诸例的局部选词用字上，还体现在从整体考量的造句谋篇上，可在多层次彰显译文别样的传情达意运思方式与诗美特色。比如，“小院闲窗<u>春已深</u>，[重帘未卷影沉沉。]”被译为“I idle at the window / In the small garden / <u>The Spring colors are bright</u>. (tr. K. Rexroth)”这是李清照词作《浣溪沙》的开篇句，小院春色已深，绿树繁花，衬托了词人百无聊赖的孤寂心情。从译文跨行可见，译者根据汉诗句顿歇节奏“小院 | 闲窗 | 春已深”来组织调配了译文，景致安排由小而大，由内而外，层次分明。显而易见，“春已深”的译法并

① 王福阳．绘画色彩学基础教程．北京：人民美术出版社，2009: 39.
② 尹成君．色彩与中国现代文学．北京：北京语言大学出版社，2014: 225.

未采用抽象的陈述，进一步说，是摒弃了译者初版时的抽象陈述（and let in / The profound lasciviousness / Of spring），而是从色彩视角出发来表现的。“春”如何“深”？“深”在春天色彩的明艳（bright）上。从表现技巧看，译者没有按其字面义翻译，而是通过“本面不写写侧面”的方法，转写春天灿烂的色彩来进行传达。古人云：“山之精神写不出，以烟霞写之；春之精神写不出，以草树写之。”（刘熙载语）就“春已深”的翻译而言，可谓是“春已深之精神译不出，以明艳的色彩译之”。

翻译中创用色彩词来表征情感，彰显了绘画视角的运思特色与价值，也实现了表情达意的超媒体功效，但这些表征情感的色彩词并非孤悬于译文文本之外，而是与译文中其他词语或句子彼此呼应、相互浸染，或起定向强化作用，或起功能反衬作用，从多角度共同构建着一个有机和谐的统一整体。比如，例1）译文中的“orange”可与“translucent”“transparent”“full”等词汇一起通过各自蕴含的“美好质地”从不同角度共同表现作品中积极美好的诗情。

7.3 色彩与情景的表现

世界上一切物体都是有色彩的，不同的物体在不同的情景中会呈现出不同的色彩，而不同色彩的形成通常是由色彩的不同特性决定的。色彩的特性一般可包括光源色、固有色与条件色等。光源色是指发光体发出的光，形成了不同的色彩；固有色是指平常我们看到的物体自身的颜色；条件色是指“某种物体的本身色彩，受到周边环境的影响或其他光照的辐射，它会改变原来的色彩，这种变化了的色彩，称为条件色。”[①] 比如，“雪在山楂树上红”，山楂是红色的，白雪也随之变成了红色。显而易见，色彩与情景关系密切，两者之间互为影响，如影随形，这一特点可为译者生动地表现原文情景提供思考路径。李白诗《子夜四时歌·春歌》中描写美丽的采桑女子时写道：“[素手青条上，] 红妆白日鲜。”对于这句诗，华裔学者

① 吴企明. 诗画融通论. 北京：中华书局，2018: 312.

王燊甫翻译为“Her rosy cheeks/ Shine under the sun”与其合作翻译的意象派诗人威廉斯（W. C. Williams）将此句修改为“Her flushed cheeks / Shine under the sun”据此，钱兆明研究指出：“第五行 Her rosy cheeks 改为 Her flushed cheeks。最后一处可谓奇笔：王燊甫的 rosy cheeks 会误导读者，使其认为采桑女抹了玫红色的胭脂，而威廉斯的改动则准确地写出了她在日光下泛红的脸。”① 从绘画视角看，因阳光照射的缘故，“红妆 /Her flushed cheeks”呈现出特别的色态，既生动真切，又生活气息浓郁。

翻译中从色彩出发创造性地表现原作的情景关系，进一步深化与突显着译作“出位之思”的特色（一种表达媒介在保持自身特色的同时，也试图模仿另一种媒介的表达优势或美学效果），这种“出位之思”的表情方式会使译文的表现力与艺术感染力获得成倍的增长。② 例如：

原文：桃红复含宿雨，[柳绿更带朝烟。] ——王维《田园乐》

译文：Peach flowers turn the dew crimson,
[Green willows belt in the mist,]

庞德的这句（篇）译文，前后反复修改，数易其稿，最后定稿为上述的版本。这里可援引庞德依据费诺罗萨的释译及其最初的一个译文做一必读，以窥其间的差异：① Peach blossoms are crimson, and also contain the rain / that has lodged there (in the night) (in the petals)；② Peach flowers hold up the dew that shows crimson。（钱兆明，2016，91-93）很显然，译文①逐词对应解释了原诗句语义。译文②与译文①结构上差不多，只是简练了些，并调整了个别词语语序。两个译文均是按语言线性逻辑先后表述了“桃红”与“宿雨”的关系。相比之下，最后定稿的上列译文则摆脱了原诗句的线性逻辑，利用条件色手段对情景画面进行了经验表现，不说“桃”如何“红”，如何“复含宿雨”，而是说“桃花使雨露变得鲜红”，给人雨露很红，桃花更红的联想。整体来看，庞德的定稿译文既复现了原文的内

① 钱兆明. 威廉斯的诗体探索与他的中国情结. 外国文学，2010 (1): 64-65.

② 龙迪勇. “出位之思”与跨媒介叙事. 文艺理论研究，2019 (3): 184.

在情景结构关系，显得生动凝练，新颖别致，又颇有“离形得似”的神韵。

条件色能带来生动逼真的情景与画境，给人以艺术美的享受，这一点也启示着译者将其作为一种艺术创作手段与技巧用于创造性改写原文中所涉及的光色情景。郭璞《游仙诗》中的诗句“翡翠戏兰苕，容色更相鲜。”庞德将其译为“The red and green kingfishers / flash between the orchids and clover, / One bird casts its gleam on another.”从原文来看，“翡翠（鸟）”是什么颜色没有显性说明，根据生活经验，其颜色一般是绿色的，但查百度百科，还有赤翡翠、蓝翡翠等。通常而言，将“翡翠（鸟）”译为“kingfisher”即可，不一定必须译出其颜色。然而，这里译者既译出了颜色，又没有选择同一颜色，而是将其处理为“红色与绿色的翡翠鸟 / The red and green kingfishers”，并通过其飞动中彼此颜色的互相投射与映衬（One bird casts its gleam on another），营造出一个红红绿绿、生机勃勃的光影世界。红色、绿色的翡翠鸟颜色彼此浸染，你中有我，我中有你，相互映衬，正是条件色使然，译文呈现的画面也因之情真景切，动感十足。结合诗文的下两行“绿萝结高林，蒙笼盖一山”（Green vines hang through the high forest, / They weave a whole roof to the mountain,）来看，译者成功地构建出“万绿丛中一点红”的诗意胜景，而这“一点红”正好影射着下文“冥寂士（林中隐士）”的出场与自我戏剧式的演出。且看该诗的余下诗行：中有冥寂士，静啸抚清弦。放情凌霄外，嚼蘂挹飞泉。赤松临上游，驾鸿乘紫烟。左挹浮丘袖，右拍洪崖肩。借问蜉蝣辈，宁知龟鹤年。合而观之，庞德翻译中局部的创造虽有“偏离”原文之嫌，出人意表，但其译文体现出的跨艺术整体观却耐人寻味。

7.4　色彩创译的原因探析

翻译实践中，译者都会遇到显在或潜在含有色彩情景的语篇。是从语义角度如实再现原文的色彩情景，还是从绘画角度将色彩作为一种创作手段用于表现原文的情景与意蕴，这与译者及其诗学观或翻译观联系密切。前文所引译例的译者，一个是意象派大诗人、文学评论家、翻译家庞德，另一个是美国当代著名诗人、翻译家、画家雷克思罗斯。就庞德而言，无论是其创作的鸿篇巨制《诗章》，还是其翻译的《华夏集》（*Cathay*）均对美国乃至世界现代诗歌产生了广泛而深远的影响。庞德在其创作与翻译中运用了诸多形式技巧，因之被称作艺术技巧大师。追根溯源，其创用的艺术技巧不少借鉴自不同门类的艺术，在这方面庞德所做出的努力可见之于以下庞德研究专家的归纳评说："庞德加盟漩涡派是为了扩大意象诗的内涵，倡导整体艺术风格，企图从绘画、雕塑、音乐等艺术中吸取不同表现方法，丰富诗歌表现的媒介手段。"[①]"庞德这一代新诗人，他们从法国象征主义诗人和东方艺术那里吸取灵感，力图打破诗、音乐、绘画等艺术之间的界线，达到艺术媒体的相互转用。"[②]就翻译认知而言，在庞德看来，"翻译家应被看作艺术家，雕刻家，书法家，一个能铸造词语的人。"[③]从这里可看出，庞德主张的翻译是一种具有立体空间感、线条流动生命感的翻译，是一种多维艺术综合的翻译。就诗学观来说，庞德的诗学是创新的诗学，是"日日新"的诗学，他推崇创新型的艺术家，"旨在构建新的艺术形式以恢复情感的秩序"，他欣赏能"将视觉形式映射在经验之上，以此来改变日常世界"的勃发意识，他主张构建型思维，这种"思维则是对环境的一种反抗，它既不在反映，也不在观察，而在于构建。"[④]基于这样"一脉相承"的创作意图、翻译认知与诗学观，前文列举的庞德译例借用绘画色彩进行的创译便在情理之中。雷克思罗斯是继庞德之后译介中国文化最重要的美国诗人之一，其翻译成就斐然，"对于其他美国诗人与译者有巨大的影响"。[⑤]雷氏主张翻译实践的"契合观（an act of sympathy）"，强调译者与作者感同身受，合二而一，在生活经历或经验上实现"契合"。[⑥]而实践"契合观"的重要途径之一是他在翻译中融汇了可含蕴人们共有共通生活经验与认知的绘画元素、技巧与原理。这些绘画因子发挥功用的

---

① 陶乃侃．庞德与中国文化．北京：首都师范大学出版社，2006: 71.

② 蒋洪新．庞德研究．上海：上海外语教育出版社，2014: 144.

③ E. Gentzler. *Contemporary Translation Theories*. (Revised Second Edition). Shanghai: Shanghai Foreign Language Education Press, 2004:15.

④ 祝朝伟．构建与反思——庞德翻译理论研究．上海：上海译文出版社，2005: 197-198.

⑤ 钟玲．美国诗与中国梦——美国现代诗里的中国文化模式．桂林：广西师范大学出版社，2003: 40.

⑥ 郑燕虹．肯尼斯·雷克思罗斯与中国文化．北京：外语教学与研究出版社，2012: 14-15.

过程，在雷氏看来，经历着这样三个阶段，“只有通过人际之间感官体验的彼此融合（communion），才可以实现彼此间的交流与沟通（communication），才可以最后达致大家的普遍接受与认同（community）。”[①] 此外，雷氏自幼跟随母亲习画，立志成为一名画家，后经勤奋学习，广收博采，成长为出色的画家，熟谙绘画技艺、方法与原理，他的这一身份与特长使他长于将绘画的技艺融入文学翻译与创作之中，去实现尤富创意的表达方式与最大量的表现效果。在创作与翻译的道路上，他也从未停止对其他艺术形式进行借鉴、融汇的探索，诚如有的学者指出：“（他一直）致力于语言的创新表达与破除不同艺术形式之间的人为界限”。[②] 从前文雷氏的创译中可见其在实践中付出的不懈努力与取得的突出跨艺术效果。

从绘画视角出发将色彩作为一种创译手段，使最后形成的译文绘画色彩格外鲜明、突出，且整体上自成风格，明显有别于其他译者的同题译文，译文中出现这样“色彩缤纷的”元素与技法折射出绘画艺术对文学翻译的重要影响与渗透。绘画艺术在译文中的渗透，既印认着人们感同身受的生活经验，又不失含滋蓄味，引人遐思的艺术特性，其译文创构呈现的是“人类感情的方程式”（庞德语），引导着读者运用感知、理解与想象，去实现“思想感情的对等”。在这一意义上，翻译中借用绘画语言的表现技巧与方法可为通常偏于主观评判的“审美等效论”如何实现等效提供较为客观的内在理据，也可为“创造性翻译说”中如何创造或“重新表达”提供方法支持，还可为“翻译艺术观”如何从注重不同语言符号之间转换的艺术演进到注重语言符号与其他艺术符号之间的跨艺术转换提供启示与思考。翻译中虽融汇了绘画艺术的种种元素，但从语言风格来看，以上诸例中用词浅白自然而典雅，文法简洁而单纯，呼应着 20 世纪美国现代诗歌中一种清新自然的诗语。[③] 毫无疑问，这些因素对译文以及中国文化的传播与接受无疑起着极大的助推作用。值得强调一说的是，文学翻译中色彩语言的运用看似求新求异，可给译文带来一抹亮色，但其最终是服务于译文文本的艺术整体，从而成就译文成为一个新的跨艺术综合体。

---

① M. Gibson. *Kenneth Rexroth*. New York: Twayne Publishers, Inc., 1972: 130.

② L. Hamalian. *A Life of Kenneth Rexroth*. New York: W. W. Norton & Company, 1991: 375.

③ 钟玲. 美国诗与中国梦——美国现代诗里的中国文化模式. 桂林：广西师范大学出版社，2003: 52.

7.5 结语

艺术和艺术总是相通的。艺术与艺术之间可以相互借鉴、彼此融合，从而发展“一种兼容审美观”（an inclusive aesthetic），最大限度地释放新的表现形式的能量，强化其表情达意的艺术效果，推动着文学（翻译）艺术的创新发展。

前文从绘画色彩视角探讨了文学翻译中文学语言借鉴与融合绘画语言的基本途径、传情达意的独到特色及其成因。绘画语言之于文学翻译的价值，从译者主体来看，可以启发译者表情达意时进行跨语言媒介的思考与创新表达。从翻译方法来看，使用绘画语言并不是以原文语法语义为基础，而是以原文所表现的现实为依托，按绘画元素、技巧与原理的表现方式进行重新定位与表达，这种“画译”的方法有别于传统意义上以原文形式与内容为中心的直译、意译、释译等翻译方法。从翻译效果来看，绘画语言的介入可以使读者从自我生活经验出发去印认，去感同身受，大大缩短读者感知与了悟原作主题与意蕴的时间与过程，真正实现翻译中的审美等效。绘画语言带来如此价值与优势，诚如有的学者所言：“在以文字塑造的形象中，大量融入绘画艺术表现客观物象的直接性、具体性、可感性特点，最大限度地突破了文字形象的间接局限，缩短了读者由文字概念演化为具体形象的思维过程，从而使诗中所描绘的客观物象更具体、更生动、更鲜明、更感人、更迅速地为读者所把握，由此产生了比他人的诗作更为强烈的画意。”[①] 从翻译范围来看，将绘画与文学翻译联姻，既为文学翻译增添了绘画色彩与艺术气息，又为文学翻译带来了新的实践方式与研究方法，无疑有助于拓展文学翻译的研究范围，丰富与深化其研究的跨艺术内涵，创新其翻译批评视域，从多维艺术综合的角度推动着文学文化的交流、融合与发展。因此，文学翻译向绘画艺术借鉴概念、技巧、原理来实现译文表情达意的艺术特色与创新性，这一话题值得进一步展开多层次探讨。

---

① 黄南南．时空艺术的交融：王维“诗中有画”成因新探．江西社会科学，1982 (6): 115.

第八章　虚实论与翻译

“虚实论”是我国传统美学中的重要论说，在我国艺术创作和艺术评论中具有十分重要的地位。不仅绘画、音乐、书法、戏剧等艺术门类讲虚实，语言艺术、翻译艺术也讲虚实。虚实论运用于不同的艺术领域所含蕴的基本原理、审美方式、功能与效果彼此相似，但其在各个艺术领域的应用范围、表现形式与具体方法则各有侧重，各有特点，甚至各有不同。虚实论运用于双语转换的翻译实践具有什么样的认知意义与实用价值？这是一个值得探讨的话题。为了探讨的便利，下面先对虚实论的缘起与基本内涵作一简要介绍。

8.1　虚实论简介

“虚实论”源于我国先秦到南北朝哲学上关于有与无的探讨。老子说：“天地万物生于有，有生于无”，并举例说“三十辐共一毂，当其无，有车之用。埏埴以为器，当其无，有器之用。凿户牖以为室，当其无，有室之用。故有之以为利，无之以为用。”[①] 老子鲜明地意识到了“有”与“无”之间的辩证关系，并主张“无”处于根本的、主导的地位，“有”处于从属的、次要的地位。庄子的观点与老子大体相似。《庄子・天地》中

① 曾祖荫．中国古代美学范畴．武汉：华中工学院出版社，1986: 135.

写道："泰初有无，无有无名；一之所起，有一而未形。物得以生。"[①] 庄子也强调了以"无"为本，"有"与"无"相互联系的思想。老庄的这一思想在魏晋时期玄学家的手里得到进一步发展。王弼《老子注》云："无形无名者，万物之宗也。""天下之物，皆以有为生，有之所始，以无为本。"[②] 将"无"当作一切事物产生与发展的依据。哲学上的有无之争虽与文学艺术的关系不大，但对后世虚实理论的形成与发展产生过重要的影响。到唐宋时期，人们从审美的角度自觉来研究"虚"和"实"在各种艺术中的运用。就诗文而言，刘禹锡提出的"境生于象外"，皎然所说的"采奇于象外"，司空图概括的"象外之象、景外之景""超以象外，得其环中"，范晞文指出的"不以虚为虚，而以实为虚，化景物为情思"等等，无论是就作者的创作，作品中艺术形象的营构，还是读者的鉴赏，均指出了诗文的奇妙处在其虚的一面，强调了诗文的创造、作品的组构与读者的鉴赏要由实出虚，充分发挥虚象的作用。至明清时期，人们对"虚实论"的运用和总结在各门艺术中发展到了一个前所未有的阶段，"虚实论"也因之渐趋完备。就诗文来说，其中代表性的论说有："虚者实之，实者虚之。实者虚之故不系，虚者实之故不脱。不脱不系，生机灵趣泼泼然。"（李日华语）；"写景述事，宜实而不泥乎实。有实用而害于诗者，有虚用而无害于诗者。此诗之权衡也。"（谢榛语）；"文之善于用事者，实者虚之，虚者实之。"（刘熙载语）这些论断将虚实关系及其功用表述得更为充分，所涉的范围也更趋综合全面，有的讲到了艺术真实与生活真实的关系，有的讲到了文学对生活反映的关系，还有的讲到具体创作与运用的关系，等等。

从以上简述中，可以看到"虚实论"不仅关涉到作者的艺术创作和现实生活的虚实关系，也关涉到艺术形象组织构造的虚实关系，还关涉到艺术作品和读者鉴赏的虚实关系，在这个意义上"虚实论"体现出来的美学价值是三位一体的。

---

① 曾祖荫. 中国古代美学范畴. 武汉：华中工学院出版社，1986: 136.

② 曾祖荫. 中国古代美学范畴. 武汉：华中工学院出版社，1986: 139.

8.2 虚实论在文学翻译中的应用

清代画家布颜图说:“笔墨能绘有形，不能绘无形；能绘其实，不能绘其虚。”为了解决这一问题，历代文人学者不断探索，找到了以下三条颇为有效的途径:1）化实为虚;2）化虚为实;3）虚实相生。这三条途径表情达意的艺术特色鲜明，成效显著，无论在非语言艺术领域，还是在语言艺术领域均得到广泛运用。鉴于此，下面从这三条途径出发，尝试探析其在翻译实践中的具体应用。

8.2.1 化实为虚

“化实为虚”中的“实”与“虚”，就诗文而言,“实”是指具体而直接可感的艺术形象,“虚”是指由物象引起的联想、想象，非直接的艺术形象。就作者的创作来说,“实”是作者所要表现的现实景物,“虚”是作者要通过现实景物体现出来的思想感情，即“化景物为情思”。“化景物为情思”能使作者的表达显得意蕴层深、境界幽远、余味无穷。就读者而言，就是沿着作者所描绘的“景物”之“波”而讨作者“情思”之“源”，如此这般，才能深刻领会作者表情的艺术创意。翻译家许渊冲基于亚伯拉姆斯（M. H. Abrams）在《镜与灯》中提出的艺术四要素（即作品、艺术家、宇宙、观众）提出了翻译艺术的六要素（即世界、作者、作品、译者、译作、读者），并分析说“世界影响作者，作者反映世界，创造出作品来。译者依据作品，同时受到世界影响，创造出译作来，影响读者。”[①] 基于这一论述，翻译实践中的“实”可指译者所面对的原文文本及其含蕴的具体可感的艺术形象和原文文本所依据的客观现实世界中的物象。“翻译不能只以原作为模特，而要以原作所写的现实为模特”[②] 应是对翻译之“实”的来源与范围做出了最为生动形象的阐说。“虚”则指译者基于原文与现实世界进行再选择、再创造变通后带来的审美艺术效果。翻译是双语之间的转

① 许渊冲．文学与翻译．北京：北京大学出版社，2016: 137.

② 许钧等．文学翻译的理论与实践——翻译对话录．南京：译林出版社，2001: 48.

换，因此虚实转换的应用一般会通过语言形式的变化体现出来。“化实为虚”用于翻译实践中较为常见的做法是将原文中具体化、特称化、典型化的“实”的表达法，转换为抽象化、泛称化、一般化的“虚”的表达法，亦即“虚化、淡化、抽象化”。[①] 例如：

原文：**春 怨**

金昌绪

打起黄莺儿，莫教枝上啼。

啼时惊妾梦，不得到辽西。

译文：**A Complaint in Spring**

Jin Changxu

Drive orioles off the tree,

For their songs awake me

From dreaming of my dear

Far off on the frontier!

— tr. Xu Yuanchong

这是一首闺怨诗，写的是留守家中的少妇在梦中与远在“辽西”久戍边疆的丈夫相会的情景。“辽西”指唐代辽河以西营州、燕州一带的地方，在诗中是一个空间概念，但其功用价值举足轻重。因“辽西”之故，多少亲人远离家乡，长年在外戍守边疆，既饱受战乱之苦，又备尝久别离、难相聚的煎熬。在这一意义上，“辽西”既是思妇魂牵梦绕之地，又是其悲痛伤心之地，其承载的情感意义与社会意义尤为重大。就这一语词，有的译者以“实”译“实”，直接处理为“(When she dreamed that she went to) Liao-hsi”，如此翻译，我们得到的只是个抽象的音符，难以领会到全诗的要旨之所在。比照之下，上例译文化“实”为“虚”，化特指为泛称，将“辽西”译为“(Far off) on the frontier!”一方面传译出了“辽西 / the

① 刘宓庆. 翻译美学导论（修订本）. 北京：中国对外翻译出版公司，2005: 336.

frontier”蕴含的“路途遥远”的意涵，另一方面又暗示出了边疆生活艰辛清苦的意味，因此译文较好地再现了原文的社会文化蕴涵，同时也贯通了原文的情感逻辑。

从上可见，翻译实践中运用化实为虚的方法，可以跨越翻译中语言文化的障碍，从而取得较好的传译效果。但所需说明的是，要做到这一点，其基本前提是须辨识所译对象或景物服务于整体文本的功能与价值，尤其是须抓住其表情的内在特质。否则，可能引发表意错位，导致改写或改变原文审美主题倾向的情况。仍以上列诗文为例，译者弗莱彻（W. J. B. Fletcher）将“啼时惊妾梦，不得到辽西”翻译为“Their warbling broke the dream wherein / My lover smiled to me”显而易见，译文中没有“辽西”的踪影，可以说译者也是运用了化实为虚的方法，但我们从译文中看到的情景是浪漫的、温馨的、唯美的，我们很难从中体会到原诗中久别离、难相聚的不易与沉痛，也很难窥探到其后含蕴的当时社会文化情境的“线索”。

化实为虚，从作者的创作方法来看，还可表现在避实写虚，也就是不直接描写对象本身而描写对象所处的环境或所产生的效果。人们经常提到的《陌上桑》中写罗敷之美的段落便是典型的例子——“行者见罗敷，下担捋髭须。少年见罗敷，脱帽著帩头。……”罗敷的美貌在文字上丝毫未曾提及，但其倾国倾城之美则可通过读者的想象充分勾画出来。文学家茅盾说:“虽然未直接写她的绝色美貌，但其美貌却跃然纸上，比直接描写高明十倍。”[①]因为直接描写其美貌、服饰、举止等往往会流于直白，钳制读者想象的发挥，而通过旁人的反应从“虚处”着笔写其美貌，则可调动读者的想象，引导读者进行合理的艺术再创造，从而获得最为丰富的美感。诗歌创作如此，文学翻译中的译者再创作亦然。例如：

原文：回眸一笑百媚生，[六宫粉黛无颜色。]——白居易《长恨歌》

译文：A turn of the head, one smile,

— a hundred lusts were flamed

① 曾祖荫．中国古代美学范畴．武汉：华中工学院出版社，1986:167.

[The Six Palaces rouge-and-eyebrow
without one beautiful face.]
—tr. Gary Snyder

原文写的是杨贵妃的千娇百媚，但译者并未将视点集中在再现杨贵妃个人的美与媚上，而是采取避实就虚的方法，转而“改写为男性对杨贵妃着迷的反应”——“回头一笑 / 一百种欲念被点燃起来”[①] 如此翻译，可谓“不于有处译，正于无处译”，从而激发起读者对杨贵妃之美与魅的无边想象。且引该诗句其他译文做一比读：① With just a backward glance and a smile/ she was lovely in so many ways.（tr. Peter Harris）② Glancing back smiling, she had a most luring appearance.（tr. 曾炳衡）

无独有偶，毛泽东诗《采桑子•重阳》中诗句“战地黄花分外香”，Paul Engle 译为“Battlefields fragrant with yellow flowers”[②] 译者没有直译“黄花如何分外香”，而是转换视点译为“战地因黄花而变香”，由此可见“黄花”该有多么香啊！如此翻译，化实为虚，无疑大大深化了作者言说的深情，抒发了更为强烈的情感体验。

8.2.2 化虚为实

化实为虚与化虚为实，就作者的创作而言，是构成作者艺术思维的两个侧面。实与虚排列方向的不同，启示出作者艺术创作路径的不同。前文有述，化实为虚突出地表现为化景物为情思，主张物物而不物于物，追求题外韵致，神于象外的妙境。而化虚为实则“突出地表现为将心境物化。把看不见、摸不着的思想感情、心理变化等，用具体的或直观的感性形态表现出来，也就是说，要变无形为有形。”[③] 翻译实践中的“化虚为实”方法与作者的创作方法有相似的一面，那就是译者将原作中看不见、摸不着的思想感情等通过具体可感的形象暗示出来，既不失含蓄蕴藉的诗艺特

① 钟玲．施耐德与中国文化．北京：首都师范大学出版社，2006: 160.
② 许渊冲．翻译的艺术．北京：中国对外翻译出版公司，1984: 45.
③ 曾祖荫．中国古代美学范畴．武汉：华中工学院出版社，1986: 169.

色，又能启发读者丰富的想象，使其思而得之。例如：

原文：**拜新月**

李　端

开帘新见月，即便下阶拜。

细语人不闻，北风吹裙带。

译文：**DESIRE**

Li Duan

The blinds I raised; with joy the New Moon saw.

The steps descended eager to adore.

My whispered prayer might not be heard of men.

The North wind's fingers at my girdle tore

— tr. W. J. B. Fletcher

从原诗题目来看，作者拟表现的是望月怀远，拜月思人的主题。从诗中“细语”“北风”“裙带”来看，“拜新月”的是一位羞怯的女性，她秋思绵绵，正向着远行他乡的心上人倾诉衷肠。她心中在想什么，口中在言说什么，我们不得而知，但从行文的字里行间我们又可感知她深情的告白。为了再现原文这种意在言外的效果，译者弗莱彻（W. J. B. Fletcher）采用化“虚”为“实”的方法，将该女子意欲言宣的诗情聚焦到拟人化的北风身上即“The North wind's fingers”，这是希望得到对方呵护的心声，还是自我内心真情的勇敢表现，抑或是向对方发出的爱情警告信号？等等。凡是一切，均未明说，但都已蕴含在译者改创的“实”之意象中了，这也呼应了译者将诗题化实为虚地译为“DESIRE”的目的与用意。

当然，翻译实践中“化虚为实”的方法也有与作者创作方法不同的一面，其不同之处可表现在将原文中偏于概念化、抽象化、泛称化的“虚”的表达法，通过译者再创造转换为形象化、具体化、特称化的“实”的表达法。例如：

原文：野旷天低树，［江清月近人。］——孟浩然《宿建德江》

译文：On boundless plain clouds hang atop the tree;

[In water clear the moon seems near to me.]

— tr. Xu Yuanchong

原诗句的大意是“远望旷野，远处的天空仿佛比近处的树还低”，这一句吴钧陶的译文为“Over the vast wilds the sky seems lower than the trees”[①] 译文忠实表达了原文的语义，但略显理性思考有余，经验感性不足。上例译文中许渊冲运用化虚为实的方法，将原文偏于“抽象的”对比言说转化为具象的情景即“云彩挂在树梢上”（clouds hang atop the tree），再现了旷野上树木高耸的经验感知印象。宋代郭熙在《林泉高致》中说：“山欲高，尽出之则不高，烟霞锁其腰则高矣。”许氏的译法可谓深得这一论述的要旨，具有异曲同工之妙，即“树欲高，云彩挂树梢则高矣”。化虚为实彰显出译者的艺术再创造，给读者带来了鲜明直感的经验，也带来了丰富的联想与想象。又如，苏轼诗句“春江水暖鸭先知”（《惠崇春江晚景》）王守义与约翰•诺弗尔译为“ducks are the first to know/ when the river warms in spring”[②] 译文悉依原文，语义忠实，准确通顺。然而，戈登•奥赛茵与闵晓红则将此句译为“And one wild duck calls out, ‘The water's fine!’”[③] 译者将通常泛称的“鸭 /ducks”转换为特指的“一只鸭 /one wild duck”，表现的是春江水暖一鸭先知的敏锐感知，这种化“虚”为“实”的做法无疑大大深化了原文的意趣与韵味。这样的翻译，不禁让人想起唐代诗人齐已所写的《早梅》诗句“前村深雪里，昨夜数枝开”，经诗人郑谷指点，修改为“前村深雪里，昨夜一枝开”以突出早梅之“早”的文学轶事。以一为先，一“鸭”当先的艺术情趣，让人回味感叹！

从上可见，翻译中化虚为实的方法可分为作者—译者型化虚为实的创

① 吴钧陶．唐诗三百首（汉英对照）．长沙：湖南出版社，1997: 64-65.

② 王守义与约翰•诺弗尔译．唐宋诗词英译．哈尔滨：黑龙江人民出版社，1989: 89.

③ 戈登•奥赛茵与闵晓红译．寒心未肯随春态——苏东坡诗词欣赏．郑州：河南人民出版社，1990: 140.

作法与译者型化虚为实的再现法。两种方法均旨在使读者依据上下文语境或自身的经验取得化“虚”为“实”的解读效果，从而深化对原作题旨与意趣的认识。

8.2.3 虚实相生

虚实相生，从艺术创作上来讲，是指“虚和实两者相互联系，相互渗透，相互转化，使艺术形象生生不穷，从而具有很高的美学价值。”[①] 从前面的论述来看，“化实为虚”与“化虚为实”都可以说是虚实相生的表现，只是论述的切入点均是从作者艺术创作的视角出发来进行的。这里要说的虚实相生，将侧重讨论读者是如何从作者创造的艺术形象或描述的场景中来进行“完形”解读的。

清代布颜图讲述画美人像时说：“美人风姿艳世，趋走荒郊，虽双眸秋水，十指春葱，领如蝤蛴，鬟舞翡翠，而一览无余，于美人何趣焉？”这就是说，有“实”无“虚”，就毫无回味的余地。布氏接着说：“绿纱迷影，湘箔拖裙，或临窗拂镜，偷窥半面，或依槛凝思，偶露全容，如云如雾，幽香不吐，而妙处不传，斯美人之隐显也。隐显叵测则美人之意趣无穷矣。”[②] 美人的无穷意趣产生于画面捕捉到美人最为突出的部分，这部分引领着读者的想象不断地去创造、去“完形”，从而取得在不全中求全，在不完整中求完整的艺术效果。毋庸赘言，美人最为突出的部分是“实”，被遮蔽的部分则是“虚”，由实而虚，不难想象出美人整体的形象，再由虚而实，虚实相互生发，美人的形貌、意态可谓生生不穷了。由语言文字写就的作品与绘画作品虽有所不同，但作家与画家为再现艺术形象的艺术剪裁手法却有相似之处。翻译实践中译者一方面可辨识与转存原作虚实相生的艺术创构，另一方面可发挥主观能动性借用虚实相生的方法来实现传情达意的目的。例如：

原文：Torcello is a minute island in the Venetian lagoon: …; A canal and

① 曾祖荫．中国古代美学范畴．武汉：华中工学院出版社，1986: 174.
② 曾祖荫．中国古代美学范畴．武汉：华中工学院出版社，1986: 177.

a path lead from the lagoon to the village; the vineyards are intersected by canals; <u>red and yellow sails glide slowly through the vines</u>.（Nancy Mitford: Tourists）

译文：托切罗是威尼斯潟湖上的一座小岛，……；从泻湖到村庄有一条小路与一条小河；小河在葡萄园间蜿蜒流淌；红色、黄色的帆船缓缓滑行，穿过丛丛葡萄架。

例文描绘的是Torcello小岛上葡萄丛生，小河纵横密布，小船悠悠来往，一片宁静、闲逸的生活图景。从画线处来看，作者选取的“sails”是“实”，由实而虚，不难想象出一条条船的整体形象。为何只见船帆，不见船体？由虚而实，我们又自然会想象出是岛上蓊蓊郁郁的葡萄架遮隐了船体，遂让人见帆不见船，虚实互化便让人感受到“万绿丛中一点红或黄”的美妙意境。译文中将“sails”处理为“帆船”，虽然只是颠倒了该词语的顺序，但显然未能辨识出“sails”在文中虚实相生的功用及其审美价值。鉴于此，译为“船帆”较为妥当，词序颠倒过来，既再现了文本中的情景，也再现了作者远观的视角。

虚实相生实践的是在不完整中求完整的艺术形象构建原则。译者翻译实践中用好这一原则，既可创造性地再现原文的语义与情景，又可实现传情达意的艺术性与高效性。例如：

原文：清晨入古寺，初日照高林。——常建《破山寺后禅院》

译文：At dawn I come to the convent old,

While the rising sun <u>tips</u> its tall trees with gold, —

— tr. H. A. Giles

从例译文的画线处，可以看到译者在翻译“照”时，使用了“tips”一词，该词“实”指的是旭日照射到树之巅的部分，由实生虚让人想到的是高耸的树木，茂密的树林，光照难进的情景，由虚生实让人想到环境的静谧、清幽，这为随文的“禅房花木深”的出现埋下了伏笔。“不着一字，尽得风流”以此来形容译者的创意英译，想必读者是可认同的。

8.3 结语

“翻译即创作”[①]这是我们耳熟能详的论断。从上文虚实论视角来看，这一论断可进一步解读为翻译即有着艺术理据的创作。译者进行的艺术理据创作与作者的创作有着相似性的一面，即共同面对原文所指向的现实世界进行虚实转换的创作，也有着差异性的另一面，即囿于双语语言、文化与思维等因素，译者面对原文所进行的选词造句谋篇上的虚实选择与转换的创作。

虚实论作为认识论有利于我们对译文的创译做出有针对性的鉴赏与评析；作为方法论有助于我们突破原文文本形式与结构的制约，从文本外找寻可以殊途同归的，甚至更为高效的艺术表现方法。这便是本文立论的出发点所在。

① 王秉钦．20世纪中国翻译思想史（第二版）．天津：南开大学出版社，2018: 196-197.

第九章　人物形象的翻译

人物形象的塑造是小说的重要特征之一。突出、鲜明、典型的人物形象也是评判小说成败的重要标尺。通常而言，人物形象的塑造可通过肖像描写、行动描写、言语描写与心理描写来完成。在具体实践中，这些不同的描写既可由作者或叙述者（narrator）一人来包办完成，也可由人物自身的言行举止来演绎展示，还可由两者共同合作来互补呈现。作者或叙述者的话语在语言形式或语体上往往趋于正式化、平面化、一体化，所描绘人物形象的区别性特征则多潜藏在作者或叙述者的口吻或语调中；人物自身所言说的话语往往语言或语体特点鲜明，可直接表征其社会地位、职业、修养等身份特征；作者或叙述者的话语与人物自身的话语共同作用可使人物言说的语言或语体更为丰富多样，可使人物形象的刻画方式更显灵活多样，内涵更趋丰富饱满。因此翻译实践中，对人物形象的再现，其一需再现作者的叙事口吻或语调与叙事方式，其二需再现不同人说不同话的特色，避免“千人一腔”“千人一面”。这既是翻译实践的指南，也是译者的理想追求。

9.1　人物话语与人物形象再现

生活中不同的人会有不同的言说方式。成年人的言说方式不同于儿童的言说方式，知识分子的言说方式区别于目不识丁之人的言说方式。不同的言说方式最终凝结在言说者各自话语中不同的选词造句与谋篇布局上。因此，小说翻译中关注与分析人物言说的话语语言的语体特点对定位与再现人物形象至关重要。毋庸赘言，脱离人物话语语言语体特色进行翻译，一则容易使不同人物所言说的不同话语“同质化”，再则容易使原文中的人物形象在译文中遭受扭曲变形或发生错位，从而达不到翻译的目的与效果。例如：

> A young lady home from school was explaining. “Take an egg,” she said, “and make a perforation in the base and a corresponding one in the apex, then apply the lips to the aperture, and by forcibly inhaling the breath, the shell is entirely discharged of its contents.” An old lady who was listening exclaimed: “It beats all how folks do things nowadays. When I was a gal, they made a hole in each end and sucked.”

这段文字中涉及两位女性，一位年轻（a young lady），另一位年长（an old lady），她们所谈论的话题与意思基本一样——如何吃鸡蛋的事，但她们说话的选词造句方式却大不相同。前者说话措辞文绉绉的，用词较为生僻，显得很专业（比如 perforation in the base、corresponding、apex、aperture、forcibly inhaling the breath、is entirely discharged of），句子结构也相对复杂；后者说话措辞通俗直白，用词多俚俗语（如 beat、gal、sucked），句子结构更趋口语化。坊间流传着这样两个译文：

> 译文 1：一个刚从学校回来的年轻女士正在解释。“拿一个鸡蛋，”她说，“在底部打一个孔，在顶点上打一个相应的孔。然后把嘴唇放在孔上，用力吸气，蛋壳里的东西就会完全抽空了。”一个听她讲的老妇人惊叫道：“如今的人做事真奇怪，我作小孩的时候，他们一头打个洞，就吸干了。”

> 译文 2：一位刚从学校回家的女学生正在解释：“取一枚鸡蛋，”她说，

“在蛋的底部打一个小孔，再在蛋的顶点上打一个对应的小孔。然后将嘴唇置于该孔之上并用力吸气，壳内之物则尽释无遗。”一位听她讲话的老太太嚷了起来：“如今的人做事真叫人摸不着头脑，我作姑娘的那阵儿，人们把蛋一头磕一个洞，嘶溜儿一嘬就吃了。”

——译者不详

比读以上两个译文，不难看到译文 1 中年轻的女士与年长的妇人选词造句没什么大的差别，看不出这两个人物形象之间有什么不一样，也就是说“两人一面”。而译文 2 中两者的身份差异颇为明显，前者文绉绉，选词造句十分正式，仿佛讲解着一个实验过程，彰显了这位年轻女性的学生身份与接受的文化教育程度；后者通俗直白，选词造句生活化、口语化色彩浓郁，显示的是年老妇人的生活形象与文化水平不高的特点。

翻译实践中，基于人物话语语体差异的“异质化”特征来区别再现不同人物形象的特征是一个方面，在“同质化”语体特色的情况下，寻绎不同人物的性格特征及其言说话语的语气口吻来区别再现不同人物形象的特征是另一个方面，后者往往容易被忽视，也应引起我们足够的重视。

9.2 作者口吻与人物形象再现

如前所述，人物形象的呈现可由人物的自我演出来揭示，也可由作者或叙述者一人担纲来包办完成。作者或叙述者所刻画的人物形象，可见之于其笔下选词用字的褒贬色彩或情感态度，也可见之于其造句行文的声调、语气、口吻。前者质实显在，易于把握；后者虚空隐在，需细心求索把玩。翻译实践中忽略了作者或叙述者的声调、语气、口吻，一方面会淡化作者或叙述者的情感态度、立场与强度，另一方面也会弱化原文中不同人物形象的区别性特征，最后使所译出的人物形象出现“千人一面”的情形。例如：

They relentlessly tear at the wild roses which one has seen in bud and longed to see in bloom and which, for a day have scented the whole island. As soon as they are picked the roses fade and are thrown into the canal. The Americans visit the inn to eat or drink something. The English declare that they can't afford to do this. They take food which they have brought with them into the vineyard and I am sorry to say leave the devil of a mess behind them. Every Thursday Germans come up the tow-path, marching as to war, with a Leader. There is a standing order for fifty luncheons at the inn; while they eat the Leader lectures them through a megaphone. After luncheon they march into the cathedral and undergo another lecture. They, at least, know what they are seeing. Then they march back to their boat. They are tidy; they leave no litter. (Nancy Mitford: Tourists)

这段文字里，作者或叙述者描写了来自美国、英国、德国的三类游客，这三类游客同中有异的形象特征由作者或叙述者一人包办呈现出来。美国人好吃好喝，英国人吝啬、还摆谱，德国人“好战”、机械刻板，一个个举止粗俗，素质低下，讽刺了这些游客缺乏个人修养，根本不懂得在游览过程中去欣赏自然美与艺术美。对于这段文字，有两种译文可以做一比读。

译文 1：他们无情地扯那些野玫瑰；人家见过它们含苞未放，盼望见到它们盛开；它们也曾使全岛香了一天。他们一摘下来就凋谢，被扔进运河。美国人去小酒店吃点或喝点什么。英国人声称他们负担不起。他们拿自己带来的食物进葡萄园；我很抱歉地说，他们留下一团糟。每星期四，德国人走上纤路，像行军一样，有个队长。他们照例在小酒店预订五十份午餐；他们一边吃，队长就用喇叭筒向他们演讲。他们至少知道看的是什么。然后他们列队回船。他们是整洁的，不留任何垃圾。

译文 2：这些人惯于辣手摧花，见了野玫瑰绝不放过。可怜含苞未放的野玫瑰，岛上飘香才一昼，爱花者正盼其盛开，却给这些人摘下来，转瞬凋萎，给扔进运河。美国人光顾小酒店，吃吃喝喝。英国人声称花不起，自带食物进葡萄园野餐；真对不起，我不能不说他们把人家的地方搞得乱七八糟。德国人呢，每逢星期四就像出征一样，由队长率领，列队循纤路走来，到小酒店吃其照例预订的50份午餐，边吃边听队长用喇叭筒给他们上大课。午餐后列队到大教堂，在里头还得恭听一课。他们至少知道看的是什么。完了列队回船。他们倒是整洁得很，从来不留半点垃圾。——翁显良译

以上两种译文在信息意义上没有多大区别，但在情感意义或人物形象的刻画上差别较大。译文1偏于字面意义的传达，记述的是这三类游客的游览经历，客观叙事色彩较浓，译文中除开几处使用消极含义的词汇描写游客外（如无情地、留下一团糟等），其他说到游客的行为举止总体上来看也似无不妥，彼此之间也没什么差异。译文2在传达出语义信息之时，将作者的情感态度、口吻蕴涵均表现出来了，再现的是这三类游客各自鲜明的个性与粗野无礼的共性。进一步说，译者的选词造句既服务了统一的讽刺基调与叙事节奏，又兼顾了其间不同人物个性特色的变化。以所译的德国游客为例，译者译出了“lecture/给……上大课”“undergo/还得恭听”等词语的“语义韵”（semantic prosody）内涵，即这两个词后面常常跟上消极或被动含义的对象；也译出了They... know.... Then they march... They are... They litter... 句子中通过不断重复主语“they”所表现出的愠怒与讽刺的意味。因而，译文2成功再现了原文鲜明、突出的人物形象。

9.3 作者意图与人物形象再现

作者的意图无处不在，体现在作品的方方面面。从实的角度来说，可体现在选词造句、谋篇布局、语义修辞等方面；从虚的角度来看，可体现在情感、语气、口吻、意蕴等方面。毋庸赘言，要传译作者的意图，自然需将实与虚两个方面综合起来考量。对于再现原文的主题与意蕴需这样，对于再现其间的人物形象与生活场景也需这样。例如：

It was Miss Murdstone who was arrived, and a gloomy-looking lady she was; dark, like her brother, whom she greatly resembled in face and voice; and with very heavy eyebrows, nearly meeting over her large nose, as if, being disabled by the wrongs of her sex from wearing whiskers, she had carried them to that account. She brought with her two uncompromising hard black boxes, with her initials on the lids in hard brass nails. When she paid the coachman she took her money out of a hard steel purse, and she kept purse in a very jail of a bag which hung upon her arm by a heavy chain, and shut up like a bite. I had never, at that time, seen such a metallic lady altogether as Miss Murdstone was. (Charles Dickens: *David Copperfield*)

以上段落选自英国小说家狄更斯（Charles Dickens）的长篇小说《大卫·科波菲尔》（*David Copperfield*）。该段刻画的是大卫童年的灾星、继父的姐姐 Murdstone 小姐冷酷而残忍的形象。这样的形象从作者的人物命名中便可略窥一斑。Murdstone 这个名字让人感到阴森森、冷冰冰、硬邦邦，很容易让人联想到 murderer、stone-hearted 等字眼，除此之外，文中一系列消极含义的用词，更是强化了其阴森可怖、凶神恶煞的一面。例如，heavy eyebrows、large nose、hard black boxes、hard brass nails、a hard steel purse、a heavy chain、a metallic lady，等等。与前一例相像的是，这一例也是由作者一人包办写人述事，所不同的是这里作者的情感态度尤为鲜明地体现在文本语言的字面意义与情景细节上，作者极尽夸张之能事，给人留下极为深刻的印象。且看以下两种译文的翻译情况：

译文 1：来的是摩德斯通小姐，她是一个晦气样子的女人，像她的弟弟一般黑，她在面貌上声音上都非常像他；她生有很浓的眼眉，几乎在她那大鼻子上连起来，仿佛因为生错了性别，不能长鬓子，她用眼眉来补偿似的。她随身带来两个硬邦邦的黑箱子，盖子上用硬铜钉子钉出她名字的字头。当她付车夫钱时，她从一个硬铜钱包中拿出钱来，然后把钱包监禁在用粗链子悬在她胳臂上的袋子里，然后像咬了一口一般关闭起来。在那时候，我从来不曾见过一个像摩德斯通小姐这样

彻头彻尾铁打的女人。—— 董秋斯译

译文 2：来的不是别人，正是枚得孙小姐。只见这个妇人，满脸肃杀，发肤深色，和她兄弟一样，面目、嗓音，也都和她兄弟非常地像。两道眉毛非常地浓，在大鼻子上面几乎都联到一块儿了，好像因为她是女性，受了委屈，天生地不能长胡子，所以才把胡子这笔账，转到眉毛的账上了。她带来了两个棱角峻嶒、非常坚硬的大黑箱子，用非常坚硬的铜钉，把她那姓名的字头，在箱子的盖儿上钉出来。她开发车钱的时候，她的钱是从一个非常坚硬的铜制钱包儿里拿出来的，而她这个钱包儿，又是装在一个和监狱似的手提包里，用一条粗链子挂在胳膊上，关上的时候像狠狠地咬了一口一样。我长到那个时候，还从来没见过别的妇人，有像枚得孙小姐那样完全如钢似铁的。

——张谷若译

比读两家译文，我们注意到差异最大的要数人名与开头两个小句的翻译。译文 1 将人名 Murdstone 音译为“摩德斯通”，只是传达了该名字的符号指称意义，未能与随文中该人物形象的基本特征形成呼应关系。译文 2 则音义兼顾，翻译为“枚得孙”，这一译法与汉语“没有子孙”或“断子绝孙”谐音兼义，很显然这一译文既考虑到了作者命名的用心，也呼应或暗示了人物形象的内涵特征。

就开头两个小句的翻译而言，译文 1 译出的应是如下句子的意思：Miss Murdstone arrived, and she was a gloomy-looking lady。因未能理解作者造句行文的意图——第一个小句中强调句加被动句的美学意味以及第二个小句中左移位的语境功能与美学效果，也未能较为充分地再现原文中人物形象的鲜明特点。译文 2 悉依原文句式结构，通过电影镜头不断聚焦的方式将 Miss Murdstone 乘坐马车由远及近，再由车至人至其脸部的过程再现出来了，予人强烈的视觉冲击与杀气感，也将人物的身份地位较好地表现出来了。

9.4 “散点”描写与人物形象再现

以上诸例多是立足于固定的段落来探讨人物形象的翻译，而在实际创作中，作者对人物形象的刻画很多时候并非囿于某一段落，他可能会在自己作品的这一段或那一章等不同地方，依据不同的情景需要，不断表现、丰富或强化自己所构建的人物形象。这里笔者将其通俗地指称为人物形象的“散点”描写。这一认识对我们翻译实践中确保再现人物形象内涵的丰富性、完整性与统一性多有裨益，对我们从作品整体上来衡量与研究作品中人物形象的再现或变形也颇有启示。下面以《论语》中孔子形象的再现为例引述若干译例对此进行解说。

1）原文：子曰：“苗而不秀者有矣夫！秀而不实者有矣夫！”(9: 22)
译文 1：There are shoots, said the Master, which spring up but do not flower, and others which flower but do not bear fruit. — tr. Xu Yuanchong
译文 2：He said: There are sprouts that do not flower; flowers that come not to fruit, oh yes. —tr. Ezra Pound

2）原文：“如其善而莫之违也，不亦善乎？如不善而莫之违也，不几乎一言而丧邦乎？”（13:15）
译文 1：If what he says is right and opposed by none, it is very good. But if what he says is wrong and opposed by none, then is it not a word which may nearly ruin a country? — tr. Xu Yuanchong
译文 2：If good and unopposed that’s all right? But if evil and no one oppose, that’s almost enough to ruin a state? N’est-ce pas? — tr. Ezra Pound

3）原文：子曰：“无为而治者，其舜也与？夫何为哉？恭己正南面而已矣。”（15：5）
译文 1：Emperor Shun ruled by non-interference, said the Master. Was it not so? What did he do but occupy the imperial throne reverently? —tr. Xu Yu-

anchong

译文 2：He said: Shun governed without working. How did he do it? He soberly corrected himself and sat looking to the south (the sovereign sat on a throne looking south), that's all. — tr. Ezra Pound

我们从《论语》的不同章节分别随机抽取了孔子的话语以及许渊冲与庞德（Ezra Pound）的译文。我们看到许渊冲的译文行文正式规范，书面色彩较浓，"子曰"译为"said the Master"，体现了国人尊奉孔子为大师的传统。比照之下，庞德的译文行文失之正式规范，口语化色彩浓郁，还带有诸多类似口头禅的话语，甚至还使用了法语，如"oh yes""N'est-ce pas?（法语，意指是不是？）""that's all"。"子曰"也通常隐去人物身份译为"He said"。很显然，庞德的译文中重塑的孔子形象与我们传统认知的形象是颇有差异的。究其原因，是庞德在翻译中力图使孔子生活化、平民化的意识使然，这一点庞德在其译作的前言中便有开宗明义的说明。

9.5 结语

从上可见，翻译中人物形象的再现或变形不仅仅是个正确解读原文语言、叙述方式以及原作者语气、口吻与意图的问题，还是一个双语文化交流过程中文化选择利用与传播接受的问题。影响人物形象再现的因素，有来自文本内的因素，有来自译者的因素，也有来自文本外历时或共时的诗学与文化因素，这是我们研究人物形象翻译时，需要认真进行研判与辨析的。

第十章　文学翻译教学反思[①]

——以高等学校翻译专业本科教材《文学翻译》为例

长期以来，不少翻译教材多用文学翻译的例子来探究与总结普适性的翻译技巧、方法与原理，这样的做法其学理依据与现实指导价值不言自明。但随之而来的问题是，人们往往以为文学翻译教学一直主导着整个翻译教学的现实，甚至认为文学翻译已在教学中讲授得很多，探讨得很深入，研究得也较充分了。也许是基于此类原因，有学者撰文指出，今后的翻译教学无须再“走文学翻译的老路子”“在具体的课程设置中要弱化文学翻译的倾向，有意识地向非文学翻译的方向侧重。”[②] 提出这样的观点尽管另有论者自己的写作目的与背景，但这在相当程度上代表了一些人对文学翻译课程设置及其教学现状的看法。而谈起文学翻译教学中可能使用的教材或参考书，有学者这样说：“我在大学教书，因此免不了要研读谈翻译的书。谈翻译的书，特别是谈文学翻译的书，一般有两大类：一类是纯粹探讨翻译理论的书，搞翻译的人大都不看，看也看不下去；一类是单纯探讨翻译技巧的书，这类书有些是不怎么做翻译的人‘研究’出来的，不是隔靴搔痒，也多是纸上谈兵，所谓的实用指南并不能用到实践中去。”[③] 读到上面

---

① 本章原载《亚太翻译的未来》. 北京：外语教学与研究出版社，2016. 独立撰写，收入本书时略有改动。

② 杨朝军. 产业化视域下的翻译硕士培养模式. 中国翻译，2012 (1): 26.

③ 朱振武. 文学翻译工作者戒. 英语世界，2012 (3): 4-6.

这样的论说，我们一方面需要以认真而积极的态度来反省并探索改进措施或解决目前文学翻译教材或参考书中存在的诸多问题与不足，另一方面我们心中可能多少会产生这样的疑问：文学翻译课程还要不要设置，如何认识其设置的理据？现有的文学翻译教材情况怎样？文学翻译教学又该如何开展？这是本章拟要探讨的问题。

10.1 文学翻译课程设置理据再解析

在今天新的时代语境下，翻译学科与专业建设在我国得到了空前发展。截至目前，国内具有翻译本科专业学位培养资质的高校有 284 所，具有翻译硕士专业学位培养资质的高校达 313 所。（中国翻译协会网址 http://www.tac-online.org.cn/）除此之外，英语专业本科与硕士阶段、甚至是博士阶段开设有翻译课程及方向的高校更是难计其数。据不完全统计，实践教学中绝大多数学校均开设有文学翻译这门课程，这应是不争的事实。关于开设文学翻译课程的必要性与重要性，相关论述并不少见。就笔者所阅读的这方面文献来看，译界名家何刚强教授的言说独到奇警，使人印象深刻，也颇具代表性与指导意义。他在论文中说道："有学者认为文学翻译所属的 elitist translation 现在只占全部翻译总量的比例不到百分之一，其余百分之九十九基本都属于应用翻译的内容。尽管如此，我认为这百分之一的翻译所包含的许多理念、方式、技巧对于做好占百分之九十九比重的应用翻译却有着强大的基础与借鉴作用。……，具备文学翻译训练背景的人再去从事应用翻译工作，其翻译的功底相对就会显得厚实，其译写的后劲就足。"① 何教授的论点简明扼要，切中肯綮，因其论文写作目的之故，未在文中进一步分解个中缘由，留给读者再探究竟的契机。这里沿着他所指引的方向跟进一步，尝试着来具体体会与分析"文学翻译对应用翻译的强大基础与借鉴作用"的种种蕴涵，以便更好地理解与认识目前开设文学翻译课程的理据之所在。

① 何刚强．切实聚焦应用，务实培育译才——应用翻译与应用翻译教学刍议．上海翻译，2010(1): 38.

那么，如何解读文学翻译对应用翻译的强大基础与借鉴作用呢？有比较才有鉴别，有鉴别才会有明确的认识与行动的方向。本着这一常识性原则，试从以下几个方面就文学翻译与应用翻译的区别与联系做简要对比解析。已故学者许国璋先生曾将语言研究本体划分为“金身七相”，[①] 从这一角度看，应用翻译主要关注的是文本的语义、语法、语篇三相的作用与价值，而文学翻译除了探讨这三相之外，还会关注文本的语音、语形、语用、语型四相的作用与价值。进一步说，应用翻译注重的是这三相背景下文本意义的实现与传达，目的重在交流信息，信息忠实、通顺地传达了，翻译的任务也就完成了；[②] 而文学翻译除了传达文本意义之外，还需兼顾传达文本的声音与形式，即注重“意”“音”“形”中至少两位或三位一体的综合审美传达。概言之，文学翻译关注语言七相背景下意义的实现与传达，目的也是注重信息交流的忠实、通顺，但更为注重实现与传达文本整体审美信息，即译文的审美性、艺术性。[③] 文学翻译家林少华说：“就文学翻译而言，最重要的就是审美忠实。”[④] 此应中的之论。

基于应用翻译与文学翻译所涉语言本体研究范围的异同以及各自不同的目的指向，我们可进一步来解析它们各自所关注文本的层次结构情况。我们知道，不同学者因认知视角不同对文本层次结构的划分也各不相同。比如传统的形式与内容二分法、提出层次构成论的意大利诗人但丁的“四分法”、现象美学家英伽登（R. Ingarden）的“五分法”等等。这里借鉴我国文论学家童庆炳的文本结构“三分法”（即话语层、形象层、意蕴层）进行探析。从文本层次结构看，应用翻译多注重话语层的分析及其意义传

① 李志岭．语相学与诗歌解读．福建外语，2002 (2): 56-61.

② 做出如此描述是基于应用翻译的定义及其翻译原则。应用翻译，亦称实用翻译，以传达信息为目的（同时考虑信息的传递效果）。它特别区别于传达有较强情感意义和美学意义的文学翻译。法国翻译理论家德利尔（Delisle）针对应用文本的特征，提出应用翻译应以清晰、表达贴切、尽量贴近原文语法和表达法作为翻译标准和手段。（方梦之．中国译学大辞典．上海：上海外语教育出版社，2011: 126）

③ 做出如此归结有鉴于文学翻译的目的与任务以及林语堂所提出的“忠实、通顺、美”三原则。文学文本的主要目的是传达作者的情致，或探索艺术形式，而不仅在于传达信息。（韩子满．应用翻译：实践与理论研究．上海翻译，2005 (4): 49）在翻译过程中追求语言艺术美、再现原作的艺术性是文学翻译工作者的任务。（方梦之．中国译学大辞典．上海：上海外语教育出版社，2011: 254）

④ 林少华．审美忠实：不可叛逆的文学翻译之重．英语世界，2012 (2): 6.

达，而文学翻译除此之外，还注重形象层与意蕴层的分析及其审美意义的传达，尤其是注重话语层、形象层与意蕴层逐层推进，彼此相互渗透，相互影响，由“实（话语文字本身）”到“虚（言外之意，象外之象）”，虚实互照，共同构建的综合审美意义的传达。简而言之，应用翻译主要关注文本话语二维或“平面”意义的再现，文学翻译则关注文本话语、形象与意蕴三维或“立体”意义的构建。

如果从文本层次结构再往前推进一步，从构成文本层次的语言特征视角看，应用翻译多注重语言的指义性即相对显在的、直接的指陈意义，其指陈意义可表征为他指性、真指性与直指性。文学翻译不仅注重语言的指义性，更为注重语言相对潜在的、间接的审美意义，其审美意义可表征为自指性、虚指性与曲指性。审美性以指义性为前提，指义性蕴涵着审美性。[①]

鉴于语言本体研究范围、文本层次结构与语言基本特征这样的对比解析，不难看到文学翻译较之应用翻译所需探究的语言应用范围要广泛得多，文本层次也深入得多，语言特征内涵要丰富得多，也因之复杂得多。在这一意义上，译者在翻译学习过程中经过文学翻译的多角度、多侧面、多层次的大量实操与反复训练后，再来从事应用翻译就会显得相对从容、胸有成竹、充满着自信。这应是何教授前文所说的“具备文学翻译训练背景的人再去从事应用翻译工作，其翻译的功底相对就会显得厚实，其译写的后劲就足”的基本内涵所在，这也应是文学翻译课程有必要设置的重要理据以及文学翻译教学可教可学的基本认知思路与操作范围。

10.2 文学翻译教材现状探查

目前市场上以“文学翻译”命名或含“文学翻译”字样的教材并不多见。就笔者所见，国内这方面的教材主要有：张今、张宁编著的《文学翻译原理》（1987，2005），胡显耀、李力主编的MTI教材《高级文学翻译》（2009）以及葛校琴、严晓江主编的《文学翻译研究导引》（2013）。《文学

① 赵宪章、王汶成. 艺术与语言关系研究. 北京：人民出版社，2013: 56.

翻译原理》成书于20世纪90年代，以辩证唯物主义和历史唯物主义为理论指导，从文学翻译的实践过程、文学翻译中的思想性、真实性、风格性，内容和形式的民族性和语言自然性、历史性与时代性等方面进行了探讨，是一部偏于研究的综论教材，在文学翻译理论体系的建构方面独具特色。全书的译例分析方法是传统语文学研究方法，重在寻章摘句式、经验随感式的定性点评。《高级文学翻译》拓展了文学翻译的传统认知视域，推进了文学翻译中文学体裁（如散文、诗歌、小说等）的多样性与针对性的研究，对文学翻译的全过程（如文学翻译的基本问题、文学翻译的准备、文学文本的解读、文学译本的创造以及文学翻译的校改与批评等）进行了基本理论描述与归结。该书译例讲评部分体现了结构主义语言学方法论意识，但主导方法仍然沿用了传统语文学点评式的研究方法。《文学翻译研究导引》以当代译论流派（如文学翻译研究的语言学探索、文化转向、阐释学钩沉等）为线索，在各派译论下选择了具有代表性的论文个案作为讲授与学习对象，是一本学术研究型教材。其所涉学科范围广泛，所选编论文或文献有研究方法上的代表性，也有认识广度与深度上的可探索性。

目前从国外引进含“文学翻译”字样的教学参考书主要有：兰德斯（C. E. Landers）撰写的《文学翻译实用指南》。[①] 该书基于作者多年的翻译实践经验，分析了文学翻译中对译者工作语言及其文学文化知识的要求等基本问题，例析了诗歌、小说、儿童文学等体裁的翻译策略与技巧，归纳了译者工作中所使用的工具、工作时间与空间、翻译费用与合同注意事项等流程问题，为文学翻译者提供了大量信息和建议。该书写的是翻译感想和切身体验，旨在与初学翻译的人谈谈心，与有一定翻译经验的人交交心，整体上偏于实用经验性。勒弗维尔（A. Lefevere）撰写的《文学翻译：比较文学背景下的理论与实践》[②] 重点阐述了文学翻译的过程与结果，对译者的翻译实践活动提出了富有指导性而且切实可行的建议，从理论上探讨了翻译在文学演进和阐释中所起的作用。该书宏观上将文学翻译置于文学文

① C. E. Landers. *Literary Translation: A Practical Guide.* Shanghai: Shanghai Foreign Language Education Press, 2001.

② A. Lefevere. *Translating Literature: Practice and Theory in a Comparative Literature Context.* Beijing: Foreign Language Teaching and Research Press, 2006.

化交流、冲突、影响与共生的背景下来研讨，微观上选择了18类文学翻译中的具体问题进行分析与研讨。注重翻译理论与实践的紧密结合成为该书的突出特色。不言而喻，这两本参考书的主要应用范围是西方文化语境的读者。

以上所述的文学翻译教材或参考书因编撰者认知视角不同，目的各异，其体系各具特色，其应用层次与范围也彼此不同。总体而言，这些教材或参考书所涉范围上多偏于宏观综合，内容上多偏于学术研究，分析方式上多偏于随感式、印象式的点评，对文学体裁的分类探讨，对文学文本理解与表达过程的系统分析，对文学文本翻译的审美整体性认识以及文本分析方法的可复制性等方面的探讨并不多或有所阙如。鉴于这样的现状认识，进一步探索针对本科翻译专业文学翻译教学的教材编写也就势在必行。下面以高等学校翻译专业本科教材《文学翻译》[①] 为例反思文学翻译教学，供同行学人参考、批评、指正。

10.3 《文学翻译》教材探新

《文学翻译》教材基于文学翻译区别于非文学翻译的认知思路，站在文学翻译本体构成的角度编写而成。全书内容编排上可分为两大部分，第一大部分是第一章文学翻译综论部分，主要包括文学翻译的内涵、过程、原则、意义以及文学译者的素质要求、文学语言的基本特征与文学文本的结构特点；第二大部分由第二章至第五章组成，分别针对散文、诗歌、小说、戏剧等不同文学体裁的分类翻译探讨，主要包括不同文学体裁的文体特征、语言特点、文体分析、翻译原则、翻译评论与翻译实践讲评及练习。该书旨在通过文学翻译基本原理与方法的介绍、翻译实例理解、表达与修订过程的分析与讲评以及翻译实践的训练，帮助学习者较为深入地认识文学翻译活动，较为充分地、有针对性地理解和掌握文学翻译尤其是不同文学体裁翻译的基本原理、方法和技巧，切实提高他们理解过程中的文学鉴

① 张保红．文学翻译．北京：外语教学与研究出版社，2011.

赏水平与翻译评鉴技能以及表达过程中的艺术再创造思维与能力，为他们能够独立从事文学翻译工作，进行文学翻译研究打下坚实的基础。全书的尝试性探索主要体现在以下几个方面：

10.3.1 重识理解与表达

任何翻译都离不开理解与表达这两大方面，文学翻译也不例外。由于受传统语文学翻译观的影响，文学翻译中的理解与表达往往与译者个人天生的文学禀赋与创造联系在一起，显得有些神秘，予人只可意会，难以言传或者教学的喟叹。何刚强教授在谈到翻译专业人才培养时指出："翻译学习者需要知道如何翻译，也需要明白何以如此这般地翻译。"[①] 因此，为了在相当程度上破除这种神秘性，使文学翻译变得可教授、易操作、能提高，该教材从文学语言"听得到（音）、看得见（形）、摸得着（意）"的基本属性与审美特征以及文本层次结构出发，对文学文本翻译中的理解过程进行了条分缕析式的逐层审美鉴赏，并基于审美鉴赏所得，结合不同文学体裁的基本翻译原则与英汉语言之间的异同等对表达过程进行了细致讲解。总而言之，细致图解了理解与表达的全过程，其目的一方面改进了传统教学中理解在我心中，通常秘而不宣或宣而不够系统的不足，另一方面提升了传统教学中表达过程的针对性与指向性，解析了针对不同文学体裁"何以如此这般地翻译"的理据。所需特别指出的是，这里的"理解"区别于一般意义上阅读欣赏文学作品时可以自由无边的想象式理解，而是基于不同文学体裁文本及其语言特征有针对性、选择性的"翻译式理解"，也就是说，理解的内容是指那些在翻译表达过程中对遣词造句、谋篇布局以及作品主题倾向可能产生直接或显在影响的字词句篇。这是教材实践讲评中"审美鉴赏"部分编写的实际动因与操作范围。教材中所说的"表达"不仅仅是释义准确、通顺的表达，还是朝着音、形、义三者相互影响，彼此贯通，共同构建的多角度、多层次同向审美统一的表达，也是联系着不同体裁的不同翻译原则与双语异同的定向特色审美表达。教材将理解与表达

---

① 何刚强．本科翻译专业建设理念摭谈．当代外语研究，2012 (2): 42.

的范围做了具体操作上的限定，将理解与表达的过程做了有针对性、选择性与区别性的文本语言特征、文本层次结构以及联系不同翻译原则的细化审美分析，旨在赋予传统文学翻译教学“主观神秘”以“客观语言审美分析”，赋予“客观语言审美分析”以“文本层次结构”，融“文本层次结构”于不同文学体裁的“翻译原则”。概而言之，教材重新界定并演绎了如何进行理解的方向与范围以及如何实现与提高表达的策略与途径，旨在将“翻译即翻译意义”（奈达语）的普适性认识推进为“翻译即翻译审美意义”的针对性认识。

10.3.2 再探文本分析法

翻译教学离不开实例的讲解，而讲解实例均会遵循这样或那样的分析方法。有什么样的翻译理论视角，往往就会有什么样的认知、理解与表达文学文本的方式与方法，这是翻译理论对翻译实践的基础指导作用。如何在翻译过程中具体理解与表达体裁多样的文学文本，从而使其教学方法更具可操作性与可复制性呢？就这一问题，《文学翻译》教材选用了文学文体学的分析方法。“文学文体学特指以阐释文学文本的主题意义和美学价值为目的的文体学派。文学文体学是连接语言学与文学批评的桥梁，它集中探讨作者如何通过对语言的选择来表达和加强主题意义和美学效果。”[①] 文学文体学的分析方法可将语言学的系统、理性、分析与文学的经验、感性、综合较好地结合起来，从而做到既有“实”的文本客观语言分析，又有“虚”的文本主观诗学内涵关照与调适，这有利于将理解与表达的全过程具体化与明晰化，为达致“既知其然，又知其所以然”的文学翻译实践与研究铺平道路。教学中运用这一分析方法的操作过程是：首先对某具体文学语篇进行反复阅读与观察，从失谐（incongruity）与失衡（deflection）两大方面[②]找出与作品主题意义及其美学效果相关的突出（foregrounding）

① 申丹．叙述学与小说文体学研究．北京：北京大学出版社，1998: 84-85.

② 失谐指与语言或社会常规相违背的现象；失衡指在统计频率上出现与人们的预期有出入的现象。（刘世生、朱瑞青．文体学概论．北京：北京大学出版社，2006: 41–42.）在《文学翻译》教材中失谐可包括意象美、修辞美、语义美等；失衡可包括声音美、节奏美、形象美等。

文体特征。然后对其语言功用与审美效果进行逐一描写（description）并阐释其原因与价值，进而评估（evaluation）其与作品主题意义和美学效果的相关性，最后选择出那些对翻译的理解与表达可能产生直接或显在影响的文体要素，并按文本层次结构（比如上文提及的童庆炳的“三分法”）分门别类逐层演绎理解过程，基于理解过程所得，结合不同文学体裁翻译原则或诗学规范进行表达过程的具体分析与逐层呈现。可附带一说的是，不同文学语篇的文体特征各有不同，有的文学语篇文体特征多一些，有的相对少一些。因此，在分析与描写服务于翻译实践的文体特征时，教学中采取的总原则是对具体语篇进行针对性地具体分析与归结，其分析与归结不一定能穷尽一切可能与翻译相关的文体元素，但力求达到纲举目张的总体效果。这也正是教材里不同文学语篇在“审美鉴赏”与“翻译讲评”这两部分中各讲解篇章所涉分类项在数目上有所参差的主要原因。

10.3.3 重释文学翻译原则

翻译原则既是译者进行翻译的目标追求，也是人们判定译文成败得失的有效依据。其重要性在任何文本类型的翻译教学中都是显而易见，不容置疑的。长期以来，各类普适性甚至文学翻译教材中论及文学翻译时对其总体原则或标准（比如信、达、雅等）多有介绍，而针对文学翻译所包含的诗歌、散文、小说、戏剧等个体翻译原则或标准所论不多或付之阙如。毋庸赘言，文学翻译的总体原则可用于指导或衡量各种文学体裁的翻译实践及效果，但是其之于不同文学体裁翻译的针对性、具体性与区别性颇显不足。近年来已有文学翻译教材(比如胡显耀、李力主编《高级文学翻译》)关注到这样的“不足”，一方面从总体上探讨了文学翻译原则的内涵，另一方面也从个体上列出了不同文学体裁各自翻译原则的要点，进而加强了对不同文学体裁翻译实践的针对性与区别性指导。然而，文学翻译总体原则与不同文学体裁个体翻译原则之间的联系与区别，还有待进一步辨析与廓清，其总体与个体原则内涵论述上的逻辑一致性与层次统一性也有待加强。鉴于此，本教材选择了林语堂提出的“忠实、通顺、美”三原则作为贯穿全书的文学翻译总体原则，这一总体原则辐射到不同文学体裁的“审美鉴赏”与“翻译讲评”中，并针对不同文学体裁进行了具体化阐述。比如，散文翻译的原则是声响与节奏、个性化的话语方式与情趣的统一性；诗歌的翻译原则是意美、音美、形美；小说的翻译原则为再现人物语言个性、再现人物形象、转存叙事策略；戏剧的翻译原则是上口性、可表演性与性格化。《文学翻译》教材认为，总体与个体翻译原则的一致性与统一性立足于忠实、通顺基础上的审美一致性，它们之间的关系是原则标准与具体标准的关系。所谓“原则标准是一种理论原则，是具体标准的概括和抽象，是对具体标准的限定和规范；具体标准是实践性的、个性化的，是对原则标准的补充和延伸。”[①] 在此意义上，《文学翻译》教材对文学翻译的总体与个体原则进行了显意识而有效的衔接与贯通，也因之细化、深化并体系化了普适性甚或以往文学翻译教材中对文学翻译原则或标准的认识。

10.3.4 再思文学翻译教学方法

目前翻译教学实践中广为人们采用的教学方法是从词、词组、句子、语段、篇章的思路来逐层而平行地讲解翻译，张美芳教授将此类教法归结为词法、句法流派翻译教材的特点。[②] 通常而言，针对非文学翻译，这种教法无可厚非，因为这样可以做到有的放矢，逐层推进，各个击破。但针对文学翻译，《文学翻译》教材主张需让篇章的理解与表达来统领词、词组、句子、语段的理解与表达。也就是说，翻译中需将词、词组、句子、语段的语义选择与确立以及其翻译方法与技巧的运用放在篇章的整体中来审视，放在篇章艺术整体中来考量，因为“艺术是作为整体向世界说话的”（歌德语），更因为“整体大于各部分相加之和”（格式塔学派观点）。进一步说，应在篇章整体艺术观的引领下来讨论构成文本的具体词、词组、句子、语段语义翻译的合适性与得体性，然后基于具体词、词组、句子、语段的语义审美定向统一来共同构建篇章整体翻译的审美性与艺术性。前一个步骤可称为“化整为零”，各个击破，后一个步骤则为“合零为整”，

---

① 王向远．翻译文学导论．北京：北京师范大学出版社，2006: 196-197.

② 张美芳．中国英汉翻译教材研究（1949—1998）．上海：上海外语教育出版社，2001: 60-77.

艺术综合，有的论者将这两个步骤分别称之为语流的切分和整合。[①]“化整为零”是要将具有艺术整体性的篇章拆卸开来，逐一分析其间词、词组、句子、语段等各自的语言功能、文体特色及其审美价值，发掘出各自表情达意的理据所在。通俗而言，就是从文本语言音、形、义等角度充分发掘各个语言构成要素的个性特质。然后“合零为整”，整体审视，找出诸多语言构成要素共同服务于某一文本类型语用目的的共性，也就是从多角度、多侧面、多层次找出各个语言构成要素的同向审美感受或主题倾向性，即多角度定向审美统一。这便是《文学翻译》教材选材与讲授立足于完整篇章或独立情景片段的原因，这么做可补足传统词、词组、句子、语段、篇章翻译分层教学中彼此并行不悖、互动不足导致的译文整体审美性的缺失，[②]从而将“化整为零”的讲授方法推进到“合零为整”的审美综合。

10.4 结论

在今天的学术语境下，文学翻译已作为应用翻译的参照面被学者们所接受与讨论，这有利于廓清彼此的研究方向与范围以及相互之间的区别与联系。然而，在现实教学与研究中常有人将文学翻译作为应用翻译的对立面大加“挞伐”。比如仍然“以文学翻译的理念、标准、方法论来看待今天的一些非文学翻译事实、翻译行为和翻译活动”会显得与翻译发展的时代语境格格不入，又如“现在的翻译教材大都注重文学翻译，而忽视了实用文体翻译，使学生学习的翻译知识不全面。”在笔者看来，这样的认识多少有些理解上的偏差或者是论者为了论证某些话题的便利将文学翻译做了批评的“假想敌”。检视众多的翻译教材与研究，我们会看到不少教材中文学翻译的实例确实很多，但其终极指向却并不是专门针对文学翻译本体进行的研究，也就是说有关文学翻译的诸多问题或基本问题并未本质涉

① 赵宪章、王汶成. 艺术与语言关系研究. 北京：人民出版社，2013: 108.

② 比如，从不同语言层级角度所做出的翻译，有时独立来看十分恰切，甚至无可挑剔，但当其融入文本艺术整体时可能变得不大恰切，甚至很不恰切，这时便需要在文本审美整体的关照下进行调适、修订、甚至重译。

及。我想这个“理解上的偏差”或“假想敌”应是人们整体翻译认识观造成的，并非文学翻译本身的过错，因此仅仅由于不少教材多用了文学翻译的实例而让文学翻译来担全责显然有失偏颇。《文学翻译》教材以文学翻译本体构成为立足点，对文学翻译教学中的诸多问题进行了进一步探索，其基本特色与考量已如上所述。但在近几年的教学实践中，我们也看到了其不足之处或有待改进与完善的地方，这主要表现在以下几个方面：

（1）《文学翻译》教材全部以完整的篇章或情景片段为教学单位来讲解翻译方法与技巧，所选篇章篇幅相对较长，给人教学中实践起来有些“繁琐”的印象，尤其是所选篇章中关涉到的字、词、句、段、篇的翻译现象相较而言不如词法、句法翻译教材逐一分层讲解来得直观显豁、丰富多样、更趋系统。鉴于此，今后可考虑的改进办法是增加教材中所选篇章类型与数目的容量及其所含蕴“翻译现象”的多样性与深刻性。

（2）教材中虽使用了文学文体学的分析方法及其基本概念，但较为简要而系统的文学文体学理论知识并未作为独立章节单独介绍，多少给人留下知其“流”（实践应用），不知其“源”（理论来源）的遗憾。此外，文学文体学的理论知识如何在教材中进一步加强，又如何做到对翻译本科专业的学生来说既通俗易懂又系统深入，这个“度”的把握还有待进一步探索。

（3）文学翻译是艺术。对文学翻译中所含蕴的艺术，人们往往从语际翻译的角度来认识、研讨与教学，而较少考虑从跨艺术研究视角（如绘画、书法、雕塑、摄影等）来审视与探析翻译中融汇其他相关艺术因子的价值与意义，来丰富与创新翻译教学的多样化手段与方法，来透视与阐发翻译过程的艺术认知机制。等等。本教材只是在某些翻译实例的讲解中有所触及，笔者认为这是文学翻译教材今后有待开拓的重要方向之一。

中编　教学与教法

第十一章　背诵与翻译[①]

提起背诵，有的人可能会将它与死记硬背、机械刻板、枯燥无味等等相联系；还有的人可能认为那是小时候刚读书，还不大会读书，甚至有点不情愿读书时，老师强力要求的学习方式。随着学龄的逐渐增长，时过境迁，愿意坚持背诵的人不能说少，但感觉有此习惯的人也不一定在与日俱增。教学过程中常听到同学说不大愿意机械地背诵单词，更习惯于阅读过程中根据语境来识别与记忆。谈起背诵经典篇章或片段，同学们的第一反应往往是：“啊，现在还背呀！”学无定法，条条大路通罗马，并非一定要走背诵一途。但话又说回来，踏上了背诵的旅途，你一定会迷恋沿途的湖光山色，也会流连忘返于一路的风土人情。你会主动感知，纵情投入，自我陶醉，挑战自我，不断提升。

背诵不只是背诵作品字句的连缀，它还是一种自我感知与体验，是一种自我发现与自我欣赏。你朗读，你背诵，你再朗读，你再背诵，循环往复，一往无前，天长日久，你会感觉自己诵读的声音一次比一次凝练、明亮，一次比一次流畅、自然。这种凝练集中、明亮畅达的声音，具有磁性与穿透力，往往对听者是一种吸引，甚至是一种享受；对诵读者也是一种莫大的激励与鼓舞！我居然还能读出这样的声音与节奏，居然还能读出这样的诗情与格调，我佩服我自己！也正是在这样的声音与节奏中，你会毅

① 本章原载《英语世界》2020年第3期，原标题为“背诵的味道”，独立撰写，收入本书时有改动。

然前行，常背诵，爱背诵，乐于背诵。背诵的经历又会让人浮想联翩，我能背诵多少，我背诵篇目的极限值在哪里？又能背多长，最长的篇章是哪篇？背下的东西能多久还不忘，忘了又该怎么办？背诵汉英篇章有何差别，哪个更费时、更难记？对这些问题的自我回答与自我实践，又会引导你在背诵的路途上坚定地前行，走得更稳、更快、更久、更远。

背诵不只是背诵原文字句的语义计算，它还是一种情感的感知与融合，精神的洗礼与振作。你朗读、你背诵，你会将自己领悟的情感读进原文，激活原文的生命，与原文同呼吸，共沉浮。原文情绪高涨，你会放声朗诵；原文情绪低徊，你又会喃喃自语。情到深处，你会与文本合二而一，完成一次情感的畅叙、心灵的放飞与精神的提升。清代古文家姚鼐云："大抵学古文者，必要放声疾读，又缓读，只久之自悟；若但能默看，即终身作外行也。"读与不读宛如隔山，疾徐诵读，久而久之，人文合一。悟与不悟全在熟读深思，烂熟于心，倒背如流。这应是背诵的趣味与兴味所在。

背诵能从多角度感知作品的神奇与微妙。以诗为例，阅读诗歌时人们常常关注的是"诗眼"，诗的意蕴、意境的想象与拓展，偏于发掘"微言大义"的一面，而并不怎么关注作品声音的价值与味道。通过朗读、背诵，不少诗篇的声音价值便会得到突出的彰显，其价值远不止仅仅服务于作品音韵格律以及装饰、烘托，有时它会决定作品的整体基调与主题走向。前人有以"意"与"境"来区分作品特色的论述，仿此做法我们可以有以意胜、以音胜与以形胜的作品。要探寻以音胜作品的价值，重要的手段便是朗读、背诵。读一读、背一背美国诗人朗费罗（H. W. Longfellow）的作品"The Tide Rises, the Tide Falls"，你会悄然感知其文字连缀的声音与海潮起伏跌宕的声音是异质同构的，你甚至无须懂得原文说了什么，但在这诵读的声音中你会感到有样永恒如一的神秘力量主宰着一切，而且贯穿诗文始终，这便是自然的海潮——世道变迁，人事兴替，它却上下起伏，往来反复，亘古如一。读一读、背一背英国诗人华兹华斯（W. Wordsworth）诗篇"The Solitary Reaper"中的诗句"No Nightingale did ever chaunt / More welcome notes to weary bands / Of travelers in some shady haunt, / Among Arabian sands: / A voice so thrilling ne'er was heard / In spring-time from the Cuckoo-bird, / Breaking the silence of the seas / Among the farthest Hebrides."

你会感到诗句的伟大不全在诗眼，朴素普通的文字也能绽放出最为璀璨的诗艺之花。不信，你读一读，深呼一口气开始读。音节的机巧搭配，连缀声音的流转畅达，如行云流水、滔滔滚滚，仿佛推着你往前诵读不停，真有点欲罢不能的感觉。应该说，这是不经朗读、背诵比较难有的发现。朱光潜说："事理可以专从文字的意义上领会，情趣必从文字的声音上体验。"[①] 王尚文说："在思想的各种表达方式中，语音实为最佳手段，文字虽然有留久传远的优势，但它毕竟不能表现语言的语调声气以及相连的情感意味。"[②] 这应是我们积极进行朗读、背诵的重要理据。朗读、背诵的好处发散开来，在翻译中也可找到它的用武之地。试看下例原文及其译文：

原文：月光如流水一般，静静地泄在这一片叶子和花上。薄薄的青雾浮起在荷塘里。叶子和花仿佛在牛乳中洗过一样；又像笼着轻纱的梦。

译文 1：Moonlight cascaded like water over the lotus leaves and flowers, and a light blue mist floating up from the pool made them seem washed in milk or caught in a gauzy dream.

——选自《中国文学·现代散文卷》(汉英对照)

译文 2：The moonbeams spilled placidly onto this expanse of leaves and flowers like living water. A thin mist floated up from the lotus pond. The leaves and flowers seemed to be washed in milk, and at the same time trapped in a dream of flimsy gauze.

— tr. David E. Pollard

所引原文是我们耳熟能详的朱自清《荷塘月色》中的片段，文中将荷塘的月夜写得那么轻，那么静，那么美，如梦似幻。撇开译文句法结构不同造成表现原文情、韵、境的差异，就凭朗读做一判断，你会发现

① 朱光潜. 诗论. 北京：生活·读书·新知三联书店，1984: 112.

② 王尚文. 漫话文学语言. 上海：华东师范大学出版社，2019: 25.

译文 1 读起来声音太过“响亮粗浊”（如 cascaded like water），读到文末处还会因含浊辅音、长元音的字词不断连缀而感到语气梗阻不畅（如 washed in milk or caught in a gauzy dream）。合而观之，语音上不利于表现那一片梦幻般的轻柔、悠缓与宁静。译文 2 读起来声音轻柔，语调徐缓，流畅婉转，声随文动，情随声移。译者采用了动作幅度小而轻的词汇（如 spilled），选用了富含清辅音 [s][p] 与流边音 [l] 的词汇（如 spilled、placidly、expanse、leaves、flowers、like、living 等）以及可表征细微意味的短元音 [i]，而且前有 spilled，后有 milk，前呼后应，显得贴切自然，水到渠成。这样的前呼后应总能让人顺便想起英语谚语 It is no use crying over spilt milk 的来龙去脉。总体来看，译者选词用字，前有铺垫，后有回应，自然妥帖。

读一读、背一背译文，不仅可以感知译者选词用字的音调、语调是否与原文情义相匹配、相融通，还可感知译者所造之句长短整散是否允当妥帖，是否更易于读者接受与认同。现代散文家许地山的经典名篇《落花生》中有这样一句：妈妈说：“今晚我们可以做一个收获节，也请你们爹爹来尝尝我们的新花生，如何？”这句话读起来明白晓畅，节奏平稳，自然亲切。坊间流传着这样一个译文：Mother said, “How about giving a party this evening to celebrate the harvest and inviting your Daddy to have a taste of our newly-harvested peanuts?”这句译文从视觉上审读，从语义语法逻辑上分析都没什么毛病，字词语音的组构与搭配也没有什么梗阻不畅，但是若读一读这个征询大家意见的疑问句译文，你能一口气顺利地读下来或说出来吗？试读之后，你一定会感觉到要一口气读完这个译句并不那么容易，有点费劲，甚至吃力。概而言之，译文语义语法是准确的，但朗读起来容易让人感到有点上气不接下气。译文虽然做到了忠于原文语义，也做到了方便读者理解，但未能做到方便读者朗读，在这一意义上，这样的译文是否可取自然还有待商榷。当然我们也可以借助英语语境中“how about”用例语料的“常规”来对上述译文进行研究评说。同是这句话，且朗读另一个出版物上的译文：“Let us have a party tonight to celebrate,” Mother suggested, “and ask Dad to join us for a taste of our fresh peanuts. What do you say?”比照之下，这次朗读是否从容、顺畅了许多呢？

唐代大诗人杜甫说:“新诗改罢自长吟”，仿此诗句，我们说:“新作译罢自长吟”。无论是自己的翻译，还是他人的译作，长吟一定会多有感触，时有发现，也会常有收获，不断提升。

背诵也不是背一篇仅一篇的单项操练，背多了不仅活跃、锻炼、开发了记忆，娴熟了诵读技巧，还会使背诵的作品在大脑里彼此联动，形成互文的回想，起到以一当十的功效。于翻译实践而言，则有利于做到译有所依，货比三家，权衡取舍哪家最趁手最好用。看到月亮，我们可从古诗中信手拈来十首八首，甚至几十首，我们从英诗中可以脱口而出多少首呢？中西比照，西方的月亮是否比中国的更圆更亮呢？你去看一看，你去背一背，这些问题一定会迎刃而解。说到这里，大家一定会问，背什么合适？背经典篇目，无论什么体裁都可以背。经典是大家共有的知识与财富，经典之于语言学习、翻译实践与研究的价值最最不可小觑。

经典“咏”流传，断然少不了朗读、背诵这一环。

第十二章　得意不忘言

今天上课引用了一句据说是林肯（Abraham Lincoln）的金句“The ballot is stronger than the bullet”作为讲述翻译的素材，起初问同学们，这句话有没有文学味。大家回答说，有啊！你看 ballot 与 bullet 押头韵（alliteration），而且都是两个音节，还对称，语义上也相映成趣，给人以“柔”克“刚”的感觉。问怎么翻译这句？大家纷纷给出了自己的译文。记得其中一个同学说：选票胜于武力。我援引了某一出版物上的几种译文供大家比较：①选举权比子弹更具威力。② 选票比大炮更具威力。大家说这两个译文好像还不如同学的译文简洁凝练，有金句味。后又引述了另一个译文来参考：选票胜于枪炮。大家说这个似乎比同学的译文还要胜出一筹，原因是“选票”与“枪炮”押上了韵，而且语义张力大，形象鲜明，给人印象深刻，金句味道也浓厚。

问原文与译文是否还有什么特别之处？大家又开始讨论起来。原句的句法结构体现出名言警句的元素，为人们喜闻乐见。比如，“Facts speak louder than words.（事实胜于雄辩）”“Easier said than done.（说来容易做来难）”“The pen is mightier than the sword.（文胜于武）”“Better late than never.（迟到总比不到好）”译文呢，除了押韵对称、语义张力外，也含有警句似的元素“胜于”。比如，青出于蓝而胜于蓝；聊胜于无；隐患险于明火，防范胜于救灾，责任重于泰山。译文还体现出译者具有范畴原型转换的灵活性与创造性，为了与译文“选票 /ballot”押韵，将“子弹 /bullet”转化为与其范畴相联系的“枪炮”“大炮”等。于是，总结这句的翻译情况：不但要将句子的意义翻译出来，还可追求词语声音、句子结构形式的审美表达，义、音、形三合一也是可以努力追求做到的。因此，诗意地想象一下：不怕译不出，就怕压根就没这么想！想象有多远，译文可能就有多好、就有多奇！

有同学提出疑问，比较级的句子结构司空见惯，哪有您说得那么神乎？神乎不神乎？有时句子结构就给读者这样或那样的联想与想象，让人从言内走到言外，从字里走到行间，让人一看二停三回味！美国女诗人艾米莉·狄金森（Emily Dickinson）写过一首诗，说读书是可以思接千载、坐驰役万景，且无须花费分文的人生旅程。全文是这样的：

There is no frigate like a book

Emily Dickinson

There is no frigate like a book
　　To take us lands away,
Nor any coursers like a page
　　Of prancing poetry.
This traverse may the poorest take
　　Without oppress of toll;
How frugal is the chariot
　　That bears a human soul!

诗中可分析的句子结构及其含蕴的意味颇多。这里重点说说第一句或行“There is no frigate like a book”。这一句很平常，我们都会写，但不一定会像狄金森那样写在诗里。诗通常不大主张直接的道德说教，而事实上狄金森在诗里也没有扯起喉咙喊，读书怎样提神醒脑，强身健体，有百益而无一害之类，她只是分享了她的感受、认知与想象，让读者去想象体验、去心向神往！但我每一次读到第一句时，总感觉看到了作者的“高傲”与“说教”，因为这个诗句的句子结构太像英语谚语“There is no place like home”，谚语简明易懂，源于生活经验的总结，具有普世的认知价值。如此一比较联系，仿佛狄金森在说：“请相信吧，世界！我说的有普世意义！”

这样的劝导意味是很浓郁的，可字面上没有任何影子呀！像这样没有“影子”或者说“以一当十”的句子在平时的阅读学习中似乎还总能遇到。初次看到凯撒（Julius Caesar）的金句“I came. I saw. I conquered.”时，总觉得你爱来不来，爱看不看，又能咋地？但你听听这句的声音节奏，看看这句的形式结构，你会感觉到有种力量、霸气、势不可挡、所向披靡之感，那种轻重轻重轻重轻的声响，仿佛让你听到了“咔嚓咔嚓咔嚓嚓”势大力沉的回音。

单句如此，短章亦然。当你读到乔治·奥威尔（George Orwell）经典篇章《马拉喀什》（Marrakech）开篇处的小段“As the corpse went past the flies left the restaurant table in a cloud and rushed after it, but they came back a few minutes later.”时，你看到的只是尸体打眼前经过，群蝇蜂拥飞离饭馆餐桌追逐而去，没过几分钟又都折返回来了。但稍做寻味，你会发现作者不直写人间饿殍遍野，只写一具尸体移动打眼前经过；不直写生存环境如何肮脏污秽，糟糕透顶，只写群蝇飞舞，横冲直撞；不直写深受饥饿煎熬，已是瘦骨嶙峋的躯体，只写群蝇竟然从饭馆倾巢而出，蜂拥追逐死尸而去的景象；不直写人命危浅，葬仪草草，人情冷暖，世态炎凉，只写没过几分钟蜂拥的群蝇就折返回来了。如此这般，一幅（殖民主义统治下）充满死亡、贫穷、羸弱、污秽、饥饿、苦难、冷漠、悲凉的人间炼狱图画悄然浮现在眼前，而正是“这幅图画”定下了作品全文叙述的基调与主题内容走向。句子的表层意义所说不多，但其深层蕴涵丰赡，其字里行间的意味浓郁，让人如嚼橄榄，久久回味。“字唯期少，意唯期多”说的多是作诗时惜墨如金，炼字炼意，以少胜多的案例，用在这里来论说奥威尔散文的句式营构也不失允当与恰切。作者意在言外的语言运用能力与精湛的剪裁生活，选择“闪光的细节”（luminous details）的创作技艺，实在令人叹为观止！

得意不忘言，不只是指“言”的声音节奏和形式结构，还应包括其带来的超出自身语句、语段声音与字面意义之外的各种联想意味与层深蕴涵。在这一意义上，“得意不忘言”对文本翻译的最终构成有着直接与间接的双重影响，这是我们不应忽视的。

第十三章　辨义与翻译

辨识词义是读诗的起点，也是译诗的起点，而对词义的辨析与把握，我们可使用的手段或方法是多种多样的。通常来说，可从词语的外延意义（denotation）与内涵意义（connotation）入手。所谓外延意义，简言之，就是词典意义（dictionary meaning）。读者若不懂诗作中某词语的意思，就可通过查阅词典来确定其意义，这样也就找到了该词语的外延意义。内涵意义则是某词语可给人带来的各种启示或联想意义，它往往与言说者或使用者的情感、态度、口吻等有关，也与其使用的上下文语境、情景语境与文化语境相连。

比较而言，词语的外延意义容易获得，内涵意义有时并不那么方便找到，它取决于鉴赏者知识的丰约与深浅。然而，内涵意义之于诗作蕴涵的丰富性与层深性又是尤为重要的。所谓“言近旨远”“字唯期少，意唯期多”（say more in fewer words）、“言有尽而意无穷”，很多时候是通过词语内涵意义的释放来实现的。诗论家袁行霈探讨古典诗歌多义性时提出宣示义与启示义这两个新概念，前者是“诗歌借助语言明确传达给读者的意义”；后者是“诗歌以它的语言和意象启示给读者的意义”“宣示义是一切日常的口语和书面语言共有的；启示义，在文学作品中特别是诗歌作品中更丰富。”对于古典诗歌中的启示义，他做出了进一步分类，“我大致分为以下五类：双关义、情韵义、象征义、深层义、言外义”。[①] 比

① 袁行霈．中国古典诗歌艺术研究．北京：北京大学出版社，1987: 6-7.

照之下，这两种词义的分类方法有彼此相近的一面，也有不同的另一面。不难看出，袁行霈对启示义的分类更为细致、明确，针对性更强，这对我们认识内涵意义的来源及构成大有裨益。

鉴于以上的分析，从功用价值来看，把握原语的外延意义或宣示义可以让我们知悉原文所说的基本意义是什么，而把握原语的内涵意义或启示义则可以让我们知悉其丰富多样、由表及里的层深意蕴是什么。从翻译视角来看，译者所要翻译的意义，不仅包括原语的外延意义或宣示义，还包括原语的内涵意义或启示义，是两种意义的有机统一体。下面援引英汉诗歌作品各一例演绎说明如何辨义对于诗歌翻译实践的认知价值与指导意义。先看上一章中提及的美国女诗人狄金森（E. Dickinson）的诗作“There Is No Frigate Like a Book”。

There Is No Frigate Like a Book

Emily Dickinson

There is no frigate like a book
　　To take us lands away,
Nor any coursers like a page
　　Of prancing poetry.
This traverse may the poorest take
　　Without oppress of toll;
How frugal is the chariot
　　That bears a human soul!

古往今来，论及读书的作品难计其数。仅以英文为例，培根（F. Bacon）的《谈读书》（Of Studies）、拉伯克（J. Lubbock）的《读书喜乐》（The Delights of Books）、斯迈尔斯（S. Smiles）的《书友》（Companionship of Books）以及济慈（J. Keats）的《初读查普曼所译荷马有感》（On First Looking into Chapman’s Homer），这些散文或诗歌都是不朽的经典名篇。这里狄金森宕开一笔，以简洁凝练的笔触，鲜明的意象，向读者展现了她自己对读书的独特体验与独到感悟。在这首小诗中，诗人将读书的过程类比为旅行的过程，但这种旅行远远胜过现实中乘坐快艇（frigate）或骑上骏马（courser）的旅行，这种旅行不仅可以穿越不同的国度（lands），跨越千山万水（traverse），而且即使旅行者身无分文也无须为一路的旅费犯愁，这种承载人类灵魂的游览车要价十分便宜，乘此出游也极为方便、节省。这是基于诗作词句外延意义而获得的原诗基本大意。毋庸赘言，读诗至此驻足，显然只是对原诗进行了概念语义的疏解与运算，或者是基本信息的总结与获取，读诗的意趣、兴味、感悟与启示何在，就有点不得而知了，很显然这是有待进一步发掘与拓展的。

鉴于此，细究作者选词造句谋篇的内涵意义或启示义，我们会得到进一步意蕴层深的认识。比如，“frigate”有别于“ship”“steamboat”等词语，往往带有“快捷（speed）”“探索（exploration）”“历险（adventure）”的内涵意义。“lands”有别于“miles”“countries”“nations”等词语，容易让人产生“古老”“神奇”“温馨”“美好”“浪漫”等的遐想。比如，我们耳熟能详的词汇有 motherland、fatherland、dreamland、wonderland、fairy land，我们能见之于诗文的词句有：① I met a traveller from <u>an antique land</u> / Who said: two vast and trunkless legs of stone / Stand in the desert.（P. B. Shelley） ② I travelled among unknown men, / In <u>lands beyond the sea</u>;（W. Wordsworth）③ Little drops of water, / Little grains of sand, / Make the mighty ocean, / And <u>the pleasant land</u>.（J. Carney）。“coursers”有别于“horses”“steeds”等词语，给人带来“速度”“俊美（beauty）”“精气神（spirit）”的联想。“prancing”有别于“running”“galloping”等词语，给人带来的想象是马的奔腾跳跃（prancing）与诗作中诗句之间表情达意的腾挪、跳跃合二而一，彰显着诗篇传意快捷、神速的特点。比如“十五从军征，八十始得归”两句之间稍一跳跃，便写尽了人的一生，这一生几多的经历与感慨都在这一跳跃的空档里。“traverse”有别于“journey”“trip”等词语，给人不畏艰难困苦，跋山涉水的联想。“chariot”有别于“streetcar”“cart”等词语，它可以自由驰骋于陆地、海上与空中，与超自然的神灵相联系，而且有着可自由穿越古今的意味。“frugal”区别于“cheap”一词，既含有便宜之意，也传递出节省、节俭的意味。等等。我们将这些分散在诗作各处的词汇的内涵意义进行串联、组接与综合，便会自然而然地意识到读书的过程是一个去探索、去历险、去发现的过程，也是一个去体味神奇、温馨、美好、浪漫的过程，还是一个思接千载、沟通古今的过程，是一个既简便、快捷、高效，又省时、省力与省钱的过程。如此等等，不一而足。所有这一切诗人并未在诗中明说或通过词句的外延意义或宣示义直说，但均已含蕴在诗文的字里行间或词句的内涵意义或启示义之中。

从词语在诗作语篇中运行的线性过程来看，每一个后出现的词语都在前面词语的规定下顺从自然地渐次生长出来，如此这般使看似没什么逻辑关联的诗歌语言，变得环环相扣，自然过渡，既有迹可循，又线条通畅。比如，从 frigate 到 lands，从 coursers 到 prancing，再到 traverse、chariot，这些词语开始时表述的是从水上旅行（frigate）到陆上旅行（coursers），然后汇聚成跋山涉水（traverse），直至最后水中、陆上、空中“三合一”旅行（chariot）的出现，诗中意义的流动可谓顺势而为，合情合理，层层推进，自然妥帖，浑然一体。

词义、句义辨析至此，我们基本完成了对原作主题意义、表现方式及其蕴意的理解。理解是翻译的前提，下面以此为参照援引余光中的译文进行解读分析。

书

艾米莉·狄金森

没有大帆船能像一卷书
将我们送到异乡，
也没有任何骏马像一页
奔腾跳跃的诗章。

最穷的人们也能作此游，
而不受关税的威逼。
载运这人类心灵的车辆，
取费是何等的便宜。

——余光中译

翻译诗歌除了关注意义的翻译，即原文说了什么，还需关注形式的翻译，即原文是怎么说的。音、形、意并重是诗歌尤其是传统格律诗尤为突出的特点。上文原诗一共八行，奇数行为八音节四音步，偶数行为六音节三音步，奇偶诗行交错推演，构成整个诗作文本的织体（texture），其主导步格为抑扬格（iambic），尾韵有的押谐元韵（assonance），如 away—page—take，有的押谐辅韵（consonance），如 book—take，toll—soul。为了形成数量整齐的步格与鲜明统一的韵律（meter），原作每两行均进行了跨行（enjambment）书写。比如，原诗最后两行 How frugal is the chariot / That bears a human soul! 若合写为这样的散文句式 How frugal is the chariot that bears a human soul! 就明显不能与其他诗行构成齐整的节奏或和谐的韵律。也正是要形成前呼后应、和谐而统一的韵律，原诗第五行还进行了倒装（inversion）书写，其正常语序应为 The poorest may take this traverse... 英汉对照，我们看到余光中的译文对原诗中各个词语外延与内涵意义的翻译整体上是适切的。略显差异的是，“toll/ 关税”“chariot/ 车辆”“frugal/ 便宜”这三个词的内涵意义或广狭范围还有点不对称或对应。从译诗外在形式来看，译者践行的是“以顿代步，控制字数，兼顾韵式”的原则，也就是说，奇数行以汉语四顿对应英语四音步，每行十个字；偶数行以汉语三顿对应英语三音步，每行八个字。例如，没有 | 大帆船 | 能象 | 一卷书 / 将我们 | 送到 | 异乡。译诗将原诗译为两个四行诗节，并保留了原诗跨行的特点，但未能悉依原诗的韵式，而是将两个诗节的韵式改为了偶数行押韵的形式。

英诗的解读与汉译如此，汉诗的解读与英译亦然。下面以唐代诗人贾岛之诗《寻隐者不遇》及其翻译为例进行演绎，旨在进一步说明如此辨义之于翻译过程中理解与表达的可行性及其适用范围。贾岛原诗如下：

寻隐者不遇

贾　岛

松下问童子，言师采药去。

只在此山中，云深不知处。

对于这首诗的解读，若仅从词句的外延意义出发，我们得到的认知是诗人去寻访那位隐者未能找到隐者本人，但见到了松树下的童子，看到了不远处的大山以及山上的白云，听到童子说其师父上山采药的事。若进一步梳理如何获知的这些信息，其基本过程是诗人去山中拜访隐者，先看到松树之下有个童仆，便问起他他师傅在哪里，得到的回答是他师傅采药去了，复问在哪里采药，得到的回答是就在这山中不远处采药，再问具体在哪里，得到的答案是山上云雾茫茫，他也不知道具体在哪里。三问三答，诗人一步一步接近要找的隐者，心中也升起一线又一线希望，但最后愿望落空，一坠而为失望，于是“怅惘若失，无可奈何，只有废然而返了”。一如前例，这显然不是读诗的终点。从词语的内涵意义来看，“松”给人高洁、刚直不阿的联想。我们可读到的较为典型的例子是“大雪压青松，青松挺且直。要知松高洁，待到雪化时。”（陈毅）“童子”带有真诚、纯朴的意味，“药”可以济世活人，“山”显得雄浑、宽广，“云”暗示着自由、飘逸。将这些内涵意义串接起来，隐者的个人形象已赫然耸现。也就是说，形式上虽未见其人、未谋其面，但实质上已见过了隐者，隐者的精神、情操与其精神境界读者可以了然于心。如此解说见或遇与未见或不遇，其理据可从古典诗歌的文本网络关系中找到。检索《全唐诗库》，我们可得到含“不遇”二字为题的诗作 97 篇，比如《寻戴天山道士不遇》（李白）、《访道者不遇》（杜荀鹤）、《寻陆鸿渐不遇》（皎然），等等。从这些诗歌的写作手法与所写到的人情物事来看，彼此之间可谓大同小异，写的都是寻人“不遇”，而从其选词造句的内涵意义来看实质上都已经“神遇”。以此为参照，我们来看看如下两种英译文：

译文 1：**Seeking the Hermit in Vain**

“Gone to gather herbs.” —
So they say of you.
But in cloud-girt hills,
What am I to do?

— tr. Lousie Strong Hammond

译文 2: **Looking for a Recluse but Failing to Find Him**

Under the pines I questioned the boy.
"My master's off gathering herbs.
All I know is he's here on the mountain —
clouds are so deep, I don't know where..."
— tr. Burton Watson

两种译文均采用了自由诗体。译文 1 以一个英文单词对应一个汉字进行翻译，体现了贾岛"苦吟鬼神愁"的风格，但文中不见"松""童子""师"的踪影，其传达的主题意义是什么，读者只能凭猜测、臆想：原文聚焦的是隐者的行踪不定，译文突显的却是访者（I）的茫然失措。译文结构体现的是一问一答的情形，诗题名的翻译传达的是寻找隐者，白费功夫的意思。译文 2 转存了原诗题名的意义和用意，也转存了原文中的系列语词意象及其外延意义，为原文内涵意义的解读与阐发创设了条件，也奠定了基础。译文结构也是一问一答，但行文传递信息的顿挫感较为鲜明，基本再现了原作寻隐者过程中"一波三折"的意味。

词语的外延意义通常可在文本内寻找，而其内涵意义或可在文本之内寻找，或可在文本之外去发掘，其存在状态是多向度的，是开放的。翻译实践中，关注外延意义是关注语义信息保真的问题，而关注内涵意义则是关注语义信息审美的问题，"真与美"两者彼此关联，相互影响，不可偏废。

第十四章　踏歌而译

琴棋书画，说学逗唱，与翻译有关系吗？与翻译没关系吗？还真不好说。课堂上自然不是振臂一呼，纵情高唱的地方，但有时喊上那么一嗓子，似乎还真可以帮忙解决翻译教学中遇到的一些问题，感觉效果来得直接、来得痛快，免除了自己知识供不应求的尴尬。前段时间，让学生做英译汉翻译练习，篇名是 The Delights of Books（Sir John Lubbock），文中第二段开头是这么写的：There is an Oriental story of two men: one was a king, who every night dreamt he was a beggar; the other was a beggar, who every night dreamt he was a prince and lived in a palace. 这几句读起来并不难，也不难翻译，我看到不少译文是这样的：①这里有个东方故事，讲了两个人，其中一个是国王，……另一个是乞丐，……。②有一个关于两个人的东方故事：其中一个是国王，……，另一个是乞丐，……。我说这样的译文语义表达还可以，但总觉哪里有点不大对劲。学生问哪里有问题？我没做解释，干脆唱了两句：遥远的东方有一条龙 / 它的名字就叫长江 / 遥远的东方有条河 / 它的名字就叫黄河 /，接着又唱了两句：从前有座山 / 山里有个庙 /……。遥远的夜空有一个弯弯的月亮 / 弯弯的月亮下面是那弯弯的小桥 / 小桥的旁边 /……。学生问什么意思？我说可依照歌词的套路来试译这两句：东方流传着一则故事，故事里讲到两个人，一个是国王，……另一个是乞丐，……。对比之下，如此翻译似乎更为自然顺畅，也传达了原文娓娓道来的叙事方式。学生居然就认同了，少却了我多少解释啊！还有一次让同学们翻译 Early Autumn（Langston Hughes）这一篇，该文开头第一句是：When Bill was very young, they had been in love.（Many nights they had spent walking, talking together.）批阅作业时我读到较多的译文是"比尔年轻时，他们相爱了。……"我在课堂讲评说，我读到大家的这句译文，总感觉像似有三个人，同学们顿时大笑起来，有的同学甚至说："老师，您想多了吧！"我唱起了《采红菱》：我们俩划着船儿 / 采红菱呀采红菱 / 得呀得郎有情 / 得呀得妹有心 /，接着又唱了唱《一把小雨伞》：我们俩一起打着一把小雨伞 / 虽然是雨下的越来越大 / 只要你来照顾我我来照顾你 /。这两首情歌的表述方式均是先总起后分述，模仿这个方式来组织译文：他们相爱时，比尔还很年轻。（多少个夜晚他们一起散步、聊天。）这样表述的话，一是便于下文故事的展开，二是便于定下回忆的叙述视角。读者君，您说呢？

课堂有了歌，翻译不寂寞。听到经典老歌"Yesterday Once More"中这样唱：When I was young / I listened to the radio…。仿其形式与节奏将"少小离家老大回"这么译：When I was young, I left my home/ And now I come back very old. 听到歌曲《北京 北京》中这样唱"当我走在这里的每一条街道 / 我的心似乎从来都不能平静"，仿其形式与节奏将"London"（William Blake）中的诗句"I wander through each chartered street / Near where the chartered Thames does flow, / And mark in every face I meet / Marks of weakness, marks of woe."这么译：我走过每一条被独占的街道，/ 不远处被独占的泰晤士河在流淌。/ 我看到经过身边每个人的脸上 / 写满了痛苦，写满了忧伤。你唱唱，是不是还有那么点味道？！你要愿意再试试，自然还可按其节奏旋律往下译。The proof of translation is in the singing. 译文好不好，唱一唱就知道。讲授小说翻译时，让同学们翻译 *Animal Farm*（George Orwell）第一章，该章接近末尾时庄园的动物们情绪激昂，齐声高唱《动物之歌》，其中有几句是这样描写的：The cows lowed it, the dogs whined it, the sheep bleated it, the horses whinnied it, the ducks quacked it. 看到有的同学这样译：奶牛哞哞叫，狗儿汪汪叫，绵羊咩咩叫，马儿嘶嘶叫，鸭子呱呱叫。译文中不同动物发出不同的叫声，选用不同的象声词来翻译，生动贴切，自然好得很！但有一点不得不说，译文中一"叫"到底，感觉颇为单调，也缺乏色彩与味道。如何改进呢？想起歌曲《热情的沙漠》中这样唱：我在高声唱 / 你在轻声和 / 陶醉在沙漠里的小爱河；还想起歌曲《情歌赛过春江水》中也这样唱：情歌赛过春江水 / 阿妹唱来阿哥和；以及歌曲《一二三四歌》中这样唱：一二三四一二三四像首歌，这边唱来这边唱来那边和。俗话说，像不像，三分样。借用其中的元素与情景，于是这样翻译：奶牛哞哞哼，狗儿汪汪和，绵羊咩咩唱，马儿嘶嘶鸣，鸭子呱呱叫。正可谓众声齐备，和而不同。译文想让这些动物们的歌唱互动起来，想让他们也陶醉在歌声里，彼此之间也"情深意长"，效果怎么样呢？读者君，您说了算！

踏歌而译，文章中的星星点点可以小试一把，整篇开合又会如何？讲授诗歌翻译时，让同学们翻译这首诗"Sweet and Low"（Alfred Tennyson），其中第一诗节如下：

Sweet and low, sweet and low,
Wind of the western sea,
Low, low, breathe and blow,
Wind of the western sea!
Over the rolling waters go,
Come from the dying moon, and blow,
Blow him again to me;
While my little one, while my pretty one, sleeps.

首次让同学们做诗歌翻译，我说大家想怎么译就怎么译，结果自然是五花八门，百花盛开。讲评时，我先问同学们自己将这首诗译成什么样了？同学们议论纷纷，有话要说的人还不少。有一组同学做小组陈述（presentation）时，引述了某一出版物上的译文作为参照学习。

轻轻地，柔和地，轻轻地，柔和地，
西方吹来海风；
轻轻地，柔和地吹拂，

西方吹来海风！
西边吹来，月色朦胧，
吹过波涛汹涌；
吹得他回家呵，
亲亲睡着的宝宝，可爱的宝贝。

译文读起来自然还是很不错！但我们进一步诵读原作，听听它的声音节奏，再看看它所描绘的情景：妻子一边轻轻哼唱，希望海风将远行的夫君早日送还，一边用手轻轻拍打小儿入眠，小儿渐渐睡去。我们感受到的是，原文读起来声音徐缓轻柔、低徊往复（比如，长元音 [iː]、双元音 [ou] 以及清辅音 [s]、流边音 [l] 等不断复现），一如催眠的谣曲。以此为评判依据，引述的例译文在往复回环歌谣似的诗情表现上似还可进一步提升。也就是说，在原来译文的基础上，可再增加一点歌谣的色彩。学生问如何增加？我唱了几句流行歌曲《亲亲我的宝贝》（亲亲我的宝贝 / 我要越过海洋 / 寻找那已失踪的彩虹 / 抓住瞬间失踪的流星 / 我要飞到无尽的夜空 / 摘颗星星做你的玩具 / 我要亲手触摸那月亮 /）；我又唱了几句东北民歌《摇篮曲》（月儿明 / 风儿静 / 树叶遮窗棂 / ……/ 娘的宝宝闭上眼睛 / 睡了那个睡在梦中 /）。借鉴两首歌曲的顿歇节奏与押韵字词及方式，我将该诗节试译如下：

西海的风啊，
轻轻地吹，轻轻地唱
西海的风啊，
轻轻地，轻轻地吹呀唱，
越过波涛翻滚的海洋，
掠过明月西沉的夜空，吹呀
再把他吹到我的身旁；
我的小宝宝，我的乖宝宝，睡呀睡得香。

唱歌与翻译，可讲的例子还有不少，它们涉及翻译的选词用字、造句谋篇、声响节奏、情趣韵味等等方面。唱一唱可为我们如何组织忠实、通顺、美的译文提供有益的参照与具体的指导，其作用与价值还可进一步挖掘。教学过程中大家多将注意力放在如何解决字词句篇中的“疑难杂症”上，这自然是可取的，但明白如话的词句如何翻译得自然妥帖，这问题似乎也不应小觑。

限于篇幅，写到这里，暂且打住。讲得不一定好或对，若能给大家带来些许启示，我也就颇感欣慰了。

如果你愿意，可以记起，如果你愿意，也可忘记。（And if thou wilt, remember / And if thou wilt, forget. ）

第十五章　从相声到翻译

语篇中重复指称某一事物时，英语多用代词等替代手段，汉语多用名词复现等反复手段，这是大家基本认同的一个规则。因此，英汉互译实践中，碰到英语语篇中指称同一事物反复使用代词时，直接以代词前指的名词进行重复替换传译，反之亦然。比如，He hated failure; he had conquered it all his life, risen above it and despised it in others. 该句中用了3个“it”来前指“failure”，相应的译文则为：他讨厌失败，他一生中曾经战胜失败，超越失败，并且藐视别人的失败。读读译文感受一下，传情达意效果应是旗鼓相当的！又如，许地山的《落花生》中有这么一段谈论花生好处的文字：

> 那晚上的天色不大好，可是爹爹也到来，实在很难得！爹爹说：“你们爱吃花生么？”
>
> 我们都争着答应：“爱！”
>
> “谁能把花生的好处说出来？”
>
> 姊姊说：“花生的气味很美。”
>
> 哥哥说：“花生可以制油。”
>
> 我说：“无论何等人都可以用贱价买它来吃；都喜欢吃它。这就是它的好处。”

对于这段文字，有人是这么翻译的：

The weather was not very good that night but, to our great delight, Father came all the same. “Do you like peanuts?” Father asked.

“Yes!” We all answered eagerly

“But who can tell me what the peanut is good for?”

“It is very delicious to eat,” my sister took the lead.

“It is good for making oil,” my brother followed.

“It is inexpensive,” I said. “Almost everyone can afford it and everyone enjoys eating it. I think this is what it is good for.”

——刘士聪译

汉英对照，不难看到原文语段中一再重复出现的名词“花生”，译文首先使用名词“the peanut”对译之后，其他的逐一用“it”进行了替换，而且在最后一句中还用“it”转存了原文中的3个代词“它”，增加使用了1个代词“it”。这样处理符合英语的替代表达优势，不失英文行文的地道与规范。

从上可见，不管是单句，还是段落，遇到类似情况便可让名词与代词进行相互替换。然而，翻译实践中也有人并不这么做，或者一时可能没想到这么做，那结果会怎样呢？例如：

My fellow citizens, tonight is my last opportunity to speak to you from the Oval Office as your President. I am profoundly grateful to you for twice giving me the honor to serve — to work for you and with you to prepare our nation for the 21st century.（Bill Clinton：Farewell Address）

这是美国前总统克林顿卸任演说辞中开头的两句，有人这么翻译：

同胞们，今晚是我最后一次作为你们的总统，在白宫椭圆形办公室向你们做最后一次演讲。我由衷感谢你们给了我两次机会和荣誉，为你们服务，为你们工作，和你们一起为我们的国家进入二十一世纪做准备。

译文将原文中出现5次的you/your一一对应以"你们"如实译了出来，还增译了一个"你们"。大家读完这样的译文是否会隐隐觉得这个美国总统有点作，既居高临下，还不情不愿呢？或者说作为美国总统干了这么些年，真有点情非所愿，迫不得已啊？按经验常识判断，这显然不会是老克的本意。译文要还克林顿一个"公道"，那该怎么办？不妨按上文所说将代词转换为名词试试：

同胞们，今晚是我最后一次以（ ）总统身份，在白宫椭圆形办公室向大家发表演说。我由衷感谢大家两次给我这样的殊荣，为民服务，与大家一道为迎接二十一世纪做准备。

原文中代词使用了5次，译文中括号处省略未译，其他地方分别以名词"大家"或"民"转换了，如此这般，再读一读译文，是不是一个谦逊、低调、亲民、爱民与人民打成一片的总统形象扑面而来了呢？！无独有偶，这样的例子在翻译实践中会经常碰到。又如：

He knew, of course, that she wouldn't remember any of this. For her there would be other snowfalls to recall. But for him, it was her first. Their first.（Jonathan Nicholas: First Snow）

这几句有人这样翻译：

当然，他明白她不会对这一切有任何的记忆。对她来说，她还有其他可回忆的雪景。但对他来说，这是她的第一次——他们的第一次。

读到这样"忠实"的译文，光听声音不看文字的话，你可能会犯晕，他她到底哪个是哪个呢？再看看白纸黑字，你的第一印象是否又会觉得"他"与"她"的关系非同一般，甚至有些暧昧不清呢？事实上原文中的"he"是一位父亲，"she"是襁褓中的女儿，讲的是一位父亲抱着女儿一起观赏女儿人生中的第一场雪景的事情。讲述至此，如此不折不扣的对等翻译显然有些违和了吧。不过要做改进，事情也简单，如法炮制，结合原文语境将其中的部分代词转换成名词试试：

> 他知道，他的宝宝自然不会记住今天看到的一切。对他的宝宝来说，往后会有别的雪景让她去回忆；可对他来说，今天这场雪是他宝宝生命中的第一场雪，是他们共同经历的第一场雪。

这样转换翻译，明晰化了人物关系，也彰显了家庭生活的温馨，父女亲情的美好，给人带来无限的遐思与回味！

在我们做出归纳总结之前，还可以再看“和而不同”的精彩例子。香港知名学者金圣华女士翻译加拿大诗人布迈恪（Michael Bullock）的散文诗“Bridge of Moths”（蛾桥）之后，做过这样的总结与讲述。该文中有这么一段：

> (Across ten thousand miles my thoughts fly to you, a swarm of pastel-coloured moths to beat against your window-panes in the dark.) Will you hear them and let them in? Or will you find them in the morning, dead on the sill, sweep them up and throw them away?

金教授说，汉语中古有鹊桥，英文中今有蛾桥（Bridge of Moths），古今合一，异质同构，诗情兴味同在。但若是将这段文字如实翻译为：

> 你会听见它们和让它们进来吗？还是会在早晨看到它们已死在窗台边，把它们扫起，把它们抛弃？

一一对应，如实逐一译出，读毕这样的文字，诗情浓郁、兴味盎然的“蛾桥”想必在读者心目中定会“轰然倒塌”！那怎么办？我们来看看金教授翻译的 Midas touch（生花妙笔）：

> 我的思绪迢迢千里向你飞来，一群色泽淡雅的飞蛾在黑暗中叩敲

你的窗扉。你会否听见（ ）而让蛾群进入？抑或待次晨才发现蛾躯僵死窗槛，于是一把扫起（ ），弃之不顾？

译文中标注的括号处是省略代词未译的地方，下划线的词语是以名词替换代词的地方，但并未以“飞蛾”替换到底，而是采用了以局部代整体的方法进行转换，机巧应变，文通理顺，辞采飞扬。读到这样的译文，想到翩翩的飞蛾、扑棱的蛾群、僵死的蛾躯、……，心头是不是会为之一颤呢？！这里列举的三个译例与文章开头英汉互译的两个例子表现形式上略有差异，有的根据文本局部上下句中前指名词进行替换，比如前文含“失败”“花生”的译例。有的原文中的代词并没有显性的、直接的前指名词，译文中参考文本语境或文化语境进行了定向彰显，将反复出现的代词转换为同一或不同的名词，比如前文含“他的宝宝”“大家”或“民”的译例。有的根据情景语境对前指名词进行以局部代整体的调适转换。比如，金教授的译例中代词“them”虽有显在的前指名词“moths”，但并未用对应的名词“蛾”进行机械替换，而是采用了同中有异的名词转换法分别处理为“蛾群”“蛾躯”“之”。

从以上这些译例中，我们还可进一步看到有的译例代词名词互换照单全收，有的译例代词名词互换参半，有的则边替换边省略，有的替换、转存、调适、省略等多管齐下。显而易见，凡事一切，并非可以一味替换了事，为了替换而替换。事实上，替换或省略或转存或调适直接关系到译文文意的贯通、情感的传达、形象的构建、诗意的兴发、思维的转换，等等。那么，代词名词彼此替换、转存、调适以及省略，有没有一定之规呢？通常的回答是凭语感见机行事，一如有的论者所言：“能省略的省略，该还原的还原。”“意思依然清楚，不会产生歧义……”。至于何时能省略，又省略多少？何时该还原，又还原几何？往往不一定引起大家多少关注。为了从经验中找理性，从现象中探本质。我们不妨再多看两例，做进一步观察：

It is well that the commonest fruit should be also the best. Of the virtues of the orange I have not room fully to speak. It has properties of health-giving, as that it cures influenza and establishes the complexion.

It is clean, for whoever handles it on its way to your table but handles its outer covering, its top coat, which is left in the hall. It is round, and forms an excellent substitute with the young for a cricket ball.（Alan Alexander Milne：Golden Fruit）

这段话写的是“the orange”的美好品质，有人这样翻译：

很幸运，这种最普通的水果恰恰是最好的水果。论其优点，难尽其详。柑橘有益于健康，比如，（ ）可以治疗流感，滋养皮肤。柑橘清洁干净，不管是谁把它端上餐桌，也只触到它的表皮，亦即它的外衣，吃完后橘皮便被留在餐厅里。柑橘是圆的，给孩子们当板球玩是再好不过了。——刘士聪译

不难看出，原文中“the orange”使用了 1 次，代词“it / its”重复达 8 次，译文中该替换替换，该保留保留，该省略省略，最后若将“其”所指代的“the orange”计算在内的话，一共使用替换的名词只有 4 次，数量上虽不及原文一半，但各得其所，各擅其胜，相得益彰！再如：

Youth is not a time of life; it is a state of mind. It is not a matter of rosy cheeks, red lips and supple knees. It is a matter of the will, a quality of the imagination, vigor of the emotions; It is the freshness of the deep spring of life.

Youth means a temperamental predominance of courage over timidity, of the appetite for adventure over the love of ease.（Samuel Ullman: Youth）

这段文字颇为经典，经常为人们引来学习，其译文是这样的：

青春不是年华，（ ）而是心境；青春不是桃面，丹唇，柔膝，（ ）而是深沉的意志，恢宏的想象，炽热的感情；青春是生命的源泉在不息地涌流。

青春气贯长虹，勇锐盖过怯懦，进取压倒苟安。

原文分为两个段落，其中“Youth”使用了2次，代词“it”使用了4次，译文中名词代词相互替换了2次，括号处省略了2次。若将文章开头以及第二段开头的“Youth/青春”算在一起，一共使用了4次。译文读起来简明扼要，文通气顺，自然妥帖！

前文最初列举的译例，没有细说代词名词彼此可以替换的总次数，这里列举的两例对比了彼此可替换的总次数，希望在凭借语感见机行事的基础上，多少能找出点可供操作的共同规律来。基于这些译例的翻译情况，我们看到在英译汉组构语篇过程中代词名词相互替换一般重复4次以内较为常见，这似乎是人们实践中不约而同的一个做法，这种做法有没有一定的理据呢？要深究理由可能需费些周折，但要通过类比说明，触类旁通，似还是有趁手可用的理论。从表现艺术方式与效果来看，这种做法似乎与相声艺术中的“三番四抖”技法十分相似，感觉两者的认知习惯或言说技巧颇为接近。所谓“三番四抖”，是指相声表演时，经过前面三遍铺垫、衬托，对人物故事加以渲染或制造气氛，最后第四遍将包袱抖搂出来以便产生笑料。比如，您是我们的老朋友，……，您是我们的老同志，……，您是我们的老领导，……，您是我们的老油条。翻译当然不是要抖搂什么包袱，但基于这样的关联认识，我们进行相关的翻译时可以此为据组构语篇，以求符合人们通常的认知与接受习惯。事实上，翻译实践中不少译者正是这么做的，甚至不管面对的语篇有多长都这么做，也许出于这样的有意，也许出于良好语言感悟力的无心。例如，

With September comes a sense of autumn. It creeps in on a misty dawn and vanishes in the hot afternoon. It tiptoes through the treetops, rouging a few leaves, then rides a tuft of thistledown across the valley and away. It sits on a hilltop and hoots like an October owl in the dusk. It plays tag with the wind. September is a challenging busy as a squirrel in a hickory tree, idle as a languid brook. It is summer's ripeness and richness fulfilled.（Hal Borland: Sweet September）

这个段落写的是九月的迷人、美好、丰饶与成熟。从内容与形式上看，不可谓不长。有人是这么翻译的：

> 九月，秋意隐隐，随蒙蒙朝雾而来，趁炎炎烈日而去，或蹑手蹑脚，潜行于枝头树梢，将几片树叶染得通红，或隐迹于大蓟丝绒之中，越过山谷，飘然离去。九月的秋意时而追风逐韵，东躲西藏，时而栖息山巅，咕咕幽啼，仿佛十月里夕阳残照中的猫头鹰。九月忙时如松鼠跳窜，闲来若溪流潺缓。于是，九月成就了夏季的透熟与丰饶。
>
> ——译者不详

英汉对照，我们看到原文 2 次使用“September”，5 次使用替换代词“it”，但译者在组构语篇时选择重复了 4 次“九月”而不是原文的 7 次，如此这般，尽管篇幅较长，译文依然显得层次分明，通顺流畅，简练自然，一气呵成。面对翻译文本中代词重复使用偏多的情形，可以从篇章整体组构上进行这样的实践转换，以求辞情畅达，文通理顺，符合汉语读者的运思或接受习惯；而碰到文本中代词重复使用并不多，但由同一代词引导构成的复合句偏多或句式偏长时，采用“三番四抖”的运思方式来重构译文语篇，似也可收到异曲同工的阅读效果。例如：

> Books are to mankind what memory is to the individual. They contain the history of our race, the discoveries we have made, the accumulated knowledge and experience of ages; they picture for us the marvels and beauties of nature; help us in our difficulties, comfort us in sorrow and in suffering, change hours of weariness into moments of delight, store our minds with ideas, fill them with good and happy thoughts, and lift us out of and above ourselves. (John Lubbock: The Delights of Books)

这段文字写的是书籍给人们带来的种种好处，其中的代词“they/books”并不多，仅用了 2 次（见文中下画实线处），但其后所表达的内容可不少。按基本信息点计算，第二个“they”后拖带有7个信息点（见文中下画波浪线处，似乎也可看成省略了代词“they”6次）。若按照原文如实译出，译文可能会因代词之后拖动着过于冗长的各种信息，从而使语篇结构显得节奏涣散，层次不清，主题也难以突出集中。故此，不妨按“三番四抖”的方式翻译试试：

> 书籍之于人类正如记忆之于个人。书籍记录着人类的历史、已有的发现、世世代代积累的知识与经验；书籍为我们描绘了大自然的奇观与美景；书籍在我们困难时帮我们渡过难关，在我们悲苦时给我们以慰藉，将消沉的时刻化为欢乐的时光；书籍用观念武装我们的头脑，用美好而快乐的思绪充实我们的心灵，让我们走出自我，超越自我。
>
> ——张保红译

译文继“书籍”引出话题后，再重复4次“书籍”作为单句的主语来重新建构全段语篇，如此行文，是否意群分明、文从字顺、娓娓道来、自然而然呢？读者诸君自可感知评判！可附带一说的是，“三番四抖”的方法若用于陈述事实信息，可一步步将要传达的信息引向丰富、深入；若用于传情达志，则可一步步将要表现的情感不断强化、升华。例如：

> I have suffered and despaired and known death and I am glad that I am in this great world.（R. Tagore: *Stray Birds*）

原文可看作两个并列的句子，有人将此翻译成五个并列的小句：

> 我曾受罪
> 我曾绝望
> 我曾了解死亡
> 我欢喜
> 我在这个伟大的世界上。
>
> ——冯唐译

前三句逐层铺垫，蓄时累势，第四句喷薄而出，扭转乾坤，掷地有声。不难看出，经过“三番四抖”重构后的译文情感冲击力尤强。

遇到英汉语篇中同一代词或名词反复出现数次的情况，翻译中大体上可以互相替换或转换，英译汉时可按“三番四抖”来谋篇布局，这不妨拿来作为我们翻译实践时的一个操作规则。然而，事事也总是有例外，那要看你遇到没遇到。比如 The True Artist（Norman Bethune）这一例：

> The true artist lets himself go. He is natural. He “swims easily in the stream of his own temperament”. He listens to himself. He respects himself.
>
> He comes into the light of everyday like a great leviathan of the deep, breaking the smooth surface of accepted things, gay, serious, sportive. His appetite for life is enormous. He enters eagerly into the life of man, all men. He becomes all men in himself.
>
> The function of the artist is to disturb. His duty is to arouse the sleepers, to shake the complacent pillars of the world. He reminds the world of its dark ancestry, shows the world its present, and points the way to its new birth. He is at once the product and preceptor of his time. After his passage we are troubled and made unsure of our too-easily accepted realities. He makes uneasy the static, the set and the still. In a world terrified of change, he preaches revolution — the principle of life. He is an agitator, a disturber of the peace — quick, impatient, positive, restless and disquieting. He is the creative spirit working in the soul of man.

这个篇章说的是真正的艺术家天性自然，无拘无束，敢于打破陈规，开拓创新，长于不甘现状，积极进取。这个例子着实有点长，其中用到的代词“he”也实在有点多。但给我们留下了观察“三番四抖”技法的契机，也让我们看到了作者一“he”到底的个性话语方式。翻译这个篇章恐怕按之前探索出来的规则一味地进行代词名词替换或者一概省略代词不译还行不通，这里还真不得不老老实实地将多处的“he”译为“他”，信不信，大家不妨试译一下。这里也可引如下译文作为参照来考察：

真正的艺术家

诺曼•白求恩

真正的艺术家是狂放不羁的，他自由自在，悠然自得地在自己个性的川流中畅游。他倾听自我，尊重自我。

他以深海巨鲸的姿态，浮现在日常生活的阳光下，打破人们习以为常的平静生活的洋面，轻松愉快，严肃认真，嬉笑自若，他酷爱生活，拥抱生活。他渴望与各种人物同命运，共呼吸。他成了所有人的化身。

艺术家的职责就是要惊世骇俗，唤醒沉睡的人们，震撼那些自以为是的社会中坚。他提醒人们不要忘记在黑暗中摸索的往昔岁月，向他们昭示当今世界，并为他们指引新生的道路。他既是时代的产儿，也是时代的先锋。在他亮相之后，人们始感困惑，开始对那些本来深信不疑的事物产生怀疑，他使静止、固定、僵死的一切躁动起来。在一个惧怕变革的世界里，他公开宣扬，变革乃是生活之本，他是一个鼓动家，一个打破平静生活的人物——聪颖敏捷、充满渴望、坚定果断、不知疲倦和引发不安。他是活跃于人类灵魂中富有创造力的精灵。

——毛荣贵译

译文中有多少个直接对译的“他 / he”，大家也可数一数。但分段观察，还可以看到第二段有“三番四抖”的组构特色（见文中下划线处），第三段按该段中的语义群对比，也可看出基本类似的特色。整篇而言，显然已是“三番四抖”广义上的应用了。纵然情形较为复杂，千变万变，但译文语篇中隐现的“三番四抖”的基本运思方式似乎没怎么变。整体来看，这样直接对译原文中的若干个代词是“较为极端”的一个方面，而原文中的若干代词，译文中一个也不翻译则是“较为极端”的另一个方面。且看下例：

原文：**The Eagle**

Alfred Tennyson

He clasps the crag with crooked hands;

Close to the sun in lonely lands,
Ringed with the azure world , he stands.

The wrinkled sea beneath him crawls;
He watches from his mountain walls,
And like a thunderbolt he falls.

译文：**鹰**

阿尔弗雷德·丁尼生
钢爪握悬岩，
独立太阳边。
岩高万籁寂，
四处尽蓝天。

身下海涛翻，
只见微皱面。
绝壁傲视久，
忽坠如雷电。

——译者不详

原诗是诗人为其逝去的挚友 Arthur Hallam 所写，诗作抒写了挚友高远的品格，博大的胸襟与伟岸的形象。诗中的人称代词“he/him/his”一共出现了 6 次，英汉对照，译文中见不到任何代词的踪影。一个代词也没留下，可读这样的译文，你是懂的！英译汉有这样的特别情形，汉译英又如何呢？例如：

原文：**春晓**

孟浩然
春眠不觉晓，处处闻啼鸟。
夜来风雨声，花落知多少？

译文：**A Spring Morning**

Meng Haoran

I awake light-hearted this morning of spring,

Everywhere round me the singing of birds —

But now I remember the night, the storm,

And I wonder how many blossoms were broken.

— tr. Witter Bynner & 江亢虎

汉英对照，原诗中没有任何重复的名词或代词，但译诗却增加了 4 个代词，见译文中的下划线处。原因何在？一般来说，传统的中国古诗往往不拘人称，这一现象在格律诗中可谓达到了极致，但人称往往可以意会，思而得之。而英语是主语突出的语言，其句子结构通常不能没有人称主语或人称代词，多以形合来表征。这是传统中西（诗歌）语言特色与章法结构决定的。至于中西语言之间相互影响，共同发展融合后的新变化，比如，汉语白话化后的诗歌创作对代词的频繁使用，翻译中是保留还是转换，那就另当别论了。

拉杂一通，三“例”五申，暂且到此。作如是说：

翻译中有了一定的规则可循固然好，但灵活看待规则的应用与变通似更好！“三番四抖”是传统相声中的言说技巧与运思方式，与翻译扯上一点联系，借来一用，比照演绎，使译文的谋篇布局多一份可操作的依据，少一份凭感性的随机，多一份趣味与色彩，少一份平淡与单调。如此联系解说，读者君，您是否同意？

第十六章　以醉译醉漫谈

饮酒与创作关系密切。李白斗酒诗百篇，是久传不灭的佳话。三杯两杯下肚，文思泉涌，思绪万千，命笔成文，垂辉照古今。李白说：“烹羊宰牛且为乐，会须一饮三百杯。”酒量无比，豪气干云！估计只有在诗里才可以这样喝，生活中的你我肯定喝不到三十杯就要提前告别“牛羊肉”了。李白又说：“举杯邀明月，对影成三人。”酒杯举起来，环顾上下左右，和谁喝酒都是朋友，这举动、这气魄、这境界，扫除了人与人、人与物之间一切的藩篱与一切的阻隔。李白还说：“但得酒中趣，勿为醒者传。”酒中的真味哟，不喝酒或不会喝酒的人呀，千万别告诉他。如此看来，生活中时不时主动去喝上三杯两盏，是不是也是一件令人愉快的事情呢？!

人们常说，翻译是再创作，有人甚至说翻译是创作。那么酒或饮酒与翻译又会不会扯上点联系呢？翻翻前人的论述，我们还真可以看到拿酒来类比阐释翻译的例子并不少见。谈到译文的风格特色，鸠摩罗什说：“诸出为秦言，便约不烦者，皆葡萄酒之被水者也。”大意是认为简略而不像原文那么繁复的译文，其实是掺了水的葡萄酒。谈到翻译文学作品，郭沫若说：“一杯伏特卡酒不能换成一杯白开水，总要还他一杯汾酒或茅台，才算尽了责。假使变成一杯白开水，里面还要夹杂些泥沙，那就不行了。”谈到原文与译文的关系，翟理斯（H. A. Giles）说：“译者是背叛者；原文是阳光、是酒，译文是月光、是水。”酒的甘美、芳香与水的平淡、无味从经验感官上表征了原文与译文味道、品质、神韵的变化与差异，让人有切身的感触与领悟。如此阐释，雅俗共赏，自然赞起！至于饮酒与翻译实践的直接关联，倒没怎么见过这样的案例。就我个人而言，生活中酒后做翻译的经历不多，酒后翻译是不是能有神来之笔，是不是能擦带出更为神奇的再创造火花，也不得而知。但有过饮酒的经历，甚至是醉酒的经历，往往对我们较为生动地翻译出作品中醉酒的情景还是颇有助益的。有道是，不怕译不好，就怕经历少。而事实上，前辈译家正是这样表白自己的翻译心曲的，有的说译者须透入作者的心窍，和他同样感、同样想；有的说译者须与作品中的人物一同哭，一同笑；还有的说译者须投入作品之中，亲临其境，亲历其事，亲睹其人，亲道其语，亲尝其甘，亲领其苦，亲受其祸，亲享其福，亲得其乐，亲感其悲。仿照这样的言说逻辑，我们则可以说译者要与作品中的人物一同醒，一同醉，一同醉生梦死，要醒时同交欢，醉后亦不分散。译者不能以醒译醉，也不能以醉译醒，要与原作谋得醒醉同步，合二而一。翻译中有否这样的情形呢？不妨来看一例：

> Mr. Jones, of the Manor Farm, had locked the hen-houses for the night, but was too drunk to remember to shut the popholes. With the ring of light from his lantern dancing from side to side, he lurched across the yard, kicked off his boots at the back door, drew himself a last glass of beer from the barrel in the scullery, and made his way up to bed, where Mrs. Jones was already snoring.

这是乔治·奥威尔（George Orwell）所写的讽刺小说《动物庄园》（*Animal Farm*）中第一章的开头一段。这段文字写的是庄园主人琼斯先生（Mr. Jones）醉酒后的情景。有一出版物是这样翻译的：

> 故事发生在曼纳庄园里。这天晚上，庄园的主人琼斯先生说是已经锁好了鸡棚，但由于他喝得醉意十足，竟把里面的那些小门都忘了关上。他提着马灯踉踉跄跄地穿过院子，马灯光也跟着一直不停地晃来晃去，到了后门，他把靴子一脚一只踢了出去，又从洗碗间的酒桶

> 里舀起最后一杯啤酒，一饮而尽，然后才上床休息。此时，床上的琼斯夫人已是鼾声如雷了。

这段译文若从语义传达与叙事视角选择来看，还是相当不错的！但若从“醉意十足”的人的角度来看，译文中有几个地方值得商榷。比如“到了后门，他把靴子一脚一只踢了出去”，再如“又从洗碗间的酒桶里舀起最后一杯啤酒，一饮而尽，……”。一般说来，“醉意十足”的人是不会意识清楚地、目的明确地一脚踢出去一只靴子的，靴子踢掉了往往是因难胜酒力，步履不稳，走路踉跄，脚步拖拽地面所致，如此这般解读与前一句的“lurched across the yard”（踉踉跄跄地穿过院子）语义脉络上也贯通一致。此外，“醉意十足”的人靴子踢掉了，往往会浑然不觉，也不会去理会，而且什么时候踢掉的，也会全然不知，这是真“醉汉”的写照。再者，“醉意十足”的人最后为自己从酒桶里舀起一杯啤酒，是否还会像常人在清醒状态时那样一饮而尽，也很难说。喝醉的人，喝酒喝到最后是怎么喝下去的，往往连自己都不知道。不信的话，读者君疏狂一醉，可以亲自体验一下哦？！也许是这个原因，作者只写了琼斯为自己打了最后一杯啤酒，而没说他是怎么“处理”那杯酒的。我们可以想象：是全喝了呢，还是一滴都没喝？是全洒了呢，还是边喝边洒，或者全洒到衣服上了？等等。鉴于这样的分析，不妨以“叙事 + 醉酒”的视角，以“醉”译“醉”试试：

> 曼纳庄园的琼斯先生每到晚上都会把鸡棚一一锁好，但是今晚他酒喝得太多，忘了关上鸡棚的小门。他踉踉跄跄地穿过院子，手上提着的马灯东摇西晃，在后门口，脚上的靴子也踢掉了，又到洗碗间的酒桶里为自己打了最后一杯啤酒，这才回屋休息。而此时床上的琼斯太太正鼾声连连。

“醉汉”醉酒的样子，在上文中我们只能借助文字的连缀通过联想与想象来复现。而在诗人非马的诗作《醉汉》里，其踉跄的步履，痴痴的醉态，百结的愁肠，绵长的乡思则通过诗行的长短整散、字数的多少疏密等映现得颇为充分。且看那一年“我 / 非马”“醉酒后”写下的诗：

把短短的直巷
走成
一条曲折
回荡的
万里愁肠

左一脚
十年
右一脚
十年
母亲呵
我正努力
向您
走
来

酒浓情也深。醉酒的人行为举止个个相似，但醉酒的原因却各不相同。你醉你的清酒，我醉我的乡愁。回到上文开启处的“醉”译，可顺带一说的是，译文中叙事时增加了一个情景逻辑，用“每到晚上”与“今晚”来表征行文的顺畅与情景对比，也暗示出琼斯先生一贯的工作态度。描写“醉意十足的”琼斯走路状态时，按照先大后小的认知逻辑编排了行文，即先写踉踉跄跄的人，再写手提着的不停晃荡的马灯。如此这般行文，是否更为简练自然呢？

你醉过酒，翻译中对醉酒情景的表现会多一份关切。同样地，你跳过舞，翻译中对舞蹈表演的处理也会多一分体认。提起杨贵妃，我们都知道她是我国古代四大美女之一，但不一定都熟悉通音律、善歌舞的杨贵妃写的《赠张云容舞》这首经典的舞蹈诗。诗的全文是这样的：

罗袖动香香不已，
红蕖袅袅秋烟里。

轻云岭上乍摇风，
嫩柳池边初拂水。

这首诗写舞女舞动起来时芳香四溢，扑鼻而来，舞姿徐缓时，宛如出水芙蓉在秋雾弥漫中冉冉升起；舞步轻盈时，宛如一片云彩随风轻轻飘过山岭，又恰是依依的垂柳轻轻拍打着池塘的水面。美国意象派诗人艾米·罗厄尔（Amy Lowell）对这首舞诗是这样翻译的：

Dancing

Wide sleeves sway,
Scents,
Sweet scents
Incessant coming.

It is red lilies,
Lotus lilies,
Floating up,
And up,
Out of autumn mist.

Thin clouds,
Puffed,
Fluttered,
Blown on a rippling wind
Through a mountain pass.

Young willow shoots
Touching
Brushing

The water
Of the garden pool.

这首诗译成这样，我觉得译者罗厄尔是会跳舞的或者说懂舞蹈的，不然她就不会将文字长短伸缩，上下腾挪，设计成舞步、舞曲的样子，从编排形式上来启示读者，引人舞起来的遐思。关于这首诗的译文，有人这样说："但我觉得原诗有如袅袅秋烟，轻云摇风，嫩柳拂水，节奏缓慢，从容不迫，读了好像看见唐代宫女在轻歌曼舞一样。而译诗给我的感受，却像听见美国女郎在酒吧间跳摇摆舞，时快时慢，如痴如醉，印象大不相同。"[①] 还有人这样说："原诗音调轻盈舒缓，……""译诗……，节奏中夹着快速与急促。""译诗情绪激越，舞姿快速，……"[②] 译文表现的到底是轻歌曼舞，还是热歌劲舞呢？跳过舞的人，对舞步的快慢频率、身体转动幅度的大小与脚下力度的轻重等是有鲜明感知的。慢四步的徐缓轻柔，快三步的快速轻盈，其区别还是较为明显的。对比原文与译文，我们看到原文 4 行，译文延展成 19 行，进一步说，原文中单独 1 行，译文中分别对应地译成了 4–5 行，如此一来，形式上大大延缓了诗句所描绘的情景在时空中演进的速度。不仅如此，译文中所选用的动词动作力度是轻轻的，幅度是小小的，形态是缓缓的，声音是弱弱的。比如，sway、floating、puffed、fluttered、rippling、touching、brushing 等。此外，译文不断跨行、使用标点以及跨节又进一步延缓了行文的速度。整体来看，译文情绪并不激越，舞姿也非快速，如痴如醉的状态也难觅踪影。译文是在缓缓地舞动，动作在缓缓地转换，文字也是在缓缓地散开。如果真要看舞姿快捷的作品，不妨读读美国诗人西奥多•罗特克（Theodore Roethke）的诗作"My Papa's Waltz"。酒后的华尔兹舞，"我"和"我爸爸"是不是跳得情绪激越，动作快速，如痴如醉呢？纸上的文字是静止的，朗读起来才是动态、立体、多维的。不信，请大声读起：

The whiskey on your breath

① 许渊冲．翻译的艺术．北京：中国对外翻译出版公司，1984：118．
② 田菱．异域诗美的全方位展现——论诗歌翻译的审美视角．外国语，1993（6）：27–30．

Could make a small boy dizzy;
But I hung on like death:
Such waltzing was not easy.

We romped until the pans
Slid from the kitchen shelf;
My mother's countenance
Could not unfrown itself.

The hand that held my wrist
Was battered on one knuckle;
At every step you missed
My right ear scraped a buckle.

You beat time on my head
With a palm caked hard by dirt,
Then waltzed me off to bed
Still clinging to your shirt.

"我／诗人"拿什么思念我的父亲？诗人写起小时候与酒后的爸爸跳过的那曲华尔兹舞，从客厅跳到厨房，从厨房跳到卧室，节奏快捷（快三步），动作不标准，舞姿欠规范，步法也不熟练。高雅的华尔兹舞中虽夹带着泥土的气息，但普通人的日常生活氤氲着艺术的气味与浪漫的色彩，给人"野百合也有春天"的遐想。凡事一切，你经历，你感知，你朗读，你领悟，你再翻译，结果自然会不一样。读者君可据此解说进行试译。

我为译狂。为了翻译去饮酒，为了翻译去舞蹈，为了翻译去……。"纸上得来终觉浅，绝知此事要躬行"（陆游《冬夜读书示子聿》）将此励志诗句应用于翻译实践，其最后收获肯定是大大的！

第十七章　打麻将与做翻译

打麻将好不好？有人说打麻将容易虚度光阴，游戏人生，玩物丧志；有人说打麻将能怡情悦性，锻炼大脑，益寿延年。喜剧演员田克兢则在讽刺小品《麻厂长》中这样说道："麻将打得好，说明有头脑；麻将打得精，说明蛮专心；麻将打得细，说明懂经济；麻将通宵"嘎"（湖北方言，打的意思），说明干劲大；赢了金山不发泡，说明心理素质高；输掉裤子不投降，说明竞争意识强。"如此言说，是耶非耶？会打麻将的你，你懂的！麻将有如此强大的魅力，个中原因难以一一道明，这里只说一点，稍加演绎，以窥一斑。

通常情况下，久打麻将的人打牌过程中起手摸牌后，往往不会直接抓起牌，随手很快掷出去完事。比较常见的情形是，他首先会用手指暗暗地触摸牌面，继而在脑子里回想牌底是多少，接着翻开牌目视牌面的结果，然后顺手将其在桌面上用力一跺，最后若是胡牌了，成功的喜悦会得到升华，若是牌非所愿，便会无奈地将其掷到桌面当中，不时还会伴随一句"臭牌！"，随即又投入新的"战斗"中。整个过程从玩牌者的感官感受来看，摸牌是触觉，想一想牌底是意觉，目视牌面是视觉，跺牌是动觉，落牌时发出的响声是听觉，等等。合而观之，玩牌者的体验是触觉、意觉、视觉、动觉、听觉等多种感官经验协同参与，最终共同指向成功或失败——也许这便是打麻将具有持续吸引力的魅力之一。在审美认知上，人们将这种"九九归一"形成终极感受的情形称之为多角度同向感受。多角度同向感受应用于创作的情形较为常见，可以使作者笔下所写的人、情、物、事给读者留下集中、突出、深刻的印象，同时营构出一种别样的意境与氛围，让读者浸淫其中，“流连忘返”，不能自已。美国作家汤姆•沃尔夫（Tom Wolfe, 1931—）写过一篇关于纽约地铁站（The Subway）的文章，文章开篇处这样写道：

> In a way, of course, the subway is the living symbol of all that adds up to lack of status in New York. There is a sense of madness and disorientation at almost every express stop. The ceilings are low, the vistas are long, there are no landmarks, the lighting is an eerie blend of fluorescent tubing. The whole place is a gross assault on the senses. The noise of the trains has a high-pitched harshness. People feel no qualms about pushing whenever it becomes crowded. Your tactile sense takes a crucifying. The odors become unbearable. Between platforms, record shops broadcast 45 r. p. m. records with metallic tones and lunch counters serve the kind of hot dogs in which you bite through a tensile, rubbery surface and then hit a soft, oleaginous center like cottonseed meal, and the customers sit there with pastry and bread flakes caked around their mouths, belching to themselves so that their cheeks pop out flatulently now and then.

这段文字内容较长，但结构十分清晰，作者先总起后分述，将自己所观察到的纽约地跌站的情景一五一十地描绘出来了，给读者尤为突出而深刻的印象：站内低矮的天花板（low）、狭窄而冗长的通道（long）、毫无界标或装饰的墙体（no landmarks）、幽灵般的灯光（eerie）、刺耳的噪音（high-pitched）、难闻的气味（unbearable）、乘客毫无顾忌地推搡（feel no qualms）、棉籽粉似的热狗（cottonseed）、狼吞虎咽的模样（pop out flatulently）……凡是一切，处处给人带来这样或那样的压抑感或不适感，让人很难想象在一贯标榜民主、自由、富庶、繁荣的美国，人们的生存环境竟然会如此糟糕、恶劣。进一步说，从上文的下划线词语中，我们可以看到作者笔下无论写他看到的、听到的，还是写他触摸到的、嗅闻到的、（他人）

品尝到的，一切的一切都让人感到单调、压抑、不适、难受、恶心，甚至是痛苦。概而言之，这便是人们眼耳鼻舌身多角度感官经历后带来的同向审美感受。

类似这样的例子，英汉双语中不乏其例。闻一多的诗作《死水》，雪莱（P. B. Shelley）的诗作《挽歌》（A Dirge）均是显例。一般来说，英汉互译实践中，先辨识原文中从多角度所描绘的对象特点及其共同营构的同向感受，然后如实转存，予以再现，便可实现翻译的等值等效。且看下例：

原文：**A Dirge**

P. B. Shelley

Rough wind, that moanest loud
　　Grief too sad for song;
Wild wind, when sullen cloud
　　Knells all the night long;
Sad storm whose tears are vain,
Bare woods, whose branches strain,
Deep caves and dreary main, —
　　Wail, for the world's wrong!

译文：**哀歌**

雪莱

嚎啕大哭的粗鲁的风，
　　悲痛得失去了声音；
横扫阴云的狂野的风，
　　彻夜将丧钟打个不停；
暴风雨空把泪水流，
　　树林里枯枝摇个不休，
洞深、海冷、处处愁——
　　号哭吧，来为天下鸣不平！

——王佐良译

译文中“风嚎啕、粗鲁、狂野”“云阴沉、凄惨、悲鸣”“枯枝乱摇”“洞深海冷”，这些语词逐一对应着原诗中的一个个“悲惨的”意象，合起来审视，它们相互影响，彼此浸染，共同营构出原作中哀伤、愁苦、鸣不平的意蕴氛围。由此来看，从多角度同向感受视角审视译文，对我们从整体上把握与评判译文选词造句的情感色彩是否合适允当与和谐统一具有一定指导意义。国际共产主义战士白求恩（Norman Bethune）写过一篇名为 The True Artist 的短文，文章盛赞了真正的艺术家不墨守成规，不甘于现状，勇于开拓创新的特点与精神，该文结尾处这样写道：

> He is an agitator, a disturber of the peace — quick, impatient, positive, restless and disquieting. He is the creative spirit working in the soul of man.

就这两句，教学过程中有同学这样翻译：

> 他是和平的搅乱者、破坏者，雷厉风行，急不可耐，积极向上，难以满足，令人不安。

显而易见，译文中不同词义褒贬不一，较为混杂，如“急不可耐”“积极向上”，有的甚至“相互抵牾”，如“雷厉风行”“令人不安”。读到这样的译文，多少会让人感到有些莫衷一是，心中也难以形成一个较为趋同的定向感受或较为清晰的“真正的艺术家”（The True Artist）统一形象。同此例文，还有人这样翻译：

> 他是一个鼓动家，一个打破平静生活的人物——聪颖敏捷、充满渴望、坚定果断、不知疲倦和引发不安。他是活跃于人类灵魂中富有创造力的精灵。——毛荣贵译

整体来看，译者较好地把握了原文的主题倾向，从多角度再现了一个

真正艺术家的正面形象，译文辞达意显，准确通顺，节奏自然妥帖。但值得一议的是，其中的短语“引发不安”的语义色彩偏于贬义，与译文中其他短语均为褒义的色彩还存在不甚协调之处，因此，译文在营构鲜明、突出的同向感受方面还略有欠缺。鉴于此，可承接前文“不知疲倦”的表达法将“引发不安”修订为“不满现状”之类偏于褒义正能量的词语，与此同时可删除文中的“和”字。

翻译中多角度同向感受的实现与译者主观能动性的发挥有着密切的联系。译者受其思想文化传统的影响，其主观能动性的发挥有时会使多角度同向感受在译文中出现“错位”的审美重构，从而使最终形成的译文与原作大异其趣。“在中国，占主导地位的是天人合一的思想文化传统，在西方，占主导地位的是主客二分的思想文化传统，这便是中西文化思想传统之主要区别。”[①] 天人合一的思想文化传统体现在山水诗的创作上，往往明写的是自然界客观的山水景物，暗表的是诗人的寓情于景的志趣怀抱。比如张九龄的诗作《湖口望庐山瀑布》便是极具代表性的例证。且看全诗：

万丈红泉落，迢迢半紫氛。
奔流下杂树，洒落出重云。
日照红霓似，天清风雨闻。
灵山多秀色，空水共氤氲。

作者明写的是湖口瀑布宏大的气势、非凡的伟力以及瀑布周围壮美的景致，暗表的是作者超尘脱俗的品格，奋发昂扬的斗志与自由洒脱的胸襟。然而当我们读到唐安石（John Turner）这样的译文时，我们所得到的却是别一番感受。

The Waterfall

Out of the mists and the clouds with a leap and a shuddering cry
The waterfall, red with the blood of the earth, crashes to death with a sigh,

① 张世英．略论中西哲学思想的区别与结合．学术月刊，1992: 2 (3).

Down past the shivering trees to the rocks where its water die
To arise in a vapour of ghostly forms seeking again the sky.
They weave from the threads of the sun a rainbow of tremulous light
While the sound of their dying sighs is the voice of a storm in its might.
The mountains in beauty dressed stand awed by that magical sight
Of the wedding of Heaven and earth in a waterfall's headlong flight.

从译文中画线处的短语中，我们看到译者笔下的瀑布带来的是战栗、哭嚎、流血、死亡、魅影、恐怖与魔幻等的感知与印象，这样偏于消极意味的多角度同向感受是汉文化读者难以体验或想象得到的。何以至此呢？我们认为在秉承主客二分文化传统的西方译者眼中，未知的自然或不为人所把握的自然往往是陌生的，令人不安的，甚至是恐怖的，这便是唐安石译文进行审美重构最为基本，也是最为根本的动因。

多角度同向感受的获得，可来自原作整体上显在的词义褒贬色彩，可来自原作隐在的整体意蕴氛围，也可来自译者文化传统的主观设色，还可来自文本中词语整体上的声音特点。有关词语整体上的声音特点可带来的多角度同向感受，在阅读与翻译实践中往往容易为人们所忽视。日常生活中，听话听音，听音辨情，相对容易把握。阅读纸上无声的文字，要把握作品的情感基调有时就不那么直接，这需要读者激活文字的声音及其所含蕴的情感，很显然这对提升学习者写作与翻译的艺术是颇具参考价值的。下面略举一例，以窥一斑。

It is 7:30 a. m. As the alarm clock burrs, the bedroom curtains swing silently apart, the Venetian blinds snap up and the thermostat boosts the heat to a cozy 70°. The percolator in the kitchen starts burbling; the back door opens to let out the dog. The TV set blinks on with the day's first newscast: a selective rundown (ordered up the night before) of all the latest worldwide events affecting the economy — legislative, political, monetary.

(The Age of Miracle Chips taken from *Time*, February 20, 1978)

这段文字讲述的是电子芯片时代的到来，给人们日常生活带来的巨大影响与变化。作者描写了早上七点半人们日常生活起居的一系列琐事：闹钟铃响（burr）、窗帘打开（swing）、空调调节室内温度（boost）、煮咖啡（burble）、开门（open）、打开电视（blink），等等。这些日常琐事逐一呈现只是传达了基本的事实信息，然而我们若关注上文中画线词语的语音构成与彼此相互呼应的联系，就会注意到这些字词多以［b］音开头，而且多含有长元音与双元音，听起来给人以徐缓、低徊、静谧的感觉，而含有清辅音［s］的字词听起来则给人以轻柔、轻快、清爽的感觉，它们彼此浸染，相互影响，共同形成这样的意境与氛围：芯片时代的生活便捷、舒适、温馨与美好。以此作为多角度同向感受的“终极”参照，我们翻译时选词用字就会别有一番考量与推敲。且看如下译文：

> 清晨七点半，闹钟铃声叮叮响起来，卧室的窗帘向两边徐徐展开，百叶窗帘嗖的一声向上收起，恒温器将室温调节到令人惬意的华氏 70 度，厨房的咖啡壶开始汩汩作响，后门缓缓打开放出小狗。电视机荧光屏闪亮，开始播报当天的第一套新闻节目，这是（头天晚上预先设定好的）一份选择性新闻提要，内容包括世界上刚刚发生的影响经济发展的所有重大事件，涉及立法、政治以及金融三大方面。

打麻将多属游戏或娱乐之列，一般来说，与翻译实践扯不上多少干系。但打麻将者在游戏过程中眼耳手脑身协同并用，专于一事的亲身体验过程，与作者或译者在创作或翻译过程中多感官并用，不断聚焦的审美感知过程是趋同的，他们的最终的目标是趋于一致的。如此联系，引来做类比解说，以求谈译论道，更为直观，更具体验，也更为印象深刻。是耶非耶？留给读者诸君评判。

第十八章　异质同构说翻译

陆机在《文赋》中说“遵四时以叹逝，瞻万物而思纷；悲落叶于劲秋，喜柔条于芳春。心懔懔以怀霜，志眇眇而临云。”刘勰在《文心雕龙·物色》中说：“物色相召，谁人获安？是以献岁发春，悦豫之情畅；滔滔孟夏，郁陶之心凝；天高气清，阴沉之志远；霰雪无垠，矜肃之虑深。”两者都讲述了在审美感受与审美经验中，人的情感与自然外物有着深层的对应关系。简而言之，就是心物相应，情景互通。用西方格式塔心理学派的话说，即是“异质同构”。

不同的心情可有不同的外在景象予以对应表现，不同的外在景象可以传递不同的情调心态。复杂微妙的情感与特定的外在景象在力度、速度、强度、气势、情调等方面相吻合，便可实现高效地传情达志。根据情与景之间的对应关系与内在属性，可以将文学作品中情景关系的表现形态划分为豪情壮景、柔情悲景、悠情清景等类型。这几种基本类型对文学作品尤其是诗歌中意象组合的翻译与评赏不无指导意义，以下结合具体译例逐一说明之。

先说豪情壮景。豪情的情感状态激越强烈、高亢奔放、气势雄健，具有浩然之气、阳刚之力。范开说“气大者声心宏，志高者意必远”（《稼轩词序》）与豪情相对应的物象世界多具有博大寥廓、雄浑磅礴、高大伟岸、阳刚雄健的特点。如李白《西岳云台歌宋丹邱子》中诗句“巨灵咆哮擘两山，洪波喷流射东海”，陆游《秋夜将晓出离门迎凉有感》中诗句“三万里河东入海，五千仞岳上摩天”，这类诗句中所描绘的情景既在空间上高远，体积上庞大，又在力量上强健，速度上快捷。因而其意象及其组合（如巨灵、咆哮、两山、洪波、喷流、东海、三万里、五千仞、摩天等）显示出的诗情是豪情胜慨、昂扬激越、气势磅礴。翻译实践中辨识与把握原作选词造句的情感与色调，对再现原作的诗情与风格尤显重要。例如：

原文：**子夜秋歌**

李　白

长安一片月，万户捣衣声。

秋风吹不尽，总是玉关情。

何日平胡虏？良人罢远征。

译文 1：**Absence**

Our slender Moon in quiet wanes away.

Around me dully thuds the washing bar:

Nor drops the Wind long Autumn from its wings.

While all my heart is at the frontier far.

Ah! When will all our foes be beaten back,

And my dear husband finish distant war?

— tr. W. J. B. Fletcher

译文 2：**The Song of Wu by Zi Ye**

Over the city Chang-an the moon is so bright.

A myriad sound of pounding the clothes is loud at night.

The autumn wind will never blow such sound away

While wives miss their husbands who at the frontier Passes stay,

Hoping the rebellion of the northern tribes be put down fast

And their husbands will come back from the expedition at last.

— tr. Tu Di & Tu An

原诗通过描写思妇月明之夜为远行征人赶制冬衣，表达了思妇对亲人的无限怀念与对和平生活的强烈期盼，抒发了诗人对思妇不幸遭遇的深切同情，但诗人笔下的意象毫无孤苦伶仃、儿女情长的暗淡景，而是回肠荡气、激动人心的明亮色。《唐诗三百首译注评》第 547 页上说：“前四句文气俊逸而豪迈，后两句词语幽婉而超远。”合而观之，其诗情显得豪迈、激越、深沉、广远。与此“情”相对应的“景”则显得宏大、广阔、悠远：“长安”“一片月”“万户”“捣衣声”呈现的是空间广阔、数量巨大与力度强劲的意象，“秋风吹不尽，总是玉关情”表现的是空间辽阔，时间悠远的情景。鉴于此，从译文来看，译文 1 改写了前四句中诸多意象的存在形态及其组合方式：宏阔、广远的意象“长安”“万户”“吹不尽”等多有遗漏，消解了原诗豪迈、深沉诗情的传达，也遮隐了其间蕴涵的社会文化意义。“长安一片月”译为 Our slender Moon in quiet wanes away，显得玲珑小巧、黯淡无光，与原文的“明月朗朗照长安”有区别。“（万户）捣衣声 / the washing bar”显得“势单力薄”，听起来也范围狭小，呆钝无情（around dully thuds），改写了诗中“思妇”的深情与当时普遍的社会现实。“秋风”的比喻表达也显得纤小，缺乏宏阔、广远的气势，不利于“景中情”的传达。整体而言，译诗表现的是思妇个人别离中的孤独、伤感与期盼，这与原作“豪情壮景”的风格是颇不一样的，可以说恰好相反。对比之下，译文 2 转存了原诗意象的情感与色彩：“长安”的空间是阔大的（over the city of Chang-an），“一片月”是明亮辉煌的（so bright），“万户捣衣声”是响彻夜空的（loud at night）、震撼人心的，“玉关情”是吹不尽、绵延不绝的（never blow such sound away）。整体而言，译文 2 较好地转存了原文的宏大景象，也因之再现了原文的豪情胜概，这也是与诗人李白豪放飘逸的诗风相一致的。

再说柔情悲景。与豪情相反，柔情的情感状态纤弱、轻柔、低迷，呈现出委婉阴柔、缠绵悱恻、阴郁感伤的特点。与柔情同构的物象世界一方面表现为纤弱、娇小、轻巧、细软、绮丽等女性化的形态与性格特征，另一方面表现为天地万物的冷落、自然生命的萎缩。如孟浩然《送杜十四之江南》中诗句“日暮孤帆泊何处，天涯一望断人肠”，马戴《灞上秋居》中诗句“落叶他乡树，寒灯独夜人”。这些诗句中所呈现出的情景色调是暗淡、萧瑟、凄苦的。其意象及其组合（如日暮、孤帆、断人肠、落叶、他乡、寒灯、独夜人等）具有孤独、凄凉、冷落、萧瑟的特点。翻译这类诗作，需辨识与把握诗作中意象及其组合阴柔委婉的特点，这样方可传译出原作缠绵悱恻的诗情与阴柔沉郁的风格。例如：

原文：**送李端**

卢　纶

故关衰草遍，离别正堪悲。
路出寒云外，人归暮雪时。
少孤为客早，多难识君迟。
掩泣空相向，风尘何所期。

译文 1: **A Farewell to Li Duan**

By my old gate, among yellow grasses,
Still we linger, sick at heart.
The way you must follow through cold clouds
Will lead you this evening into snow.
Your father died; you left home young;
Nobody knew of your misfortunes.
We cry, we say nothing. What can I wish you,
In this blowing wintry world?

— tr. Witter Bynner

译文 2: **Seeing Li Duan Off**

Withered grasses cover the ancient pass,
How great our grief is at our parting!
Your path goes beyond the cold clouds,
My return is shrouded by twilight snow.
With father dead, I early left home;
Beset by mishaps, I made your acquaintance late.
We face each other in silence, suppressing our tears;

How can we expect to meet again in these times of tumult?

— tr. Qiu Ke'an

原诗是送别诗，送别的深情以“悲情”为中心弥散开来。围绕着“悲情”展开的意象世界——衰草、寒云、暮雪、少孤、客早、掩泣、风尘——在情感与色调上均呈现出阴沉、冷落、凄苦的特点。从译文来看，译文 1 中部分意象的情感力度与原作颇有差别：“yellow grasses”不及“衰草”所引发的情感强烈，而且“故关”“衰草”充当的也是离别的背景（By my old gate, among yellow grasses），在诗作中被知性地予以了逻辑解说，显在地改变了其在诗作中与其他意象相互并置，共同传情达意的作用。“寒云”“暮雪”句说的是，友人前去之路会很远很远，诗人送别友人直到黄昏下雪时才返回，情景中透出朋友间深厚的情谊，意象组合的跳跃安排更利于诗情的生发与延展，而译文 1 以西方人的直线思维方式改写了原文错综思维的言说方式，变成了友人径直远去，直到暮雪纷纷，并进一步聚焦叙述友人的人生境况，如此一来，失去了“我”与“友人”之间“情感”的互动以及患难遇真知的深情，也截断了与下文意象“掩泣空相向”的隐性关联。综而观之，译文 1 弱化了送别友人真情的深度，离别悲苦的强度。相比之下，译文 2 较好地传译了原诗的运思方式，在诸多意象所呈现的情感与色调上均与原文谋得了基本一致，如衰草 / Withered grasses，寒云 / the cold clouds，暮雪 / twilight snow，掩泣 / suppressing our tears，等等。因而较好地再现了原作柔情悲景的风格。

最后说说悠情清景。悠情的情感状态是悠然宁静、清虚冲淡，表现出清静无为、淡泊平和、无喜无忧的特点。与悠然闲适之情相匹配的是清澄空明之景，其物象世界表现为自然原色、天然“无我”的特点。如陶渊明《归园田居》中诗句“种豆南山下，草盛豆苗稀”，王维《辛夷坞》中诗句“涧户寂无人，纷纷开且落”。这些诗句中所呈现出的情景色调是自然的、清寂的。其意象及其组合的情感与色调具有自然闲适、清寂空明的特点，显示出的诗情自然和谐、宁静淡泊。翻译这类诗作，需要译者在情感上做到不偏不倚，处惊不变，平和宁静，这样方可抓住诗作艺术风格，抵达诗作艺术真趣的理想之境。例如：

原文：**归嵩山作**

王 维

清川带长簿，车马去闲闲。

流水如有意，暮禽相与还。

荒城临古渡，落日满秋山。

迢递嵩高下，归来且闭关。

译文 1：**Bound Home to Mount Sung**

The limpid river, past its bushes

Running slowly as my chariot,

Becomes a fellow voyager

Returning home with the evening birds.

A ruined city-wall overtops an old ferry,

Autumn sunset floods the peaks.

Far away, beside Mount Sung,

I shall close my door and be at peace.

— tr. Witter Bynner

译文 2：**On Returning to Sung Mountain**

The clear stream girdles the long copse,

Carriage horses amble with ease, with ease.

Flowing water seems to be purposeful.

Evening birds in pairs return.

Barren city walls overlook the old ford,

Fading sunlight fills the autumn mountains.

Far and distant — below Sung's height;

I've come home, and close the gate.

— tr. Paul Kroll

原诗只写诗人一路所见之景，看似漫不经心，但景中蕴含着一种闲逸和谐心境，一种随缘自适的情趣。从诗作意象的角度来看，这种心境或情趣贯注于其间的每一个意象及其系列组合的呈示中——“(清川)带(长簿)”的舒适、美好，“去闲闲”的悠闲、自得，“流水”的自然、畅达，“暮禽(相与还)”的谐和、温馨，“荒城”“古渡”的朴拙、宁静，“落日”“秋山”的淡远、空明；等等。从译文来看，译文1改写了“长簿”“车马”“流水”“暮禽”等意象在诗作中所具有的同等地位以及共同营构诗意的功能。具体地说，以上意象均化成了诗作的背景，并在环环相扣的逻辑演说中按时间顺序推进，这与原诗中意象组合按同时性而非线性来营构诗意的方式是大不一样的。因此译文1未能充分转存原作的清景与悠情。比照之下，译文2转存了诗作中各意象的存在形态及相应的地位与功能，通过选用“girdles”“amble”“seems to be purposeful”“in pairs return”等字词再现了原作中“闲适”“和谐”“温馨”的意蕴氛围，体现了“一片风景就是一种心情”的诗艺之美。

从上可见，心物相应，情景互通，异质同构，既可用作翻译过程中理解原文、表达与评赏译文的一种策略，又可用作翻译过程中一种具体的实操方法。从策略上讲，上述情景关系的三种类型可看作是实践多角度同向感受这一审美大原则的细化与深化。从方法上看，可用来指导译者如何针对性地选词造句、谋篇布局，以求实现与原作意象组合或系列呈示在情感与色调上的等值等效。

通过上述译例对比，我们看到不同译者尤其是中西译者把握与表现原作情景关系的差异。究其原因，有的是思维方式差异所致，即英语民族表情达意长于直线思维，而汉语民族善于错综思维。翻译中以直线思维改写错综思维便会改变诗情的流动与延展路径，从而影响作品主题与整体审美效果的传达。有的是句法结构差异所致，即英语句子多呈树状结构，句子突出主谓机制，其他成分往往连接在主谓轴上；而汉语句子多呈竹状结构，即一个句子语义块加上另一个句子语义块，一直加到意思表达完毕。翻译实践中以英汉不同的句法结构互换，容易以英汉语言句法的普适规范格式化各自语言表达方式的个性特色，具体到诗歌作品来说，容易以日常语言的句法规范格式化诗歌语言的“意象句法”规范。还有的是因为时代诗学因素影响所致。比如，浪漫主义末期维多利亚时代“多愁善感”的诗风对原文“豪情壮景”的改写。最后一点也是最不应忽视的是中西诗学中情景观的差异。西方诗歌早期偏重人事，景物只起背景的作用。古典主义主张模仿自然，更多强调“景”的客观的一面，基督教义的兴起，几乎将山水自然视为一种罪恶，影响到人的灵魂的完成，山水自然景物因此常被用来寓意、抽象化、人格化、说教化。18世纪浪漫主义兴起，自然诗蓬勃发展，但诗中的“景”只是予人以启示、施人以洗礼、帮人完成灵魂与精神得以升华的“引线”。因而有学者指出：“考察一下英诗中外界常常扮演内心感受的陪伴者这种角色，便不难理解为什么大部分英诗读者总想把中国诗里的‘景’解释为‘情’的附属品，是‘情’的背景，而且只能如此。”[①] 20世纪初西方新诗的开始才强调情景的结合。很显然，从“景”在西方文学、文化中的作用、地位与功能的整个历程来看，这与中国文化传统中主导的景中情，情中景，情景交融的和谐观是颇不一样的。不一样的情景观自然造就了不一样的认识观及至翻译中的表现观，造就了“景”在翻译中不同地位、作用与功能的嬗变。

值得强调一说的是，通过以上译例对比，我们也在“悠情清景”案例中看到了西方译者向汉诗意象思维及其句法特征靠拢的鲜明趋向。在这一意义上，中国式的情景相通和异质同构的诗歌创作技艺与方式是可以走进西方人的视野与心田的。人们所谓的“诗之不可译”更多的应是针对诗歌翻译共时情境下的言说，从历时语境来看，诗之可译是必然的。

① 李达三、罗冈．中外比较文学的里程碑．北京：人民文学出版社，1997:275-276.

第十九章　打拳与翻译

——读张智中教授译诗[①]

智中教授好读书，爱翻译，尤其爱译诗。他夜夜勤读，寻章摘句，为的是日后翻译时淬炼出钻石般的字句。他日日笔译不辍，积少成多，聚沙成塔，为的是有朝一日实现通天的梦想。时至今日，他已翻译了近百本诗集，著译等身不等身不知道，但让人由衷地点个大赞应是必须的！曾几何时，开会期间与智中同住一屋，他居然手握一卷英文诗集达旦通读，而且边读边改边批注，翌日讲起来旁征博引，滔滔滚滚。智中读诗、译诗的干劲之大，热情之高，钻研的兴趣之浓，我见过、领略过、印象尤为深刻过。未能亲见智中者，一定会心生好奇与疑问：哪有那么玄乎？！哪有那么神奇？！玄乎不玄乎，神奇不神奇，也许读读他的译文可以找到点蛛丝马迹。王维诗《田园乐·其六》中这样写道：

桃红复含宿雨，
柳绿更带朝烟。
花落家童未扫，
莺啼山客犹眠。

诗写了田园生活的清幽、宁静与美好，宛如人间桃源，令人心向神往。

① 张智中目前执教于南开大学外国语学院，教授，博士（后），博士生导师。

智中是这样翻译的：

Red peaches glisten
with the night's rain,
green willows tinctured
with morning mist.
Flowers falling and fallen
the house boy has not swept them yet;
orioles twittering in the dream
of the mountain guest.

译诗中智中的想象是活跃的，飞腾的想象下选词用字是贴切的：桃花如何饱含昨夜的雨滴呢？他译成"红红的桃儿晶莹闪亮着（Red peaches glisten）/ 昨夜的雨水（with the night's rain）"虽未翻译"含"字，但"含"字已蕴涵其间。这样的句法结构不禁让人想起有"红轮手推车诗人"美誉的意象派诗人威廉斯（W. C. Williams）笔下的诗句"a red wheel/barrow// glazed with rain / water"。柳树又如何带上朝烟呢？他译成"绿绿的柳树氤氲着 / 朝烟，（似淡若无，若即若离）"未译"带"字，而"tincture"一词表现的情景似乎更真切传神。还有"花落"译为"落红纷纷，落花满地（Flowers falling and fallen）"与译诗下文连读，让人联想到的不是"未扫"，而是怎么扫也扫不尽，怎么扫也扫不完啊！盎然的春意实在太浓太浓。"犹眠"译为"（由醒入梦，啼）进梦里（in the dream）"。从"眠（sleep）"到"梦（dream）"虽一步之遥，但没有联想与想象也不是那么容易做到。"orioles"与"dream"连用，隔着英文，可以看到汉诗"打起黄莺儿，莫教枝上啼，啼时惊妾梦，不得到辽西"的踪迹。如此比读，同样的情景，虽所指各异，但表达美好的感受是相同的。译诗是传递原文文本中的文化，还是传递源语文化系统中的文化。如此等等，不一而足。合而观之，智中译笔所及，均是我们生活中可亲身所历、亲眼所见的现象，换言之，是生活中"你有我有全都有"的现象。基于这样的认识，其译文实现翻译的等效应是情理之中的事了。

译诗形式上，智中的手腕是机巧的。他大体按原诗行字数 4+2 的方式进行了切分跨行，这样做强化了诗意的感兴："红红的桃儿闪闪亮"，读到下一行方知那是昨夜雨水添的光。"绿绿的柳树朦胧胧"，读到下一行方知那是朝雾帮的忙。但智中并不机械，在接下来的两句诗行的翻译中，他因势利导做了较为灵活的调整。第三句按字数 2+4 的方式来翻译（花落 / 家童未扫），第四句虽按字数 4+2 的方式来译，但将其语序调整为：莺啼犹眠 / 山客。无论是按 4+2，还是按 2+4 切分跨行，他心中均有把平衡诗行长短或节奏的尺子，所谓匠心独运，从心所欲不逾矩，从这里可窥探到星星点点。

在译诗篇章的组构上，智中没有拘泥于传统译诗行对行，句对句的做法，也没有拘泥于传统译诗造句谋篇讲求语法逻辑的显性连接，他突显的是原诗的空间性特征，通过跨行将原诗四行译成八行，通过意象或短语 / 小句的并置（Red peaches / green willows / Flowers / orioles）来表现原诗篇章结构与意象逻辑。进一步说，他构建了这样一个动态的结构性空间：先是聚焦 Red peaches，接着镜头再往前一推看到了桃上的雨水，然后镜头往后拉看到 green willows，紧接着再后拉看到了迷蒙的朝雾，镜头左或右移动再一推看到 Flowers，镜头上下摇动看到 Flowers falling and fallen，镜头再往后一拉看到 the house boy，再一边移动一边再推看到远处或高处的 orioles，最后聚焦近处的 the mountain guest，通过镜头的推拉摇移创造性地表现了原作的空间，显得生动逼真，给人如临其境之感。当代墨西哥诗人、评论家帕兹（O. Paz）说现代诗歌的品格是"空间对时间的胜利，并列对连续的胜利"。由此观之，智中译诗中的现代诗歌元素及其组构的艺术性已赫然在目。智中说他的译诗实践遵循"散文笔法，诗意内容"的策略，[①] 从其具体实践来看，这"诗意内容"中显然应包含诗意的联想与想象以及有意味的表现形式。

智中译诗追求英文字句的品质与表现力，注重联想与想象的机巧运思，长于发掘大家共有的生活经验的表现形式，善于借鉴吸收现代英诗的元素。这些是他做好汉诗英译的有利条件。读读前文这首译诗，就可知晓

① 张智中．李白绝句英译．北京：商务印书馆国际有限公司，2021: 11.

他一本又一本译诗集的真味。

时代在发展，写诗译诗也在发展、变化、创新。继往开来，推陈出新，应是诗歌创作与翻译的主旋律。将传统汉诗译为传统英诗的格律体是一种译法，译为英诗的现代自由体或散体也是一种译法。无须说“古调虽自爱，今人多不弹”，也无须说“前人唱歌兼唱情，今人唱歌只唱声”。琴有琴调，瑟有瑟音，琴瑟和鸣，共同讲好中国诗词文化故事，立体多维地讲好中国诗词文化故事，这是切合目前现实情况的。智中译诗选择了自由体或散体，他走在新的形式与内涵的探索之路上。

人们常说翻译如绘画、摄影、演戏，而从翻译的实践过程来看，我觉得翻译像打拳。智中教授日日练、天天打，冬练三九，夏练三伏，现如今拳法越打越流畅，越打越娴熟，越打越精彩。

精彩是日日练练出来的，也是天天打才打出来的，期待智中教授打出更多精彩绝伦的拳头译作！

第二十章 “雾来了”译文相与析（I）[①]

尊敬的编辑老师：

您好！

《英语世界》是我常读的刊物，她的特色正如期刊每期封底所描述的那样，可谓名副其实，是本不可多得的好刊物！期刊上各类体裁的文章短小精悍，异彩纷呈，英汉两文对照，相映生辉，读来确是一种美的享受！笼统地说，期刊中小说、散文的篇幅或内容是主打。自去年起，刘士聪先生的散文汉译及讲解可谓锦上添花，熠熠生辉——选材眼光独到，译文平易质朴，讲解深入浅出，特色自成，令人难忘。诗歌一栏，每期均有小诗点缀，予人“万绿丛中一点红”之艺术美感。但近读今年（2008年）第3期，对其间“雾”诗译文有不同认识，拟作如下评赏与翻译，供读者参考。为便于对比阅读，列出贵刊当期原文及译文。

原文：**Fog**

Carl Sandburg

The fog comes
on little cat feet.

It sits looking
over harbour and city

① 本章原载《英语世界》2008年第7期，原标题为“对桑德柏格《雾》一诗译文的商榷”，独立撰写。

on silent haunches
and then moves on.

译文：**雾**

雾来了，
踏着小猫的脚步。
静静地，
它独坐俯视，
掠过城市和港口，
然后又向前游去。

这首诗写的是雾，但作者以有生命的猫的举止意态来描绘非生命的雾，雾猫合一，生动形象，意趣横生。该诗表情达意的艺术通过跨行表现得尤为充分。试做如下解析。

诗文第 1 行写“雾来了”，在诗行后留下空白，以虚孕实，由此逗引出雾在时间中、空间中生成与缓行的情态；待跨行至第 2 行时，在诗人看来，雾遂呈现出猫的形态与意态，故而“迈着小猫的脚步”，这里雾的徐缓轻灵便是猫的徐缓轻灵，猫的静悄悄、活脱脱便是雾的静悄悄、活脱脱，两者合二而一，相得益彰。

接下来雾或猫是走还是停，还是走走停停则又通过诗作跨行（尤其是通过第 2 行与第 3 行间的明显空白处，从诗歌织体的视角看，也叫跨节。）予以了充分的暗示与表现，这里作者可谓“计白当黑”，带给读者丰富的想象——也许是走累了想歇歇，也许是不想走了，（正在浓厚中的）雾 / 猫停下来，它边坐边看，形态可掬，而就在此刻，诗文又做了跨行，又留给读者雾 / 猫在时间中、空间中继续生成或活动的想象；待至第 5 行“默默地蹲着”——“雾”浓厚了，随之“猫”也蹲下了，细腻传神，切情切景！

紧接着又作一次跨行，雾 / 猫继续在时间中生成或活动，雾因集聚深浓而弥散开来，而猫因滞留则意欲前行，雾猫合一，便是最后一句诗行的出现。至此诗的跨行引发的感兴还在继续，读者不禁会问：雾 / 猫上哪儿去呢？它又会怎么样呢？诸多蕴含，尽在不言中。

合而观之，该诗通过跨行与跨节成功地营构与彰显了诗中的形象与意趣，形象因跨行与跨节而饱满鲜活，意趣因跨行与跨节而深厚浓郁，与此同时折射出诗人对生活的细腻观察与深切的热爱。

鉴于以上分析，以原诗为蓝本，译诗在选词用字、句式构建与篇章布局上值得商榷。在选词上，译者未曾营构出“雾猫合一”，相得益彰的形象。如“掠”“游”与“猫”的动作形象不协调，用来形容“雾”也欠妥当。

在句式上，从语言形态上看，原诗为两句。从诗学视角看，原诗为两节，共六行，两节对接共同呈现出一个完整的感知画面。“句”呈现为逻辑的表述，信息意义的传递;“节”彰显着经验的感知，昭示着诗情的起伏变化。译文中多用了4个逗号，将诗人的经验感知化为逻辑表述，消解了诗行文字“虚实相生”的创造艺术与意趣。

在篇章布局上，译文改变了原诗诗意格局的呈现形态，应是未曾看出原诗两个诗节之间大片留白的意味（也可能选材时对该诗形式特点的疏忽所致），便直接将这两个诗节的译文连缀成一个整体，很显然有曲解诗人语言编码布局的良苦用心之嫌。此外，“它独坐（俯视）”这个动作在行文中出现“过早”，取消了原文中“雾／猫”在时间与空间中缓慢生成或活动的举止意态。这也是翻译中的难点。鉴于此，试译为：

雾

雾来了
迈着小猫的脚步。

它俯视着
海港和城市
默默地蹲下
然后又悄然潜行。

祝编安！

张保红
2008. 3. 27

第二十一章 “雾来了”译文相与析(II)

尊敬的张老师：

您好！

来信收悉，承蒙抬爱、鼓励，不胜感激！第一眼看到您的名字，我便觉得很熟悉，因为在《英语世界》中常见，您是《英语世界》的老专家。

我喜欢中英诗歌，但所译不多。我喜欢和人谈诗歌翻译，但身边的同行多不大“感冒”此事。所以，您的来信我读了多遍，也很愿意向您谈谈自己对这首小诗的看法。您来信中提及的小诗翻译问题，我觉得很好，也有幸最先欣赏到您的两篇译文。诗虽小，要谈它的翻译也真有不少可谈。循着您来信中的要点，我试着再与您讨论讨论。

您的意见认为“little cat feet”可理解为“细碎的猫步”，而不是“小猫的脚步”。我的看法是，后者虽没说“细碎的”，但似可以涵盖之，因为经验告诉我们小猫的脚步大不了，这是其一；其二是译出“小”，为下文猫变大／雾变浓可以有个铺垫，这也符合时空进程中雾／猫变化的形态与情景；其三，“little”中含有诗作者一份爱怜之意的美好感情，这既是在言说雾／猫，也是在言说生活，这是较难译出的。比如英诗中类似的用法有：

Love Song

Samuel Hoffenstein

Your <u>little</u> hands,

Your <u>little</u> feet,

Your little mouth —
Oh, God, how sweet!

Your little nose,
Your little ears,
Your eyes, that shed
Such little tears!

Your little voice,
So soft and kind;
Your little soul,
Your little mind!

又如：**Little Things**

Julia A. F. Carney

Little drops of water,
Little grains of sand,
Make the mighty ocean
And the pleasant sand.

Little deeds of kindess,
Little words of love,
Make our earth an Eden,
Like the heaven above.

互文参照比读，"little"的蕴涵可就很丰富了。因此，以"细碎的"译之，注重了客观写实的一面，而主观抒情的一面难以重现，译为"小猫"是否在经验中较易于启示出主观的情感呢？

第二节好理解，易想象，但不好译。一个是雾 / 猫一边看海港与城市一边往下蹲（雾逐渐变得浓厚了），直至默默蹲下了——有动作过程，也有结果。诗人写的是 It sits looking / over harbor and city / on silent haunches，而不是Looking over harbor and city, / it sits on silent haunches或其他表达法。英文写得很巧妙，汉语似很难对应译好。诗人将 looking / over harbor and city / 放在 sits… on silent haunches 之间，将雾 / 猫在时空中的变化过程描绘得很生动，也很形象，宛如电影中的慢镜头。英诗中类似的例子有：

He reached down from a fissure in the earth-wall in the gloom
And trailed his yellow-brown slackness soft-bellied down,
over the edge of the stone trough
(D. H. Lawrence: Snake)

这几行诗是写一条蛇从幽暗的土墙缝中拖着悠长的身体潜游出来的情景，其间第二行在 trail…down 之间加入的成分（见例文下画线处）表现着现实时空中的情景，显得很生动、逼真。

又如：**Medicine**
Alice Walker
Grandma sleeps with
my sick
grand-
pa so she
can get him
during the night
medicine
to stop
the pain

诗节中在“get him…medicine”之间的“during the night”既暗示出祖母整个晚上照料祖父（即帮其拿药）忙个不停，又揭示出祖父病情危重的现状，情景逼真，情真意切！

您的译文“来到港城上空／它蹲下／默默打量”传达了原文的意义，但未能再现原文生动的过程，我的译文也有此缺憾。读过的其他译文，似都有这个问题。

另一个难译的是“move”，我的感知是这个词用来指较大的物体位移，也就是说，雾／猫浓厚成一个大的“物体”后又向前移动或扩散而去了，这符合我们的生活经验认知。我们的译文另有所创，似都不如原文生动细腻。译诗之难，可见一斑，清清楚楚看到的形象与诗意，却眼睁睁让它流失了。查看手头众多译文，似均有这类瑕疵。

最后，从创作的角度来看，您的译文似将诗作中雾的活动视为一个有序连接的整体——雾来了、来到、蹲下、打量、继续前行。我认为这是生活真实的摹写，宛如照相一般。我的译文结构是雾来了、它俯视着，您的来信中说，“从中文角度看有些不自然，与英文的表叙情状亦欠吻合”，我猜想您读到这里时可能是感到了这里有断裂感，上下文不连贯。我翻译时的出发点是，上下两节是诗人将生活中的两个情景片段的“强行”对接，而不是现实生活中两个情景片段的天然延续组合，对接的“裂逢处”便是“空白”，可以提供广阔的想象空间，也就是说，这里是有别于生活真实的艺术真实——来自生活，又不是照相式的客观摹写，诗人运思用的是想象力的逻辑，而不是生活中的理性逻辑。如此一来，诗歌上下节之间的跳跃性特征便通过跨节的形式呈现出来了，这能给读者以参悟之后的趣味。合而观之，原诗上下两节的结构可描述为“峰断云连”的艺术创构。

您信中还说到诗的“size”问题，我觉得是个很重要也是个不易处理好的问题。您的两个译文处理得均很简练，第二个更简练，在形式上更为贴近原文。两相比读，措辞风格上第一种更为接近原作明白如话的特点，更为重要的是在内在节奏上（诗是节奏创造的美——爱伦·坡语）第一种比第二种更舒缓，更接近原诗的精神。第二种译文除首行外，其他各行均为2顿，各顿音节数基本相同，各行切分前后均匀，整体节奏偏快，效果有类《关雎》。我的译文在节奏上与您的第一个相近，这是我翻译时的基本考虑。

拉杂至此，该打住了，所言内容，祈请张老师明鉴、指教！

祝身体健康，开心快乐！

下编　自译与自评

第二十二章　汉诗英译

2016年9月G20峰会在浙江省杭州市举办，杭州萧山国际机场专用候机楼同时落成启用。机场作为浙江省对外的重要窗口，新建的专用候机楼自然成为展现江南传统人文魅力的良好场所。在中共浙江省委宣传部的领导下，浙江省文学艺术界联合会、杭州萧山国际机场有限公司共同组织书画界进行集体创作，其中书法作品全部以历代名人寄情杭州的传统诗词为内容，从多个角度体现了浙江的山水之美、人文之美、发展之美以及生态之美。这些作品被布置在专用候机楼的16个厅中，为往来于此的宾客展现了杭州风采，讲述了浙江故事，传播了中华文化。

西湖是杭州市最为亮丽的名片，也是历代名人寄情杭州于传统诗词中的永恒主题。笔者有幸承担了这项关于西湖主题的历代名人诗词的英译工作，下面选择目前尚未见英译文的若干诗词作品进行自译与自评，以就教于译界行家里手。

汉诗如何英译，目前探讨其策略与方法的研究文献可谓数不胜数。不过就理论与实践这两方面而言，用力最勤，成效最为突出的学者中，许渊冲先生当属实至名归。许渊冲曾撰文《诗词翻译的发展》（Development of Verse Translation），文中将四百多年来的汉诗英译分为三大流派并归结了中西各派的演变情况和代表性译家，该文的论说颇具典型性与指导性，兹引述其主要观点作为本节汉诗英译实践的参考。许渊冲归纳总结的汉诗英译三大流派是指：1）直译派（后来演变成散体派与逐字翻译派）；2）意译派（后来演变成诗体派与现代派）；3）仿译派（后来演变成改译派）。在西方，直译派的早期代表译者是韦利（Arthur Waley），其后所演变成散体派和逐字翻译派的代表译者分别为华逊（Burton Watson）和巴恩斯通（Willis Barnstone）；意译派的早期代表译者是翟理士（Herbert A. Giles），其后演变为诗体派和现代派的代表译者分别为登纳（John Turner）和艾黎（Rewi Alley）；仿译派则以庞德（Ezra Pound）为代表，其后发展为改译派的代表人物是雷洛斯（Kenneth Rexroth）。在我国，早期直译的有初大告，后期散体译者有杨宪益和逐字译者黄雯；早期意译的有蔡廷干，后期诗体译者为许渊冲和现代派译者林同济；仿译派有林语堂，改译者有翁显良。[①] 基于以上总结与论述，以下汉诗英译实践诗体形式上拟选取散体或自由诗体进行翻译。

1 春题湖上

白居易

湖上春来似画图，乱峰围绕水平铺。
松排山面千重翠，月点波心一颗珠。
碧毯线头抽早稻，青罗裙带展新蒲。
未能抛得杭州去，一半勾留是此湖。

Spring Splendor Along the West Lake

Bai Juyi

In springtime the West Lake presents an enchanting scroll:
The smooth water is girdled with the serried mountains,
The pine trees grace the sloping mountains with layers of verdure,
The moon dots a pearl in the heart of rippling waves,
The rice paddies continue as a carpet of emerald green,

① Xu Yuanchong. Development of Verse Translation. *Journal of Foreign Languages*, 1991(1): 35.

The new leaves of cattail spread themselves like blue skirts.
From Hangzhou I cannot tear myself away,
For the Lake I may forever tarry.

— tr. Zhang Baohong

译评：

“春题湖上”说的是题写的行为过程，类似于苏轼诗“题西林壁”，译文采取避实就虚的方法处理为“Spring Splendor Along the West Lake/沿西湖的春光美景，旨在暗示观者视线移动下的西湖图景。首句中的“似图画”译为“展开迷人的画卷”（presents an enchanting scroll），化静为动，意在逗引出下文。绘画长于空间中的物象布列，于是西湖画卷展开时就可看到“水平铺 / The smooth water”“乱峰 / the serried mountains”“松 / The pine trees”“月 / The moon”“早稻 / The rice paddies”“新蒲 / The new leaves of cattail”等景致的逐一演出，这便是译文中各行诗句并列逐一呈现的原因。

春天到来，西湖的景色是烂漫的（splendor），是迷人的（enchanting），译文中遂选择了一系列蕴涵美好、积极意味的词语，如“girdle”“grace”“emerald green”“The new leaves”等。西湖美景是在空间中布列的，“观画者 / 游览者”的视线也是在空间中不断移动，不断在湖中与湖岸之间往还推演，因此译文布局遵循了水中——岸上——水中——岸上——水中的架构。局部的“碧毯线头抽早稻”也创译为由近而远，稻田连成一片片，有如碧绿地毯的景象（The rice paddies continue as a carpet of emerald green），其中“continue as...”的表达法借鉴华兹华斯（W. Wordsworth）之诗“Daffodils”中诗句“Continuous as the stars that shine / And twinkle on the milky way”而来。最后一句译文中的短语“may forever tarry”借鉴了赫里克（R. Herrick）之诗“To the Virgins, to Make Much of Time”中的诗句“For having lost but once your prime / You may for ever tarry”。

原诗八句，为格律诗体，偶数行押韵，且一韵到底。译诗对应译为八句，各句长短彼此相当，节奏较为均衡，为自由诗体，未押韵。

2 忆江南

白居易

江南忆，

最忆是杭州。

山寺月中寻桂子，

郡亭枕上看潮头。

何日更重游！

The Southland I Remember

Bai Juyi

The Southland I remember;

and Hangzhou I remember forever:

In the moonlit night I used to go

to the mountain temple and find

the cassia trees scenting the air;

In the daytime I reclined on the railings

of the eastern pavilion watching

the tidal bore charge up the Qiantang river.

When can I come back and revisit it?

— tr. Zhang Baohong

译评：

“江南”是个情韵义尤为丰富的词汇，很容易让人想起“杏花春雨江南”“江南可采莲”“正是江南好风景”等诗句及其意涵。上文将其译为“the Southland”，意在通过“land”一词在英文中可有的积极、美好的情韵义（如 motherland、fairyland、dreamland、an antique land、a pleasant land 等）取得近似的效果。“江南忆 / 最忆是杭州”的译文中所选用的表达法“I remember”，借鉴了胡德（T. Hood）之诗“Past and Present”中诗句“I remember, I remember / The house where I was born”的用法，意在定格所追忆的场景及其叙述效果，同时通过左移位句式（left-dislocation）强化了作者对“江南”“杭州”追忆的深情。“山寺月中寻桂子”的译文中强调了“go... and find...”的过程与乐趣。“郡亭枕上看潮头”的译文中强调了闲适凭栏（reclined on the railings）与尽情观赏（watching）的意味，其中选用“charge”一词，旨在表现“潮头”有如骏马奔腾，冲锋向前的力量与气势。

为建立均衡统一的节奏，译文将原文第三句、第四句分别处理为长度彼此相当的三行。原诗五句，为半自由半格律诗体，韵式为ababb。译文为自由诗体，未押韵。

3 答客问杭州

白居易

为我踟蹰停酒盏，与君约略说杭州。
山名天竺堆青黛，湖号钱塘泻绿油。
大屋檐多装雁齿，小航船亦画龙头。
所嗟水路无三百，官系何因得再游？

In Reply to the Visitor to Hangzhou

Bai Juyi

Wait one moment and set down the wine-cup for me,
Let me talk to you about the charm of Hangzhou.
There is a mountain called Heavenly Bamboo
    spiralling in indigo paint;
And a lake named Qiantang
    shimmering green down to its bed;
The eaves of mansions come in view
    fashioned into formations of flying goose;
and small pleasure boats glide by
    shaped like dancing dragons.
Hangzhou is just one hundred miles away by boat,
But when can I revisit it without the fetters of official affairs?

— tr. Zhang Baohong

译评：

杭州之美，说不完道不尽。痴迷杭州湖山胜景的诗人，但凡听人问起杭州的话题，自然是有话要说，说起来也往往滔滔不绝。诗人一反“将进酒，杯莫停”“一杯一杯复一杯”的常态做法，要求饮者停杯听其约略说说杭州，杭州在诗人心中的地位，由此可见一斑。说是约略地说，实则是在简笔勾勒杭州最有代表性的可视图画。画面中远处的天竺山，隐隐如眉，近处的钱塘湖清澈碧透，映入眼帘的大楼宛如大雁飞举，悠悠的小船宛如游龙腾跃，从湖中到陆地哪一样景致不令人心驰神往呢？遗憾的是，身在异地，公务在身，何时能再游杭州呢？

译文把握原诗中意象呈现的空间关系与可视图画的特点，将“天竺堆青黛”译为远景“Heavenly Bamboo / spiralling in indigo paint”；将“钱塘泻绿油”译为近景“Qiantang / shimmering green down to its bed”；将“大屋檐多装雁齿”译为远景、静景；将“小航船亦画龙头”译为近景、动景（glide by）。

原诗为七言律诗，偶数行押韵，且一韵到底。译诗为十二行，第三至八行按汉诗4+3顿歇节奏模式进行了跨行翻译（例如，山名天竺｜堆青黛），译文为自由诗体，未押韵。

4 酒泉子

潘　阆

长忆钱塘，不是人寰是天上。
万家掩映翠微间，处处水潺潺。
异花四季当窗放，出入分明在屏障。
别来隋柳几经秋，何日得重游。

To the Tune of Jiuquanzi

Pan Lang

How I remember the Qiantang land!
It is not an earthly world but a heavenly paradise:
Ten thousand houses half hidden in emerald green from the eye,

Streams and rivers ever gurgling here, there and everywhere,
Exotic blooming flowers framed by the windows all the year round,
Entrance and exit escorted by one colored screen after another.
How many autumns have past since I last parted from the bank willows?
When shall I arise and revisit the Qiantang land?

— tr. Zhang Baohong

译评：

钱塘之景令诗人魂牵梦绕，钱塘如画的美景永远定格在诗人的心间。为再现如画的美景，译文一方面选用了一系列积极美好的字词，如"heavenly paradise""emerald green""gurgling""framed""escorted"，另一方面构建了一个个诗意的美好画面，如"掩映"译为"half hidden from the eye"描绘出半掩半现的情景；"当窗放"译为"framed by the windows"，将窗户比做相框，远景变为近景；"分明在屏障"译为"escorted by one colored screen after another"，出入有屏障遮挡保护，同时暗示出风景园林般的生活与"庭院深深"的游园趣味；"别来隋柳"译为"parted from the bank willows"，予人分别的是柳，也是人的联想与想象；"得重游"借鉴叶芝（W. B. Yeats）诗"The Lake Isle of Innisfree"中诗句"I will arise and go now"改译为"arise and revisit"，意欲表达按捺不住故地重游的情怀。

原词为长短句形式，共八个小句，韵式为aabbaacc。译文与原文各小句对应，也是八行，为自由诗体，未押韵。

5 杭州呈胜之

王安石

游观须知此地佳，纷纷人物敌京华。
林峦腊雪千家水，城郭春风二月花。
彩舫笙箫吹落日，画楼灯烛映残霞。
如君援笔直摹写，寄与尘埃北客夸。

To Shengzhi, about Touching Sights in Hangzhou

Wang Anshi

For sight-seers, no place is fairer than Hangzhou:
The people bustling as if in the capital,
The mountains capped with winter snow,
The streams winding from household to household,
The city walls swept by the vernal breeze
The flowers fluttering and dancing in springtime,
The colored pleasure-boats overflowing
  with flutes and pipes till sunset,
The painted bowers lit up with candles
  glowing rosy-red in the sunken sun.
Pen all this to paper in minute detail,
And send it to your friends in the north
  for their outspoken comments.

— tr. Zhang Baohong

译评：

杭州的胜景，在诗人的视线里，远近往还，仰观俯察，一切的一切，展现着热闹繁华、宏伟宏大，表现着歌舞升平、祥和宁静，有如太平盛世，人间桃园，令人心驰神往，艳羡夸赞。为再现这样的意蕴氛围，译文选词造句实践着观者远近往还，仰观俯察的实现移动路径。例如，仰观（capped with winter snow），俯察（winding from household to household），远观（The city walls swept by the vernal breeze），近看（The flowers fluttering and dancing），由内而外，由近而远（overflowing / with flutes and pipes till sunset; lit up with candles / glowing rosy-red in the sunken sun）等等。

原诗写的是诗人眼中杭州的胜景，这一点与华兹华斯（W. Wordsworth）之诗“Upon Westminster Bridge”中诗人眼中伦敦的胜景相仿佛，借鉴华氏之诗其中诗句“A sight so touching in its majesty”将题目名译为“Touching Sights in Hangzhou”，借鉴其中首句“Earth has not anything to show more fair”，将原诗首句译为“For sightseers, nothing is fairer than Hangzhou”，等等。

原诗八句，为格律诗体，偶数行押韵，且一韵到底。译诗为十二行，第三至十行按汉诗 4+3 顿歇节奏模式进行了切分组句翻译（例如，林峦腊雪｜千家水），其中第七、八行与第九、十行分别为待续句诗行（run-on lines），译文为自由诗体，未押韵。

6 风篁岭

释辩才

风篁荫修岭，挺节含虚心。
悠悠往还客，孰不聆清音。

Whispering Bamboo Ridge

Shi Biancai

Tall bamboos along the sloping ridge
Shoot up straight and candid.
The carefree visitors come and go
Only to listen to their whispering.

— tr. Zhang Baohong

译评：

“风篁岭”意译为“Whispering Bamboo Ridge”，选择“whispering”一词，有两点考虑：一是表现风穿过竹林，竹林发出窸窸窣窣之声，仿佛正在低声絮语（whispering），将其拟人化，以便为下文与往来游客“互动”做铺垫；二是表现竹子意欲言宣自己的内在品格，但“细语人不闻”，又展现出欲言又止的情态。“挺节含虚心”译为“Shoot up straight and candid”，表现了竹子积极向上、挺拔正直与真诚虚心的特点。“孰不聆清音”译为“Only to listen to their whispering”，化原文可有的修辞疑问句为陈述句，一方面与诗题相呼应，强化了“风篁”的魅力，另一方面体现出人走进自然与自然近亲交流的情形，并营造出以声衬静让人沉浸其中的宁静氛围。

原诗四句，为格律诗体，韵式为aaba。译诗四行，一、二行与三、四行为跨行诗句，各行长度相近，节奏较为均衡，译文为自由诗体，未押韵。

7 莲

杨万里

城中担上卖莲房，未抵西湖泛野航。

旋折荷花剥莲子，露为风味月为香。

Lotus Pods

Yang Wanli

You may buy lotus pods from a street vendor,

Or better still, you may go boating on the West Lake.

Pull lotus flowers as you please, peel lotus seeds

And you will savor their dewy flavor and moonlight scent.

— tr. Zhang Baohong

译评：

常言道：买卖买卖，有卖的就有买的，反之亦然。译文变换视角不从"卖者"出发，转从"买者"着笔，劝说买者要么买些莲子品尝（buy lotus pods），最好去西湖泛舟，去领略西湖的自然风光与美景，去亲自体验采莲的快乐与趣味。如此言说方式，有如英诗"To the Virgins, to Make Much of Time"（R. Herrick）中诗人在反神权，张人性的背景下，规劝青年人享受青春、消费青春的言说模式。

"旋折荷花"译为"Pull lotus flowers as you please"，一则表达游客采莲可尽情尽兴之意，再则选词注重"用形"的艺术价值，也就是说"pull"一词给人很鲜明的形象感与动态画面感，表现了"旋折荷花"的动作过程与画面意态。类似的用法，可见之于以下两例：一是意象派诗人庞德（E.

Pound）将李白《长干行》中的诗句“折花门前剧”译为“I played about the front gate, pulling flowers”；二是英国诗人马洛（C. Marlowe）的诗作“The Passionate Shepherd to His Love”中的诗句“A gown made of the finest wool / Which from our pretty lambs we pull”。“露为风味月为香”大抵说莲子乃日月精华所孕育，带着大自然的芬芳与风味。译文紧承前文尽情“折荷花”而来，从味觉上也尽情享受（savor）莲子的风月味道，这一方面回应了前文“未抵西湖泛野航”的言说，另一方面进一步强化了劝说的力度。

原诗四句，为格律体，韵式为aaba。译诗为四句，为自由诗体，各句长度彼此相当，节奏均衡，未押韵。

8 与莫同年雨中饮湖上

苏　轼

到处相逢是偶然，梦中相对各华颠。
还来一醉西湖雨，不见跳珠十五年。

Drinking with Classmate Mo at the Lake on a Rainy Day

Su Shi

In life drifting hither and thither,
    We happen to meet by chance.
We sit face to face as if in a dream,
    But age has snowed white hairs on us.
Let us once more go to the West Lake
    And get drunk with its falling rain.
Fifteen years have slipped by
    Since I last saw the dancing raindrops.

— tr. Zhang Baohong

译评：

莫同年指莫君陈，他与苏东坡同为嘉祐元年进士，所以称同年。时任两浙提刑官。苏轼与其早有交游，此次在杭州相遇，同在雨中观赏西湖，写下了这首诗作。

世事人生，行踪难定，虽为旧友，相逢多出偶然，恍如隔梦，令人感怀，是喜亦忧。久别重逢，重走以前一起走过的路，重温以前一起经历的事、看过的景，其情深其意切，可谓尽在不言中。译文中选用“drifting”一词，意指生活漂泊不定，整句诗采用一般现在时，表明是生活的常态。我们相对而坐（sit face to face），促膝谈心，宛如梦中，但时光飞逝，岁月已染白你我双鬓（age has snowed white hairs on us），“还来一醉西湖雨”译为“Let us once more go to the West Lake / And get drunk with its falling rain.”意在表达酒能醉人，雨能醉心的意味，如此翻译，参考了许渊冲翻译李白诗句“对酒不觉暝（I'm drunk with wine / And with moonshine）”的做法；“age has snowed white hairs on us”借鉴了多恩（J. Donne）诗“Song”（Go and catch a falling star）中的句子“Till age snow white hairs on thee”；“once more to the West Lake”借鉴自怀特（E. B. White）的散文名篇“Once More to the Lake”。

原诗四句，为格律诗体，韵式为aaba。译诗八行，基本按汉诗四三式顿歇节奏模式造句建行，有的句式与语义顺序略有调整，译文为自由诗体，未押韵。

9 雷峰夕照

苏　轼

残塔临湖岸，颓然一醉翁。
奇情在瓦砾，何必藉人工。

Sunset over Leifeng Tower

Su Shi

The decaying tower by the lake spirals upward
Like an old drunkard staggering along the way.
The sightseer's fantastic feeling arises
Not from man-made works but its tiles and rubbles.

— tr. Zhang Baohong

译评：

雷峰塔年深月久，饱经风雨摧蚀，残破不堪，摇摇欲坠，其外形酷似醉酒的老者，龙钟老态，步履蹒跚，摇摇晃晃。一个空中呈现，一个地上演绎，相互映照，异质同构，浑然一体。译文中“decaying”“spiral”“old”“stagger”彼此呼应，相互投射，塔人合一，别有情趣。塔虽残破，但残砖断瓦记录着岁月的痕迹，历史的沧桑，人事的兴替，也记录着时间的永恒。人间能工巧匠的杰作固然神奇，但经受悠悠时光淘洗的一砖一瓦更显神奇与魅力。秦砖汉瓦，见微知著，永恒不朽，个中道理，同出一辙。译文中将“人工”具体化为“man-made works”乃参照雪莱（P. B. Shelley）之诗“Ozymandias”中诗句“Look on my Works, ye Mighty, and despair!”而来。“我的杰作 / my Works”再伟大，再了不起，在历史时间面前都将化为泡影。

原诗四句，为格律诗体，偶数行押韵。译诗为四行，一、二行与三、四行分别为跨行诗句，译文为自由诗体，未押韵。

10 念奴娇

姜　夔

余客武陵，湖北宪治在焉：古城野水，乔木参天。余与二三友，日荡舟其间。薄荷花而饮，意象幽闲，不类人境。

闹红一舸，记来时，尝与鸳鸯为侣。
三十六陂人未到，水佩风裳无数。
翠叶吹凉，玉容消酒，更洒菰蒲雨。
嫣然摇动，冷香飞上诗句。

日暮，青盖亭亭，情人不见，争忍凌波去?
只恐舞衣寒易落，愁入西风南浦。
高柳垂阴，老鱼吹浪，留我花间住。
田田多少，几回沙际归路。

To the Tune of Niannujiao

Jiang Kui

I travelled to Wuling (present-day Changde county in Hunan Province), where rule of law was in order: The ancient town, girdled by the untended river, was overhung with the sky-scraping trees. I, together with several friends, went boating along the lake in the daytime. We drank our leisurely way through blooming lotus flowers to a secluded world, far from the madding crowd.

How I remember my last visit:
Our small pleasure-boat glided through flaming red lotus flowers
and pairs of mandarin ducks frolicking in the water.
Continuous were the lotus ponds that stretched beyond the reach of tourists
all the way to the sky where blue waves danced with the wind.
The verdant lotus leaves rustled in the cool breeze,
The fair face of lake was rouged with little spots of red,
Fits of rain scattered its tiny drops on the leaves of cattail,
The lotus flowers swayed gently, blushing with coyness,
A whiff of cold perfume winged its way into poetry.

At sunset the slender lotus leaves posed as clear green canopies
waiting expectantly for their lovers to come:
They half turned to go, yet turning stay before they met.
The lotus petals withered and fell from the autumn blast,
littering their trysting place with patches of sorrow.
Tall willows planted the guardian shade,
And big fish leaped, dived and splashed in the water,
which instead beckoned me over to stay in the grove of lotus flowers.
How did the luxuriant lotus leaves read my mind
while I wandered along the sandy beach?

— tr. Zhang Baohong

译评：

原词托物比兴，借写荷花寄托身世。上阕写荡舟荷花世界的美好境界，刻画了亦荷花亦美人的意象与情境；下阕进一步描绘荷花与词人幽会，两情相悦，别情依依的情愫。全词表现了词人人生追求的一种理想境界。

为了再现这种理想境界，译文选词用字一方面整体上体现出积极美好的特点，如 glided、frolicking、danced 等，另一方面暗示出美人的特点，如 fair face、rouged、blushing with coyness、slender、beckoned 等。译文中表达别情依依的句子“They half turned to go, yet turning stay”直接借自罗塞蒂（C. G. Rossetti）之诗“When I Am Dead, My Dearest”中的诗句；“高柳垂阴”的译文也仿自弗瑞诺（P. Freneau）之诗“The Wild Honey Suckle”中的诗句“And planted here the guardian shade”；“老鱼吹浪”的译文进行了具体化处理，清晰地展现了“老鱼”的意态。等等。

原词为长短句形式，分上下两阕，一韵到底。译文与原文各小句基本对应，为自由诗体，未押韵。

11 平湖秋月

孙 锐

月冷寒泉凝不流，棹歌何处泛归舟。
白苹红蓼西风里，一色湖光万顷秋。

Autumn Moon over the Calm Lake

Sun Rui

Under the cold moonlight the icy stream
  runs motionless and still.
Where are the invisible notes of rowers
  plying their boats home?
White clovers and red flowers bloom
  and beckon in the west wind,
The shimmering lake is expansive with autumn tints.

— tr. Zhang Baohong

译评：

“月冷寒泉”译为“Under the cold moonlight the icy stream”，其中借鉴英文词汇 icy cold，将此一分为二，分别用来修饰月与泉。“凝不流”的译文仿照“Still water runs deep（静水流深）”句式处理为“runs motionless and still”，营造一种冷月无声的氛围。“棹歌”译为“the invisible notes of rowers”，运用了移就修辞格（transferred epithet），闻声不见人，暗示出西湖的广阔浩渺。“西风里”译为“bloom and beckon in the west wind”“bloom”“beckon”的选用一方面分别与前面译文中的选词“rowers”“cold”“icy”相呼应，另一方面分别暗示出“美人频招手”的形象，也为下文湖光秋色的出现做准备。最后一句译文中选用了“shimmering”“expansive”等词汇，再现了月光下湖水波光潋滟，秋色连绵，延展开去，充溢天地间的画境。此情此景与“秋色连波，波上寒烟翠”的景象差相仿佛。

原诗四句，为格律体，韵式为 aaba。译诗七行，前六行按汉诗四三式顿歇节奏模式翻译为跨行诗句，译文为自由诗体，未押韵。

12 净慈寺

王思任

净寺何年出，西湖长翠微。
佛雄香较细，云饱绿交肥。
岩竹支僧阁，泉花蹴客衣。
酒家莲叶上，鸥鹭往来飞。

Temple of Pure Mercy

Wang Siren

When did the Temple of Pure Mercy come forth?
The West Lake always looks fresh and green.
The incense smoke of Buddhist hall coils and tapers off,
The verdure of trees grows and swells with thick mist.
The rock bamboos rise and support the monks’ pavilion,

The flying fountain splashes its spray on the tourists' clothes.
Wine shops float up from the world of lotus leaves,
White egrets fly and wheel in great broken rings.

— tr. Zhang Baohong

译评：

净慈寺位于杭州西湖南岸，乃西湖十大美景之一。诗人先用广角镜头描写西湖经时不变的景色，然后聚焦净慈寺描写寺内寺外的景象，最后又用广角镜头描绘西湖的美景。通过摄影镜头远景、近景、远景的往还变化，一方面呈现出鲜明的空间感、动态感与画面感，另一方面展示了净慈寺及其周边优美的环境和令人神往的魅力。

清初画家笪重光在《画荃》里说："神无可绘，真境逼而神境生"大意是通过现实的"真境"的逼真描绘来表现"无可绘""神"的境界，这里的逼真当属艺术真实，而非生活真实。译文实践这一原则进行了细致的描绘，将"长翠微""（香）较细""（绿）交肥""往来飞"分别译为"looks fresh and green""coils and tapers off""grows and swells with""fly and wheel in great broken rings"突出了过程中的动态变化，情景细腻逼真；将"支（僧阁）""蹴（客衣）""（莲叶）上"分别译为"rise and support""splashes its spray on""float up"突出了动中有静，静中有声的特点。合而观之，衬托出一片祥和宁静而又充满勃勃生机的意境氛围。

原诗八句，为格律体，偶数行押韵，且一韵到底。译诗也为八句，为自由诗体，各行句子长短相当，节奏均衡，未押韵。

第二十三章　绘画与翻译

诗歌与绘画是姊妹艺术，两者常常相互影响，相互渗透，相互补充，共同表征同一主题的文学作品。文学研究中诗画互动的研究与实践不胜枚举，然而在翻译研究中诗画互动，合二而一的较为深入的研究与较为充分的实践并不多见。

古诗英译实践中，从一种文字到另一种文字的语际翻译研究较为常见，成果也较为丰硕；从诗歌文字文本到图画视觉文本的符际翻译研究并不多见，成果数量也相对有限；而从诗歌图画的视觉文本再到诗歌语言文本的符际翻译研究则较为少见，也并未引起人们的重视，其译学理论认知意义与实际应用价值有待彰显。

在当前中国文化走出去的大背景下，越来越多的中国传统文学文化作品以多种多样的艺术形式走出国门，积极地传播着中华优秀的历史与文化，极大地增进了中国与世界之间的沟通、理解与交流。以古典汉诗词英译为例，近年来的图书出版物中常可见到诗文、图画、书法等多种艺术形式多维一体共同表现同一作品的翻译现象，这样的文学文化翻译与传播现象日渐引起学界的关注，值得进一步深入研究与推广。2017 年中译出版社出版许渊冲英译的《画说唐诗》《画说宋词》即是原诗、译文与绘画相互协作，共同表现和传播中华诗词与艺术文化的典范之作。下面以《画说唐诗》为蓝本，选取若干实例从诗画互动的角度进行再翻译与评析，以求探索古诗英译向外传播的一种新型译法与路径。

所需说明的是，以下各例中译文①是许渊冲基于原诗的语际翻译，译文②是不同画者基于原诗的诗意或意蕴所绘出的图画，从翻译视角看属于符际翻译，译文③是笔者基于原诗或译文①、译文②的再翻译，是语际翻译与符际翻译的综合体。

1 登幽州台歌

陈子昂

前不见古人，后不见来者。
念天地之悠悠，独怆然而涕下。

译文① **On the Tower at Youzhou**

Chen Zi'ang

Where are the great men of the past
And where are those of future years?
The sky and earth forever last;
Here and now I alone shed tears.

— tr. Xu Yuanchong

译文②

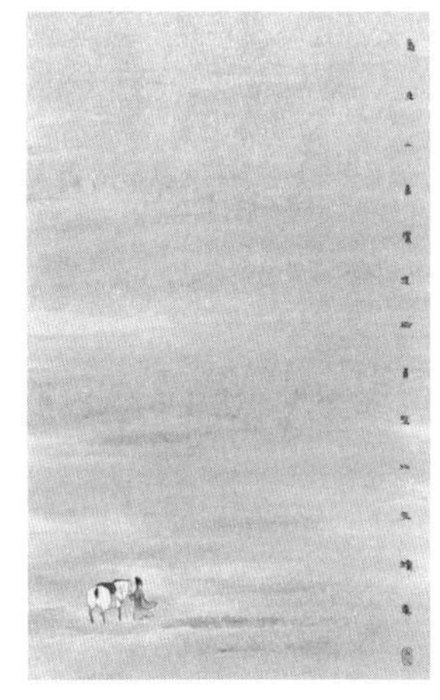

卢辅圣　绘

译文③ **On the Way to Youzhou Terrace**

Chen Zi'ang

Where are the great men going?
And where are those coming?
Heaven and earth stretch far away,
Here and now I weep bitter tears.
— tr. Zhang Baohong

译评：

译文①为许渊冲所译，从其诗题译文来看，译的是诗人登上幽州台后（On the Tower at Youzhou）的沉思或抒怀。译文表达了诗人不见古往今来贤明之人的心灵拷问，表现了天地悠悠，时间永恒（forever last），“我独不复出”的抑郁、悲凉与孤独。译文依据原诗译为四行，每行八个音节，主导步格为抑扬格四音步，韵式为abab。

译文②是卢辅圣所作，是将原诗翻译为画作，也可视为传统意义上的以诗入画。从画面中，我们可以看到有一个人或诗人牵着一匹马出现在画面的左下角，让人联想到诗人独自一人已经在“画外”走了很远很远一段距离，此时才刚刚走进画面进入观众的视线，长途跋涉的孤独、艰辛与疲惫可谓不言自明。画者采用的是俯瞰视角，我们从中可看到诗人与马看上去显得很渺小，整幅画面一片广阔，一路上没有任何来往的行人，而且画面的背景是苍黄色，让人感到天地无垠，黄沙莽莽，前路漫漫，诗人形单影只，显得分外渺小、孤单与孤独。不仅如此，诗人背对观众，掩面而泣，但还得踽踽独行。诗人与马形影相吊，一路向前，这样的情景关系在中国文化中较为常见。比如，“挥手自兹去，萧萧班马鸣”（李白）、“马上相逢无纸笔，凭君传语报平安”（岑参）、“向晚意不适，驱车登古原”（李商隐），等等，这可能是原诗中没有“马”的意象，画者画出“马”来的重要原因。在西方文化中这样的情景关系也可见到。比如，美国诗人弗罗斯特（R. Frost）之诗“Stopping by the Woods on a Snowy Evening”中诗人骑着小马（my little horse）在雪夜荒无人烟的树林边驻足的情景。由此可见，译文②的画译具有中西汇通的文化基础。解读至此，读者不禁会问诗人是去登幽州台呢？还是已从幽州台下来去赶前路呢？这是一个开放的问题，读者可做自我选择。

译文③是笔者基于前两个译文所做的实践探索。译文③借鉴了译文①行文的基本框架结构，但选词造句依据译文②多有调整。依据译文②画面中的信息，笔者将题名选译为“On the Way to Youzhou Terrace”；按照道路上来往空无一人，将原诗中“古人”“来者”分别改译为“the great men going”“those coming”；按照天地无垠，延伸至远方，将“念天地之悠悠”译为“Heaven and earth stretch far away”；按照此时此地，前路漫漫，孑孓一人，孤苦无依，将“独怆然而涕下”译为“Here and now I weep bitter tears”。如此翻译，除了参考画面中的信息，还分别参照了如下英文诗句：1）For men may come and men may go/ But I go on forever.（A. Tennyson: The Brook）2）And which is earth and which is heaven, / The eye can scarcely tell.（H. W. Longfellow: The Golden Sunset）3）Nothing beside remains. Round the decay / Of that colossal wreck, boundless and bare/ The lone and level sands stretch far away.（P. B. Shelley：Ozymandias）等等。译文依据原诗形式译为四行，为自由诗体，未押韵。

2 送梓州李使君

王　维

万壑树参天，千山响杜鹃。
山中一夜雨，树杪百重泉。
汉女输橦布，巴人讼芋田。
文翁翻教授，不敢倚先贤。

译文① **Seeing Li off to Zizhou**

Wang Wei

The trees in your valley scrape the sky,
You’ll hear in your hills cuckoo’s cry.
If it rained at night in your mountain,
You’d see your tree tips hung like fountain.

Your women weave to make a suit;
You'd try to solve people's dispute.
The sage before you opened schools;
Like him you should carry out rules.

— tr. Xu Yuanchong

译文②

杨正新 绘

译文③ **Seeing off Prefect Li to Zizhou***

Wang Wei

From valley to valley all trees climb into the sky;
One cuckoo's voice echoes through the mountains
Where a single night of driving rain will send
Hundreds of waterfalls tumbling from the treetops.
The local women weave the fibre as ever in tribute;
The native men are still sparring over taro fields.
The sage before you has reformed the old ways;
You should go ahead and follow up with his works.

*Zizhou is present-day Santai County in Sichuan Province.

— tr. Zhang Baohong

译评：

这是首赠别之作，开头两联写李使君拟赴上任之地梓州（今四川三台县）的自然风光，境界阔大，气势不凡，雄奇秀美，令人神往。颈联写蜀中民情和使君拟要从事的政务，尾联作者希望使君效仿与发扬前辈先贤文翁的精神。全诗写的是赠别友人，实乃鼓励与劝勉友人精进有为，不辱使命。

译文①为许渊冲所译，从其诗题译文来看，“Li”的人物身份比较模糊，泛化了诗人送别的对象及其赴任梓州所要肩负的使命，这样可能会弱化原诗中含蕴的事理逻辑，从而模糊化原诗主题的再现。译文将梓州的自然风光与人情物事多冠以“your”来描绘，虽然暗示着汉文化中“父母官”的意味，但在英语语境中类似“Your women”的表达法可能会引发歧义。因此，译文在表现原诗的人物关系与主题上还可进一步斟酌。译文依据原诗译为八行，每行八个音节，可能为了音节整齐的缘故，译文中省音较多，显得口语化色彩较浓，译文主导步格为抑扬格四音步，韵式为aabbccdd。

译文②是杨正新所作，画面中可以看到近景有两只相向而立的杜鹃，栖歇在红花盛开的树枝上，随时可能飞离而去；中景是参天的树木，画中只可看到部分树干与树枝，但布满了画面的左右与上端空间，暗示出树林高耸、茂密的意味；远景是奔流而下的山间瀑布，表现了百重泉的意味。整个画面集中表现了原诗首联与颈联的意象与意蕴。

译文③基于原诗和译文①、②进行了翻译。诗题名的翻译明确了李使君的个人身份。首句“万壑（树参天）/ From valley to valley”译法参考了华斯华兹的诗句“From hill to hill it seems to pass, / At once far off and near.”着重再现了“万壑”的空间范围。“千山响杜鹃”的翻译借鉴了“一鸟不鸣山更幽”的诗意论述，将其译为“一只杜鹃鸟的鸣叫声在山间回荡 / One cuckoo’s voice echoes through the mountains”突显了千山之空阔与宁静。“山中一夜雨，树杪百重泉”的翻译中突出了雨的强度（driving rain）与百重泉的势能和力度（tumbling）。颈联的翻译中添加了“as ever”“still”

字眼，意味着从前的问题还未完全解决，这样为尾联的翻译中劝勉“李使君”继续先贤的事业创设一定的“前提”。译文依据原诗形式译为八行，为自由诗体，未押韵。

3 怨情

李　白

美人卷珠帘，深坐颦蛾眉。
但见泪痕湿，不知心恨谁。

译文① **Waiting in Vain**

Li Bai

A lady fair uprolls the screen,
With eyebrows knit she waits in vain.
Wet stains of tears can still be seen.
Who, heartless, has caused her the pain!

— tr. Xu Yuanchong

译文②

朱新昌　绘

译文③ **Hidden Grief**

Li Bai

The fair lady emerges from behind the curtains of pearl;
　　Reclining on the screen, she sits late with a frown.
Wet traces of tears leave marks on her rosy cheeks,
　　But who knows for whom she is so grieving?

— tr. Zhang Baohong

译评：

译文①为许渊冲所译，诗题译为“Waiting in Vain”，化隐为显，以西诗的直率代替了中诗的含蓄。译文整体表达了原诗的意义，但偏于告知读者原诗的主题意义，尤数第二行“With eyebrows knit she waits in vain”直接译出了“她白白等待”的行为与结果，这样有可能削弱下文情感的进一步发展及其流动的合理性，换言之，弱化了原诗的情感逻辑和叙述的悬念（suspense）。译诗共四行，每行八个音节，主导步格为抑扬格四音步，韵式为abab。

译文②是朱新昌所绘。从画面中，我们可以看到窗帘高高卷起，美人从屏风后面探出身来，半掩半现，左边焚香长长的烟柱暗示着美人倚着屏风坐了很长很长一段时间，高高的落地灯进一步强化了美人久坐等人的时间过程，手中的团扇暗示着被弃的命运与憔悴的容颜，有道是：团扇团扇，美人病来遮面，玉颜憔悴三年（王建《宫中调笑・团扇》）。屏风上的朵朵红莲，一方面表现着“莲心彻底红”，用情专一，另一方面暗示着美人心中的“采莲曲”“忆郎郎不至，愁杀闺中人”。整幅画作艺术地表达了美人幽怨凄苦的等待之情。

译文③借鉴译文②进行了翻译，包括部分符际转换。将题名“怨情”译为“Hidden Grief”注重内在的心痛，译文各行呈现外在的行为表现，由内而外，互为表里，顺畅自然。第一行与第二行直接转译了画面中的情景，美人从珠帘与屏风后现身（emerge），倚着屏风（reclining），皱眉久坐（sits late with a frown）。“sits late with a frown”的表达法借鉴了兰姆（C. Lamb）的诗句“I have been laughing，I have been carousing / Drinking late, <u>sitting late</u>, with my bosom cronies; / All, all are gone, the old familiar faces.”

第三行从脸上泪痕斑斑（Wet traces of tears）可推知美人已等候了多时，也哭泣了多时的情态，再现了原诗句“最具包孕性的顷刻”（the pregnant moment）。最后一行也参考了霍普金斯（G. M. Hopkins）的诗句“Margaret, are you grieving / Over Goldengrove unleaving?”译文参照原诗形式译为四行，为自由体，未押韵。

4 玉阶怨

李　白

玉阶生白露，夜久侵罗袜。
却下水晶帘，玲珑望秋月。

译文① **Waiting in Vain on Marble Steps**

Li Bai

The marble steps with dew turn cold.
Silk soles are wet when night grows old.
She comes in, lowers crystal screen,
Still gazing at the moon serene.

— tr. Xu Yuanchong

译文②

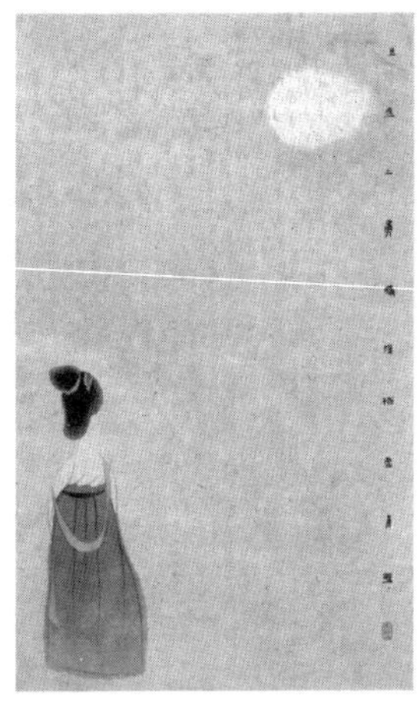

卢辅圣　绘

译文③ **Right Here Waiting**

Li Bai

White dew has gathered, and gathered
　　on the marble steps.
My gauze stockings get wet through
　　with passing nighttide.
I retire to the chamber behind the crystal curtain
Standing and waiting, I watch the autumn moon.

— tr. Zhang Baohong

译评：

译文①为许渊冲所译。诗题译为“Waiting in Vain on Marble Steps”，与前一例相似，显化了“玉阶怨”的结果。译文再现了原诗的主题意蕴，给人偏于客观纪实之感。译诗共四行，每行八个音节，主导步格为抑扬格四音步，韵式为aabb。

译文②是卢辅圣所绘。画中左下角有一位女子或“我”（I）背对着观者，穿着打扮精致讲究，站在水晶帘后，回望着窗外的月亮，给人即将离去，走出画面，但又欲去还留，“心怯空床不忍归”的联想与想象。无限的深情与期待浓缩于回眸望月的那一瞬。

译文③基于译文②与原诗意蕴进行了翻译。借鉴英文流行歌曲名Right Here Waiting for You，将原诗题目译为Right Here Waiting，既表现着原诗中女子站立等候的情景，也呼应着画作中“我”（等你）的隐含意图，可谓点到即止。为了强化等待漫长的时间过程，译文表现了“白露”（White dew）渐渐地由少变多的情景（gathered, and gathered），也表现了“罗袜”随着夜晚渐渐流逝（passing nighttide）而为露水湿透的情景。选用retire一词，表现了从室外移到室内的情景。最后一行借鉴弥尔顿（J. Milton）诗句“His state / Is kingly: thousands at his bidding speed, /And post o’er land and ocean without rest / They also serve who only <u>stand and wait</u>.”增加了细节standing and waiting，旨在呼应诗题的翻译与绘画中的情景。

译文对原诗头两行按2+3的顿歇节奏模式（如玉阶｜生白露，夜久｜侵罗袜）进行了切分翻译，并做了语序前后调整与跨行，第五、六行参照原诗句而译。译诗一共六行，为自由诗体，未押韵。

5 春怨

金昌绪

打起黄莺儿，莫教枝上啼；
啼时惊妾梦，不得到辽西。

译文① **A Lover's Dream**

Jin Cangxu

Drive orioles off the tree
For their songs awake me
From dreaming of my dear
Far-off on the frontier!

— tr. Xu Yuanchong

译文②

朱新昌　绘

译文③ **Spring Sigh**

Jin Changxu

I arise from the first sweet sleep

To drive the orioles off the tree.
Their chattering broke my dream
Of meeting my lover
As far as Liao-xi.
— tr. Zhang Baohong

译评：

译文①为许渊冲所译，诗题译为“A Lover's Dream”，重心落在恋人的梦上。从译文来看，“我”寻好梦，因黄莺儿搅局梦未成，整体上略带浪漫主义的唯美色彩。译文依据原诗译为四行，整个译文可看作一句话，为了韵律的原因，进行了不断跨行。每行六个音节，主导步格为抑扬格三音步，韵式为aabb。

译文②是朱新昌所绘。从画面中，我们可以看到“我 / 女子”刚从睡梦中醒来，还在用手整理鬓发。从画中黄莺飞行的姿态与女子身体向前微倾的神态，可知该女子踏出家门时已在驱赶黄莺，从其上挑的眉毛与无奈的表情可知其恼怒的心情。

译文③是基于前两个译文所做出的翻译。就此译文的选词造句谋篇，进行了如下几点思考：1）结合原诗和图画中的情景，译文增添了第一行（I arise from the first sweet sleep），表达了睡得很甜美，还是第一回睡得这样甜美的意思，为下文驱赶黄莺与美梦落空做铺垫。2）黄莺的啼叫不是悦耳，而是闹心，故译为“chattering”，不是唤醒了而是吵醒了梦中人，故译为“broke my dream”。3）译文中先有sleep，后过渡到dream，参照了英诗中类似思维结构的句子，比如“To sleep—perchance to dream: ay, there's the rub! / For in the sleep of death what dreams may come”（W. Shakespeare: To Be or Not to Be, That Is the Question）4)原诗题名“春怨”译为“Spring Sigh”，“不得到辽西”译为“…meeting my lover…”借鉴了麦克唐纳（T. MacDonagh）之诗“Love Is Cruel, Love Is Sweet”中的诗句表情模式，即“Lovers sigh till lovers meet, / Sigh and meet — / Sigh and meet, and sigh again — / Cruel sweet! O sweetest pain!”5）“辽西”乃指辽河以西的地区，是唐代边疆的代称。译文中处理为“Liao-xi”，只是个声音符号，很难传递其内在意涵。但这里借

鉴庞德（E. Pound）翻译李白诗《长干行》中的诗句“相迎不道远，直至长风沙”（And I will come out to meet you /// As far as Cho-fu-Sa）的跨行书写与缩进方法，将其处理为“As far as Liao-xi”，一则暗示“辽西”的遥远，再则表现了女子笃定的深情。原诗四行，译诗根据情景与诗情演绎为五行，第二、四、五行为待续句（run-on lines）诗行，形式为自由体，未押韵。

6 送灵澈

刘长卿

苍苍竹林寺，杳杳钟声晚。
荷笠带斜阳，青山独归远。

译文① **Seeing off a Recluse**

Liu Changqing

Green, green the temple amid bamboos,
Late, late bell rings out the evening.
Alone, he's lost in mountains blue,
With sunset his hat is carrying.

— tr. Xu Yuanchong

译文②

林曦明　绘

译文③ **Seeing off the Recluse Lingche**

Liu Changqing

Dark and deep the bamboo woods

Half hide the temple from sight.

Far and near the evening bell

Rings out the parting day.

His bamboo hat carrying the sunset

Is lost to blue mountains.

— tr. Zhang Baohong

译评：

译文①为许渊冲所译，对应译出了原诗句的叠词与句法，通过选择近绿远蓝的颜色层次感，译出了送别灵澈由近（Green, green the temple）及远（mountains blue）的空间距离与送别的深情，通过目送"（荷）笠带斜阳"的情景画面，进一步深化了诗人对友人的一片真情。为了音韵节奏之故，译者对原诗第三、四行的顺序进行了调换。译文依据原诗译为四行。每行八个音节，主导步格为抑扬格四音步，韵式为abab。

译文②是林曦明所绘。从画的结构来看，画面底部表现的是近处的人物与情景，越往上去就越表现远处的人物与情景。也就是说，诗人与友人灵澈依依话别是近景，远处的茂密翠绿的竹林以及掩映其间的寺庙是中景，巍巍的山峰是远景。诗人送别友人的深情厚谊就寓于这些景致之中。整幅画面传递出宁静、祥和、悠远的意蕴氛围。

译文③是基于原诗与译文②进行的翻译。根据画面中的情景，将"竹林寺"的存在形态具体化为"Half hide the temple from sight"，"苍苍"的译法借鉴了弗罗斯特（R. Frost）的诗句"The woods are lovely, dark and deep, / But I have promises to keep"。"杳杳钟声晚"的译法参考了格雷（T. Gray）的诗句"The Curfew tolls the knell of parting day"。"青山独归远"的译法参考了司各特（W. Scott）诗句"He is gone on the mountain, / He is lost to the forest, …"。译文参照原诗形式译为四行，为自由体，未押韵。

7 滁州西涧

韦应物

独怜幽草涧边生，上有黄鹂深树鸣。
春潮带雨晚来急，野渡无人舟自横。

译文① **On the West Stream at Chuzhou**

Alone I like the riverside where green grass grows
And golden orioles sing amid the leafy trees.
When showers fall at dusk, the river overflows;
A lonely boat athwart the ferry floats at ease.

— tr. Xu Yuanchong

译文②

译文③ **On the West River at Chuzhou**

So deep in love am I
with quiet grasses by the riverside.
High up in the tree the oriole
sings each song twice over.

Toward the evening, rain-swollen
　　the torrent of spring tide runs;
At the landing ferry the boat
　　eddies and swings idly.
　　　　　　— tr. Zhang Baohong

译评：

译文①为许渊冲所译，译文再现了原诗蕴含的恬淡（Alone I like the riverside）、孤寂（A lonely boat）、闲适（at ease）的意味。但对"幽草""（春潮）急"的性质与情态表现略显不够。译文依据原诗译为四行格律诗体，每行十二个音节，主导步格为抑扬格六音步，韵式为abab。

译文②是何曦所绘。画中只见系船的石墩与绳索，石墩的颜色是棕褐色的，说明经常有船只在此停靠；绳索拉得紧紧的、直直的，说明河水水流较急，船只随水流在回旋移动；河边草好似快要被全部淹没了，说明河水水势较大；春夏之交出现的蜻蜓稳稳地歇在绳索上，说明周边当时空无一人，十分宁静。青草的绿色与蜻蜓的红色使整个画面充满了动感与生机。整体来看，尽管有些意象如黄鹂、深树等未能见之于画面，但该画作依然较好地再现了原诗的平和、宁静、生机盎然的意蕴氛围。

译文③在翻译过程中，选词造句有如下几点考虑：1）借用彭斯（R. Burns）诗句"As fair art thou, my bonie lass, / So deep in love am I"将"独怜"译为"So deep in love am I"。运用移就修辞格将"幽草"译为"quiet grasses"，译出的是草的情态，而虚写的是人的恬淡生活情态。2）"黄鹂鸣"与"幽草"形成鲜明对照，为表现其显摆鼓噪的特点，直接借用布朗宁（R. Browning）诗句"That's the wise thrush; he sings each song twice over,"将"黄鹂鸣"具体化为"the oriole /sings each song twice over"。3）借鉴译文②给人的联想，将"舟自横"译为当时情境下的状态"eddies and swings idly"。译文根据重建的节奏的需要，重组了原诗的相关信息，译为目前的八行诗形式，译文为自由体诗，未押韵。

8 金谷园

杜　牧

繁华事散逐香尘，流水无情草自春。

日暮东风怨啼鸟，落花犹似坠楼人。

译文① **The Golden Valley Garden**

Du Mu

Past splendors are dispersed and blend with fragrant dust;

Unfeelingly rivers run and grass grows in spring.

At dusk the flowers fall in the eastern wind just

Like Green Pearl falling down and birds mournfully sing.

— tr. Xu Yuanchong

译文②

何　曦　绘

译文③ **The Golden Valley Garden**

Du Mu

The past glories are gone away with scented dust;

The stream runs its way and grass green with spring.

At sunset the last bird is crying in the eastern wind,

And petals flying like the fair falling from the tower.

— tr. Zhang Baohong

译评：

译文①为许渊冲所译。译文再现了原诗的情景与意蕴：历代繁华散尽（dispersed），化为尘土（blend with fragrant dust），流水草木，春来如故，日暮时分，落花啼鸟（the flowers fall、birds mournfully sing），睹物思人，人事兴替，抚今追昔，悲凄之情油然而生。译文第三、四行为了音韵节奏的缘故进行了句子语义拆分以及语义信息顺序前后调整与重组。译文将“坠楼人”显化为“（为西晋富豪石崇殉情的坠楼美人）绿珠 / Green Pearl”。译文一共四行，每行十二个音节，主导步格为抑扬格六音步，韵式为 abab。

译文②是何曦所绘。从画面中，我们可以看到有如纪念碑的石柱，已是残缺不全，千疮百孔，暗示着一代代的盛世繁华已成过往云烟；石柱上下左右花瓣片片，兀自乱飞，暗示着暮春已至，好景不再；石柱上栖落着一只眼睛圆睁的、黑色的飞鸟，给人一种孤凄、沉闷、惊异之感。整个画面以少总多，以一当十，既表现了诗作中落花啼鸟的悲凄氛围，又暗示了“繁华逝去鸟惊心”“流水落花春去也，天上人间”的深层意蕴。

译文③是笔者基于前两个译文所做的实践探索。在选词造句谋篇上进行了如下几点思考：1）将“繁华”译为“glories”，借鉴了爱伦 • 坡（E. A. Poe）之诗“To Helen”中诗句“Thy Naiad airs have brought me home / To <u>the glory</u> that was Greece, / And the grandeur that was Rome”的措辞。此外，模仿英文名著“Gone with the Wind”的结构，将“事散逐香尘”译为“are gone away with scented dust”。2）将“啼鸟”具体化为“the last bird”，一方面呼应画中一只鸟的图像，并暗示此前有众鸟悲啼，而今只剩下最后一只孤鸟独啼，另一方面暗示着一个时代的终结。3）将“落花”译为“petals flying”，一方面呼应画中“花瓣纷纷飘落”的图像，另一方面暗示花瓣飘落的轨迹乃美人坠楼的轨迹，以强化触目惊心之感。译文依据四行原诗形式与语序译为四行英诗，形式为自由体，未押韵。

第二十四章　英诗汉译

诗歌较难翻译，甚至有人说诗歌不可译。然而古往今来，无论中外，知难而上，从事诗歌翻译实践的人大有人在，而且还翻译出了诸多世代流传、影响深远的经典之作。不仅如此，探索诗歌翻译方法与策略的中外学人或译者也是大有人在，他们或从诗歌的形式与内容出发，或从各自诗歌的诗学传统与翻译实践出发，或从翻译策略和方法出发，进行了多方面的实践探索与归纳总结，取得了颇为丰硕的成果，这为我们今天进行诗歌翻译研究与实践提供了认知路径与方法指引。检视目前英诗汉译的策略与方法，我们可列举出如下颇具代表性的分类论述，这些论述可以作为我们进行诗歌翻译实践的宏观参照与具体指导。

勒弗维尔（A. Lefevere）列举了七种诗歌翻译策略：①音位翻译（phonemic translation）：模仿源语声音，适用于同源词语。②直译（literal translation）：尽可能追随原文语境意义，寻求对等词语，重视传递语义。③韵律翻译（metrical translation）：保持原诗韵律。④散文翻译（prose translation）：尽可能再现原诗意义。⑤韵体翻译（rhymed translation）：贴近原诗音韵。⑥无韵诗翻译（blank verse translation）：贴近原意，更具文学性。⑦解释性翻译（interpretation）：包括改写和拟作，通顺易懂。[①]

拉夫尔（B. Raffel）将诗歌翻译分为四种类型：①形式翻译：是适应学者和学生的翻译，其翻译的目的主要是学术性的，而不是文学性的。

---

① 郭建中．当代美国翻译理论．武汉：湖北教育出版社，2000：201-203.

②解释性翻译：是适应一般读者文学阅读需要的翻译，译者的唯一希望是在新的语言中重新创造与原著大致对等的作品。③扩展性翻译（或“意译”）：不光是为适应一般读者文学阅读的需要，而且是为那些不喜欢读陈旧的东西，而总是想读任何新的东西的读者服务的。④模仿性翻译（或“拟作”）：读者读这类作品，与其说是喜欢原作者的作品，还不如说是喜欢译者的作品。[①]

霍尔姆斯（J. Holmes）提出了四种用于诗歌形式翻译的策略：①模仿形式（mimetic form）：译者在目的语中转存原作的形式。②类同形式（analogical form）：译者确立原作形式的功能，然后在目的语中寻求彼此相应的形式。③内容衍生（content-derivative or organic form）：译者让源语文本的语义内容依翻译的演进呈现独特的诗体形式。④异常形式（deviant or extraneous form）：译者使用的新形式并不显在地表现在原作形式或内容中。[②]

黄杲炘总结出英诗汉译的五种翻译方法：①“民族化”译法。这种译诗方式主要指传统汉诗的四言、五言、七言之类的等言形式，还有词曲之类的长短句或骚体等。②“自由化”译法。这种译诗方式采取的是白话自由诗形式。③“字数相应”译法。这种译诗方式讲求字数的格律化，即译诗行字数与原作行音节数一致。④“以顿代步”译法。这种译诗方式讲求顿数的格律化，是用白话诗的节奏单位二字、三字等构成的“顿”来对应英诗的节奏单位抑扬格、扬抑格等音步，即译诗诗行的顿数与原作诗行的音步数相等。⑤“兼顾顿数与字数”译法。这种译诗方式讲求诗行顿数与字数的译法。狭义来说，是讲求译诗行的顿数、字数与原诗行的音步数、音节数一致。广义来说，可讲求译诗行顿数与原诗行音步数相等，译诗行字数与原诗行音节数相应，相反地，译诗行顿数与原诗行音步数相应，译诗行字数与原诗行音节数相等。[③]

以上四大类翻译策略或方法在翻译实践中的关系，无论是就单个类别

---

① 郭建中．当代美国翻译理论．武汉：湖北教育出版社，2000：220.

② Susan Bassnett and Andre Lefevere. (eds). *Constructing Cultures*. Shanghai: Shanghai Foreign Language Education Press, 2001: 62-63.

③ 黄杲炘．译诗的演进．上海：上海译文出版社，2012: 35.

而言，还是就整体类别来说，它们的内涵并不是彼此孤立、非此即彼、优胜劣汰的关系，而是相互共存、各擅其胜、相得益彰的关系。翻译实践中，学习者均可有选择性地拿来参照，针对性地进行模仿、实验与探索。鉴于以上翻译方法与策略，下文进行英诗汉译试笔与简评，以求教于大方之家。

1 Sweet and Low

Alfred Tennyson

Sweet and low, sweet and low,
Wind of the western sea,
Low, low, breathe and blow,
Wind of the western sea!
Over the rolling waters go,
Come from the dying moon, and blow,
Blow him again to me;
While my little one, while my pretty one, sleeps.

Sleep and rest, sleep and rest,
Father will come to thee soon;
Rest, rest, on mother's breast,
Father will come to thee soon,
Father will come to his babe in the nest.
Silver sails all out of the west,
Under the silver moon;
Sleep, my little one, sleep, my pretty one, sleep.

译文：**海风轻轻吹**

阿尔弗雷德·丁尼生

西海的风啊，
轻轻地吹，轻轻地唱
西海的风啊，

轻轻地，轻轻地吹呀唱，
越过波涛翻滚的海洋，
掠过明月西沉的夜空，吹呀
再把他吹到我的身旁；
我的小宝贝，我的乖宝贝，睡呀睡得香。

睡吧，睡吧，睡吧，
爸爸很快会来到你身旁。
睡吧，睡吧，睡在妈妈怀里，
爸爸很快会来到你身旁。
爸爸会来你摇篮边看望。
银色的风帆从西海返航
一路沐浴着银色的月光。
睡吧，小宝贝，睡吧，乖宝贝，
睡呀那个睡，入梦乡。

——张保红译

译评：

原诗题名“Sweet and Low”意指轻柔、低徊的海风，描写的是一位妻子一边轻轻哼唱，希望吹拂的海风将远行的丈夫早日送还，早点来到摇篮边看看自己的宝贝孩子，一边用手轻轻拍着小孩入眠，小孩渐渐睡去的情景。诵读原诗，我们会注意到文中长元音 [i:]、双元音 [ou] 以及清辅音 [s]、流边音 [l] 等反复出现，其数量在全诗中占据绝对主导，使全文听起来声音徐缓悠长，轻柔低徊，回环往复，一如催眠的谣曲。

为了翻译这首诗，我们找来了主题相近的经典歌曲作为平行文本，然后进行选词造句，谋篇布局的全方位观察、模仿与借鉴。具体来说，找来了流行歌曲《亲亲我的宝贝》，其部分歌词是：亲亲我的宝贝 / 我要越过海洋 / 寻找那已失踪的彩虹 / 抓住瞬间失踪的流星 / 我要飞到无尽的夜空 / 摘颗星星做你的玩具 / 我要亲手触摸那月亮 /；也找来了东北民歌《摇篮曲》，其部分歌词是：月儿明 / 风儿静 / 树叶遮窗棂 / ……/ 娘的宝宝闭

上眼睛 / 睡了那个睡在梦中 /；还有从英文翻译过来的儿歌《睡吧，睡吧，我亲爱的宝贝》，其部分歌词是：睡吧 / 睡吧 / 我亲爱的宝贝 / 妈妈的双手轻轻摇着你 / 摇篮摇你快快安睡 / 夜已安静被里多温暖 /。从这三首歌的部分歌词中，我们看到相似主题与情韵之下的押韵方式及其字词选择、顿歇节奏与造句谋篇等均可进行模仿、借鉴。以上译文模仿借鉴了上文所引歌曲中画线处的押韵方式与押韵字词的声音特点，比如，选用了一韵到底的押韵方式以及唱——洋——旁——香等发音徐缓、悠长的押韵字词。模仿借鉴了三首歌曲中二字顿、三字顿的顿歇节奏方式以及各诗行长度主要为二至四顿的特点。

此外，在局部诗情的再现上，还借鉴了其他歌曲类似的表情达意方式。例如，诗题“Sweet and Low”译为“海风轻轻吹”，借鉴了歌曲《军港之夜》中表达宁静、安详、美好、温馨氛围的唱词“海风你轻轻地吹 / 海浪你轻轻地摇”；诗句“Sleep and rest, sleep and rest”译为“睡吧，睡吧，睡吧”，借鉴了歌曲《来吧》中表达深情呼唤的唱词“来吧 来吧 来吧 / 一起舞蹈 / 什么烦恼可以将我打扰”。行文至此，从整体上完成了多维度综合模仿借鉴。

在译诗形式上，原诗主导步格为三音步与四音步，兼有个别五音步，上下两个诗节的韵式分别为ababaabc，dededdec。译诗整体上实行以顿代步，控制字数，且一韵到底，以四顿为主导，兼具三顿的译诗方法。

2 Beasts of England

George Orwell

Beasts of England, beasts of Ireland,
Beasts of every land and clime,
Hearken to my joyful tidings
Of the golden future time.

Soon or late the day is coming,
Tyrant Man shall be o’erthrown,
And the fruitful fields of England

Shall be trod by beasts alone.

Rings shall vanish from our noses,
And the harness from our back,
Bit and spur shall rust forever,
Cruel whips no more shall crack.

Riches more than mind can picture,
Wheat and barley, oats and hay,
Clover, beans, and mangel-wurzels
Shall be ours upon that day.

Bright will shine the fields of England,
Purer shall its waters be,
Sweeter yet shall blow its breezes
On the day that sets us free.

For that day we all must labour,
Though we die before it break;
Cows and horses, geese and turkeys,
All must toil for freedom's sake.

Beasts of England, beasts of Ireland,
Beasts of every land and clime,
Hearken well and spread my tidings
Of the golden future time.

译文：**英格兰牲畜之歌**

乔治 • 奥威尔

英格兰牲畜，爱尔兰牲畜，

普天之下的牲畜们啊，
请来听我快乐的音符，
唱着未来金色的幸福。

那一天迟早将会来到，
暴虐的人类会被打倒。
英格兰田野瓜果飘香，
只有牲畜在其间徜徉。

鼻子的铁环将被摘除，
背上的挽具会被卸去，
嚼子马刺将锈成废物，
毒鞭不再在头上挥舞。

生活富足得难以想象，
大麦小麦、燕麦草场，
苜蓿蚕豆、甜菜干粮，
到那天我们都有储藏。

英格兰的田野闪金光，
英格兰的河水清又亮，
英格兰的和风吹四方，
那天一到我们得解放。

为了这天我们劳动忙，
哪怕天亮之前就死亡；
牛马鸡鹅大家齐上场，
为争自由一起把汗淌。

英格兰牲畜，爱尔兰牲畜，

普天之下的牲畜们啊，
请听我言哟再传佳音，
未来的日子胜过黄金。
——张保红译

译评：

以上诗作选自乔治·奥威尔（George Orwell）的经典讽刺小说《动物庄园》（*Animal Farm*）第一章，其基本大意是以猪为首的动物们要团结起来与人类作斗争，摆脱人类的奴役，推翻人类的统治，自己当家做主人，自己拥有与享用自己的劳动成果，表达了对未来美好日子的深切期盼。全诗极具号召性、鼓动性与感染力。

该诗属于歌谣体，奇数行为八个音节四音步，比如 Béasts ōf ｜ Énglānd, ｜ Béasts ōf ｜ Írelānd ｜，偶数行为七个音节三音步，比如 Ōf thē gól ｜ dēn fú ｜ tūre tíme ｜，主导步格为抑扬格（¯ 为抑 ´ 为扬），兼有扬抑格与抑抑扬格。全诗共七个诗节，各节偶数行押韵，基本韵式是 abcb defe ghih jklk mnon pqrq abcb，第一个诗节与第七个诗节韵式相同，首尾形成重唱（refrain）呼应。译文以原诗歌谣体或外在形式为参照，以各行四顿对应传译了原诗奇数行四音步，但"改创了"原诗偶数行的三音步，如：鼻子的｜铁环｜将被｜摘除｜/背上的｜挽具｜会被｜卸去｜。译诗改创原诗后的韵式为 abaa ccdd aaaa dddd dddd dddd abee。

翻译过程中，为了再现歌谣体诗歌统一而变化的节奏，一方面运用了以顿代步，控制字数的方法，多数诗节借鉴了汉语流行歌曲多一韵到底的押韵方式，另一方面依据原诗中情感表达变化的特点，翻译具有深情呼唤与凄苦诗情的诗节时，选择了细微级的尾韵"姑苏韵"，如第一、三与七节，翻译具有斗志昂扬诗情的诗节时，选择了洪亮级的尾韵"江阳韵"，如第四、五与六节。

在具体细节再现方面，针对第五节多用倒装句强化诗情表达的文体特点，译文以排比句式译出，如英格兰的……，英格兰的……，英格兰的……，再现了诗情发展愈演愈烈，推波助澜的特点。对于诗节中逐一罗列的物象 Wheat and barley, oats and hay, / Clover, beans, and mangel-wurzels

与 Cows and horses, geese and turkeys 的翻译，一方面考虑到协调全诗统一的顿歇节奏，另一方面参照汉语“豆浆油条”“大饼鸡蛋”“财米油盐”等表达法，分别译为“大麦小麦、燕麦草场，/ 苜蓿蚕豆、甜菜干粮”“牛马鸡鹅（大家齐上场）”为了前后押韵的需要，对其中个别物象的翻译语义做了适当微调。对于诗中“beasts”的翻译颇费思量，难以定夺，最后从“动物”“野兽”“牲畜”等表达法中选择了“牲畜”，这是站在人类的视角做出的选择。

3 My Papa’s Waltz

Theodore Roethke

The whiskey on your breath
Could make a small boy dizzy;
But I hung on like death:
Such waltzing was not easy.

We romped until the pans
Slid from the kitchen shelf;
My mother’s countenance
Could not unfrown itself.

The hand that held my wrist
Was battered on one knuckle;
At every step you missed
My right ear scraped a buckle.

You beat time on my head
With a palm caked hard by dirt,
Then waltzed me off to bed
Still clinging to your shirt.

译文：**爸爸的华尔兹**

西奥多·罗特克

你呼出的威士忌酒气，
能将小个子男孩熏倒。
我依然紧紧地抓着你，
这样的华尔兹不好跳。

我们蹦喳喳不停旋转，
撞落了橱架上的铁锅。
妈妈一直在旁边观看，
紧皱着眉头神情疑惑。

你的手拉着我的手腕，
你的手指关节已磨破。
你的舞步每一次踏乱，
你的裤扣会刮我耳朵。

你在我头上敲打拍子，
硬硬的泥巴沾满手掌。
送我上床跳着华尔兹，
我紧抓着你衬衫不放。

——张保红译

译评：

原诗写的是“爸爸的华尔兹 / My Papa’s Waltz”，确切地说写的是诗人小时候酒后的爸爸拽着自己跳过的那曲华尔兹舞的经历与感受，爸爸的舞蹈动作不标准，舞姿欠规范，步法也不够熟练，这给当时的诗人带来的感受很难说有多少舒适与惬意，但是随着时间的流逝，从前经历的“不快”早已烟消云散，而今已长大成人的诗人回想起当年的情景，其记忆是温馨的，美好的，更是难忘的。全诗所用动词均为过去式，表明了诗人回忆过往的、逝去的家庭的温馨与亲情。

华尔兹（Waltz），又称圆舞，是一种自娱舞蹈形式，根据速度可分为快慢两种类型，慢华尔兹由快华尔兹演化而来。华尔兹通常为三步舞，其基本步法为一拍跳一步，每小节三拍跳三步，但也有一小节跳两步或四步的特定舞步。上文英诗共四个诗节，每个诗节四行，每行三音步，主导步格为抑扬格，兼具抑抑扬格、扬抑格等，其节奏与华尔兹舞步的快三节拍颇为对应，其基本韵式为 abab cdcd efef ghgh。参照原诗快三步节奏及其外在诗体形式特点，译文以各行四顿九个字“改创”了原诗各行三音步，整体上再现了原诗节奏快捷的特点，也再现了原诗的整体押韵方式。

翻译过程中，先大致译出各行的语义，进而从中观察诗行可能的主导节奏与长短字数，然后以其中最为典型的译句为蓝本或依据组织整个译文，其基本做法类似大合唱，领唱者先起头唱出一两句定下歌曲的调子，随后大家按此基调集体进行吟唱。例如原诗第一行“The whiskey on your breath”可以翻译为“威士忌酒在你的呼吸或气息里”，这一行译文有十个字，做进一步观察与分析可看到“威士忌”“你的”“呼吸”或“气息”等字词是不能再省略的，一经省略就会带来语义缺失或语义不清，当然这一行的释义也似乎很难再增添多少语义内容进去，因此结合原诗语境将第一行译文调整为“你呼出的威士忌酒气”，并以此诗行长短与字数作为依托或标尺开始思考与组织余下译文，在此过程中兼顾原诗韵式、节奏等外在形式特点，这便是笔者翻译这首英文诗歌的基本运思过程。这一方法是否具有普适性与指导性，留请读者试验与评判。

参考文献

［1］ 陈大亮．文学翻译的境界：译意·译味·译境．北京：商务印书馆，2017.

［2］ 陈福康．中国译学理论史稿．上海：上海外语教育出版社，1996.

［3］ 方梦之．中国译学大辞典．上海：上海外语教育出版社，2011.

［4］ 方遒．散文学综论．合肥：安徽教育出版社，2004.

［5］ 耿建华．诗歌的意象艺术与批评．济南：山东大学出版社，2010.

［6］ 郭建中．当代美国翻译理论．武汉：湖北教育出版社，2000.

［7］ 胡家祥．文艺的心理阐释．武汉：武汉大学出版社，2005.

［8］ 胡经之等．文艺学美学方法论．北京：北京大学出版社，2001.

［9］ 黄龙．翻译艺术教程．南京：南京大学出版社，1988.

［10］蒋洪新．庞德研究．上海：上海外语教育出版社，2014.

［11］蒋跃．绘画形式语言与创作研究．合肥：安徽美术出版社，2018.

［12］李荣启．文学语言学．北京：人民出版社，2005.

［13］连淑能．英汉对比研究（增订本）．北京：高等教育出版社，2011.

［14］凌继尧．美学十五讲．北京：北京大学出版社，2009.

［15］刘宓庆．翻译美学导论（修订本）．北京：中国对外翻译出版公司，2005.

［16］刘士聪．英汉·汉英美文翻译与鉴赏（新编版）．南京：译林出版社，2007.

［17］刘世生，朱瑞青．文体学概论．北京：北京大学出版社，2006.

［18］罗新璋，陈应年．翻译论集（修订本）．北京：商务印书馆，2009.
［19］乔萍等．散文佳作 108 篇（英汉双语对照）．南京：译林出版社，2007.
［20］任明华．丹青氤氲——国画艺术时空．武汉：武汉大学出版社，2009.
［21］邵志洪．翻译理论、实践与评析．上海：华东理工大学出版社，2007.
［22］申丹．叙述学与小说文体学研究．北京：北京大学出版社，1998.
［23］谭载喜．西方翻译简史（增订版）．北京：商务印书馆，2004.
［24］陶乃侃．庞德与中国文化．北京：首都师范大学出版社，2006.
［25］童庆炳．文学理论教程（修订版）．北京：高等教育出版社，2000.
［26］王福阳．绘画色彩学基础教程．北京：人民美术出版社，2009.
［27］王菊生．中国绘画学概论．长沙：湖南美术出版社，1998.
［28］王珂．百年新诗诗体建设研究．上海：上海三联书店，2004.
［29］王汶成．文学语言中介论．济南：山东大学出版社，2002.
［30］王向远．翻译文学导论．北京：北京师范大学出版社，2006.
［31］王佐良，丁往道．英语文体学引论．北京：外语教学与研究出版社，1993.
［32］翁显良．古诗英译．北京：北京出版社，1985.
［33］吴伏生．汉诗英译研究：理雅各、翟理斯、韦利、庞德．北京：学苑出版社，2012.
［34］吴企明．诗画融通论．北京：中华书局，2018.
［35］许钧等．文学翻译的理论与实践——翻译对话录．南京：译林出版社，2001.
［36］许渊冲．毛泽东诗词选（汉英对照）．北京：中国对外翻译出版公司，1993.
［37］许渊冲．中国古诗词六百首（中英对照）．北京：新世界出版社，1994.
［38］许渊冲．文学与翻译．北京：北京大学出版社，2003.
［39］杨恩寰．审美心理学．北京：东方出版社，1997.
［40］尹成君．色彩与中国现代文学．北京：北京语言大学出版社，2014.
［41］叶维廉．中国诗学．北京：生活•读书•新知三联书店，1994.

［42］赵毅衡．诗神远游——中国如何改变了美国现代诗．上海：上海译文出版社，2003.

［43］张保红．文学翻译．北京：外语教学与研究出版社，2011.

［44］张保红．诗歌翻译探索．北京：清华大学出版社，2016.

［45］张培基．英译中国现代散文选．上海：上海外语教育出版社，1999.

［46］郑燕虹．肯尼斯•雷克思罗斯与中国文化．北京：外语教学与研究出版社，2012.

［47］曾祖荫．中国古代美学范畴．武汉：华中工学院出版社，1986.

［48］钟玲．美国诗与中国梦——美国现代诗里的中国文化模式．桂林：广西师范大学出版社，2003.

［49］中国文学出版社．中国文学•现代散文卷（汉英对照）．北京：中国文学出版社，1999.

［50］中国文学出版社．中国文学•古代散文卷（汉英对照）．北京：中国文学出版社，1999.

［51］祝朝伟．构建与反思——庞德翻译理论研究．上海：上海译文出版社，2005.

［52］朱徽．中美诗缘．成都：四川大学出版社，2001.

［53］Gentzler, E. *Contemporary Translation Theories* (Revised Second Edition). Shanghai: Shanghai Foreign Language Education Press, 2006.

［54］Gibson, M. *Kenneth Rexroth*. New York: Twayne Publishers, Inc., 1972.

［55］Gill, R. *Mastering English Literature.* London: Macmillan Education Ltd., 1985.

［56］Hamalian, L. *A Life of Kenneth Rexroth*. New York: W. W. Norton & Company, 1991.

［57］Lowell, A. and Florence Ayscough. tr. *Fir-Flower Tablets*. Boston: Houghton Mifflin Company, 1921.

［58］Pollard, David E. *The Chinese Essay*. Hong Kong, China: The Chinese University of Hong Kong, 1999.

［59］Pound, E. tr. *Cathay.* London: Elkin Mathews, 1915.

[60] Rexroth, K. *One Hundred Poems from the Chinese*. New York: New Directions Publishing Corporation, 1971.

[61] Rexroth, K. tr. *Love and the Turning Year: One Hundred More Poems from the Chinese*. New York: New Directions Publishing Corporation, 1970.

[62] Rexroth, K. and Ling Chung. tr. *Li Ching-Chao: Complete Poems*. New York: New Directions Publishing Corporation, 1979.

[63] Watson, B. *The Columbia Book of Chinese Poetry — From Early Times to the Thirteenth Century*. New York: Columbia University Press, 1984.

[64] Wei-lim Yip. *Ezra Pound's Cathay*. New Jersey: Princeton University Press, 1969.

[65] Zhaoming Qian. *Orientalism and Modernism: The Legacy of China in Pound and Williams*. Durham and London: Duke University Press, 1995.